高等职业教育铁道信号自动控制专业系列教材

铁道信号计算机辅助设计项目教程
（第二版）

刘　华　冯国良◎主　编
张亚昕　白宏图◎副主编
赵　建◎主　审

中国铁道出版社有限公司

2025年·北　京

内容简介

本书为高等职业教育铁道信号自动控制专业系列教材之一。全书以任务驱动教学，致力于全方位提升学生在铁道信号计算机辅助设计领域的专业能力，系统讲述了铁道信号自动控制专业计算机制图的相关知识，共设置了 4 个项目，包括铁道信号专业制图的基础操作、铁道信号专业图纸样板文件的建立、车站信号设备平面布置图的绘制和铁道信号专业电路图的绘制。

本书可作为职业教育铁道信号类及城市轨道交通信号控制专业计算机绘图课程的教材使用，也可作为有关轨道交通信号工程技术人员的培训教材和参考用书。

图书在版编目(CIP)数据

铁道信号计算机辅助设计项目教程 / 刘华，冯国良主编. -- 2 版. -- 北京 ：中国铁道出版社有限公司，2025. 8. --（高等职业教育铁道信号自动控制专业系列教材）. -- ISBN 978-7-113-32416-2

Ⅰ. U282-39

中国国家版本馆 CIP 数据核字第 2025N76N04 号

书　　名：铁道信号计算机辅助设计项目教程
作　　者：刘　华　冯国良

策　　划：吕继函
责任编辑：吕继函　　**编辑部电话：**(010)51873205　　**电子邮箱：**312705696@qq. com
封面设计：郑春鹏
责任校对：刘　畅
责任印制：赵星辰

出版发行：中国铁道出版社有限公司(100054，北京市西城区右安门西街 8 号)
网　　址：https://www. tdpress. com
印　　刷：河北京平诚乾印刷有限公司
版　　次：2018 年 8 月第 1 版　2025 年 8 月第 2 版　2025 年 8 月第 1 次印刷
开　　本：787 mm×1 092 mm 1/16　**印张：**13. 25　**插页：**3　**字数：**336 千
书　　号：ISBN 978-7-113-32416-2
定　　价：45. 00 元

第二版前言

中共中央国务院印发《教育强国建设规划纲要（2024—2035年）》，明确提出“加快建设现代职业教育体系，培养大国工匠、能工巧匠、高技能人才”。在这样的时代背景下，基于《教育部办公厅关于加快推进现代职业教育体系建设改革重点任务的通知》（教职成厅函〔2023〕20号）文件的要求，编写团队对第一版进行了内容更新和数字资源融合，形成了《铁道信号计算机辅助设计项目教程（第二版）》。

此次改版对接铁路信号行业最新标准与规范，通过设置德育元素文本框，深入贯彻党的二十大精神，同时开发了丰富的数字化资源，为学生提供更优质、便捷的学习体验，助力“工匠型”技术技能人才培养。整体而言，本书具有以下特点。

1. 思政铸魂，教育赋能

本书将立德树人的教育理念贯穿在知识学习中，通过以文本框形式在任务描述、任务分析等环节中有效融入德育元素，引导学生树立正确的价值观，培养学生拼搏进取的职业精神和一丝不苟的工匠精神。

2. 任务驱动，数媒领航

本书采用项目任务式的教学理念，按照“项目导入”“学习目标”“项目导图”“项目评价”和“课堂练习”体例编写。每个项目中设置多个任务，通过“任务描述—任务分析—任务实战—任务巩固”的递进式结构，逐步引导学生理解任务目标、剖析问题并完成实践操作，最后通过巩固训练，真正做到以学生为中心，在激发学生学习兴趣的同时，引导学生“做中学，学中做”，切实提升学生的实践能力。同时，本书还开发了配套的79个实操视频，帮助学生快速掌握知识技能。

3. 校企协同，职业引领

本书的编写团队汇聚了教学一线的资深教师，以及经验丰富的中国铁路西安局集团有限公司工程师。一线教师凭借其深厚的教育教学功底，能够精准把握高职学生的认知特点与学习规律，将知识以深入浅出的方式呈现；企业工程师则带来了行业内最前沿的技术与丰富的项目经验,确保书中内容紧密贴合生产实际,具有较高的实用性。

4. 真企实战,技能进阶

丰富的实践案例均源于真实铁路信号工程项目,贯穿教材始终,让学生如置身实际工作场景,积累实战经验。如“铁路信号专业图纸样板文件的建立”项目,引导学生如何根据行业标准和企业要求,设置图纸的幅面、比例、文字样式、标注样式等,培养严谨的工作态度和规范意识。“车站信号设备平面布置图的绘制”项目引导学生合理布置信号机、轨道电路、道岔等信号设备,提升其工程实践能力和解决实际问题的能力。

本书由西安铁路职业技术学院刘华、冯国良任主编,西安铁路职业技术学院张亚昕、白宏图任副主编,中铁第一勘察设计院集团有限公司高级工程师赵建任主审。中国铁路西安局集团有限公司赵永波参与编写。张亚昕编写了项目 1 和数字资源制作;赵永波编写了项目 2 的任务 1;白宏图编写了项目 2 的任务 2 和数字资源制作;刘华编写了项目 3 和数字资源制作;冯国良编写了项目 4 和数字资源制作。

我们衷心希望这本书能够成为铁路信号专业学生学习计算机辅助设计的得力助手,为今后顺利进入铁路行业,从事铁路信号工程设计、施工、维护等工作打下坚实的基础。同时,也期待本书能够为铁路信号专业的教育教学改革贡献一份力量。

由于编者水平有限,书中难免存在不妥之处,恳请广大读者批评指正。

编　者
2025 年 2 月

第一版前言

项目引领、任务驱动的教学方法,是目前提供的教学方法,在教学实践中得到越来越多的应用。本教程的设计思路就是通过设置项目,以学生完成任务的形式,驱动学生学习,促使学生达到学习目标。在编写过程中,是以建构主义教学理论为指导,以具体的、可实施的项目为载体,对提出的具体项目任务进行分析与研究。

随着我国铁路飞速发展,铁道信号工程领域中,计算机辅助设计也越来越重要。因此,计算机辅助设计软件 AutoCAD 成为铁道信号相关专业学生的必备绘图技能。对于铁道信号相关专业的学生来说,不仅要掌握 AutoCAD 软件绘制图形的方法,还要针对铁道信号的行业标准和规定,绘制规范的图样。

本教材的编写采用最新的 AutoCAD 2018 版本。相比其他版本而言,AutoCAD 2018 中的功能得到了强化和改进,提高了制图的易用性。教材的编者都是在高职院校多年从事计算机绘图教学研究的一线人员,他们具有丰富的教学实践经验和教材编写经验。多年的教学工作使他们能够准确把握学生的读者心理和实际需求。希望能够为广大读者的学习起到良好的引导作用。

本教材将信号专业绘图和计算机辅助设计制图有机融合在一起,紧密结合信号专业图例,通过项目案例的方法,由点到面、由浅入深、图文并茂,使学生能够熟练运用 AutoCAD 2018 软件进行信号专业图例的绘制。全书共包含四个主要的项目,18 个任务。第一个项目包含 2 个任务,介绍了信号专业图纸绘图基础知识;第二个项目包含 10 个任务,介绍了信号专业相关的二维图形绘制编辑方法、图案填充及编辑方法和尺寸标注方法;第三个项目包含 2 个任务,介绍了信号专业图纸中表格及文字绘制方法;第四个项目包含 4 个任务,介绍了样板文件的建立及综合绘制专业图纸的完整过程。

本教材由西安铁路职业技术学院团队编写,刘华、冯国良任主编,白宏图任副主编,孙津平任主审。其中,刘华完成项目1和项目4的编写;冯国良完成项目2的编写,以及各项目课后习题的设计和命题工作;白宏图完成项目3的编写。

由于编者水平有限,资料搜集不全,教程难免存在疏漏、不妥之处。恳请各院校师生多提宝贵意见,编者不胜感激。

编　者
2018年3月

目录

项目1　铁路信号专业制图的基础操作

项目导入

AutoCAD是Autodesk公司开发的自动计算机辅助设计软件，现已经成为国际上广为流行的绘图工具，它可以精确地帮助我们绘制信号工程设计图。本书以AutoCAD 2024版本为例，介绍铁路信号专业图纸绘制过程，其中包括车站信号设备平面布置图和道岔控制电路图等。本项目通过绘图环境的设置和室内控制台示意图绘制让学习者快速入门，做好专业绘图前的各项准备工作。

学习目标

知识目标

- 熟悉AutoCAD 2024的用户界面。
- 掌握AutoCAD 2024新建文件、保存文件等操作方法。
- 掌握图形界限概念及其设置方法。
- 掌握图形单位设置方法。
- 理解图层的概念及设置方法。
- 掌握启动、响应命令的方法。
- 掌握视图缩放与平移方法。
- 掌握选择对象方法。
- 掌握删除对象方法。
- 掌握点的数据输入方法。
- 掌握对象捕捉、极轴追踪的设置与使用方法。
- 掌握直线命令的使用方法。

能力目标

- 会新建、打开及保存AutoCAD文件。
- 能熟练在AutoCAD中启动命令和响应命令。
- 能熟练进行命令的放弃、重做、中止与重复执行操作。
- 能熟练设置图形界限。
- 能熟练设置单位。
- 能根据需要快速设置对象捕捉、极轴追踪。
- 能对视图进行平移缩放。
- 能正确进行图层相关操作。
- 能快速选择所需图形对象。
- 能快速删除多余图形对象。

- 会输入点坐标。
- 能利用直线工具绘制图形。

素质目标

- 养成操作规范的良好工作习惯。
- 养成严谨认真的科学思维习惯。
- 具有学以致用的工程思维。

项目导图

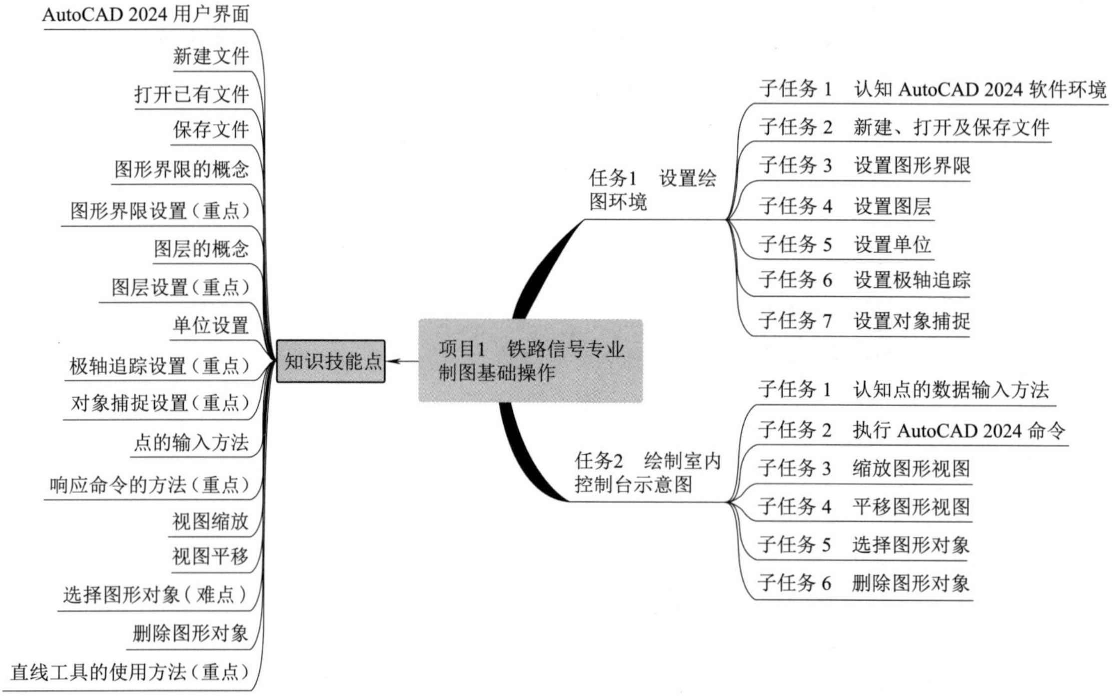

图 1.1　铁路信号专业制图的基础操作项目导图

任务 1　设置绘图环境

任务描述

正确的"起步姿势"对于学习任何一门技能都非常重要，AutoCAD 绘图也不例外，熟练掌握绘图环境设置是非常重要的，这些细节的正确设置，能够帮助我们愉快地进行绘图，减少不必要的工作，提高 AutoCAD 绘图工作效率，轻松节省宝贵的时间和精力。需注意：书中所有的图形单位如无特别标注，均设置为毫米。

> **工欲善其事，必先利其器**
>
> 我们在做任何事情之前都要做好充足的准备。只有准备好相关的手段或方法，才能厚积薄发做好工作。

任务分析

子任务 1　认知 AutoCAD 2024 软件环境

首先我们启动 AutoCAD 2024，接着由程序引导进入“开始”标签，如图 1.2 所示。单击“Drawing1. dwg”，进入 AutoCAD 2024 的工作界面，如图 1.3 所示。

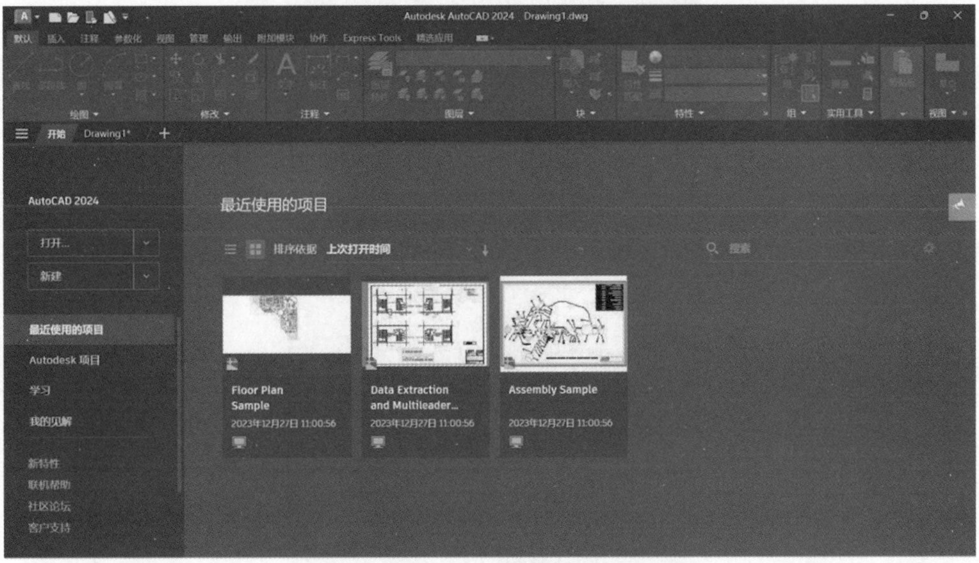

图 1.2　AutoCAD 2024 开始标签

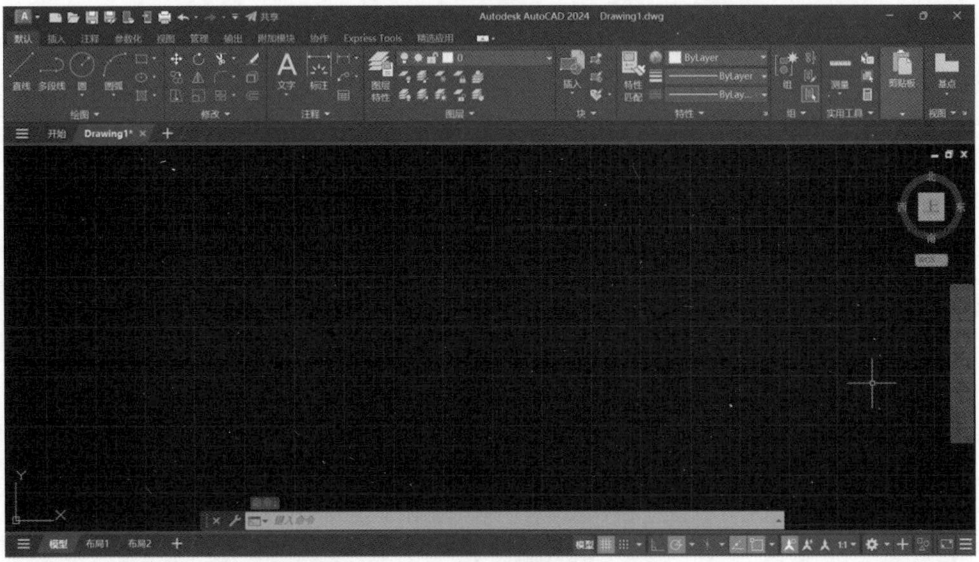

图 1.3　AutoCAD 2024 工作界面

AutoCAD 2024 默认用户颜色的界面是深色的，我们单击用户界面左上角的【菜单浏览器】按钮，在打开的面板中单击【选项】按钮,【菜单浏览器】面板如图 1.4 所示。在打开的【选项】对话框中更改 AutoCAD 2024 的颜色主题更改为“明”,【选项】对话框【显示】标签如图 1.5所示。将绘图区域背景颜色更改为“白”,单击【应用并关闭】按钮。【图形窗口颜色】对话框如图 1.6 所示。在设置好工作界面后,单击状态栏的栅格显示按钮,如图 1.7 所示,关闭栅格显示。单击【自定义快速访问栏】按钮,选择【显示菜单栏】命令,如图 1.8 所示。

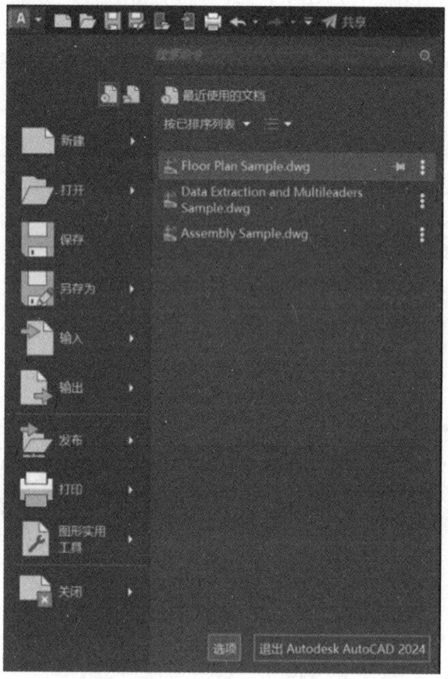

图 1.4 【菜单浏览器】面板

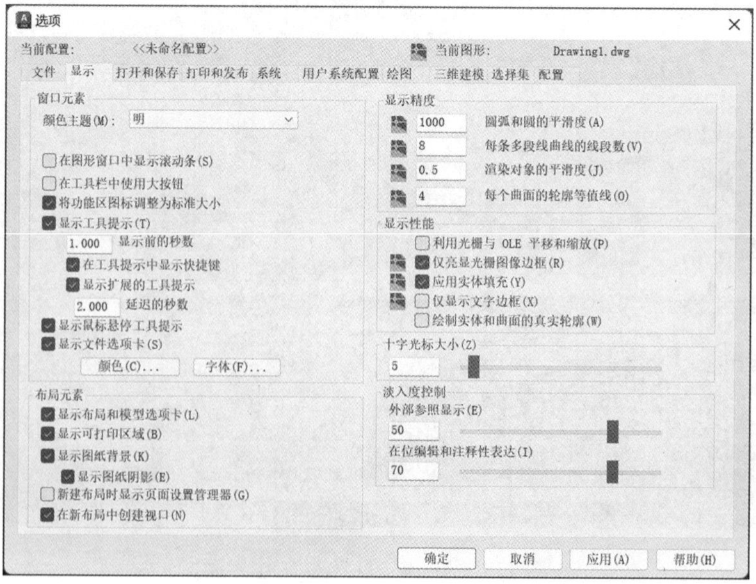

图 1.5 【选项】对话框【显示】标签

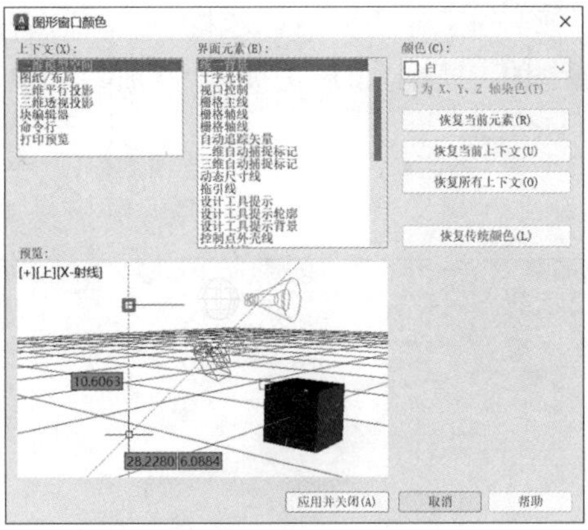

图 1.6　【图形窗口颜色】对话框

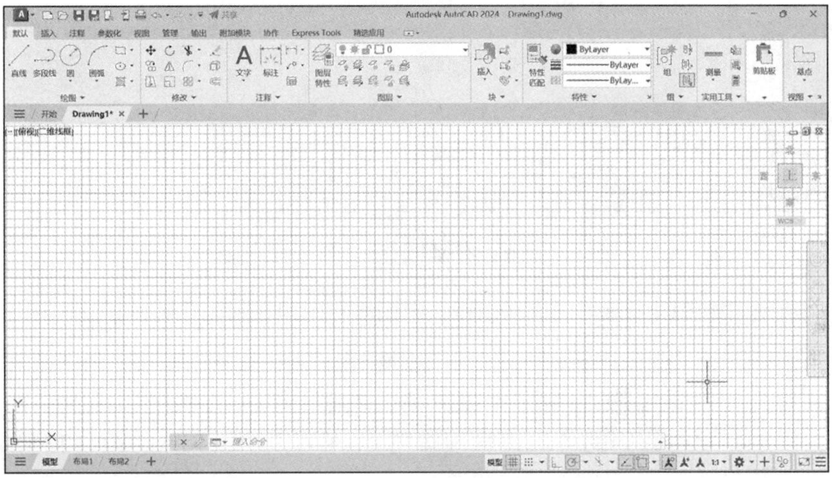

图 1.7　关闭栅格显示

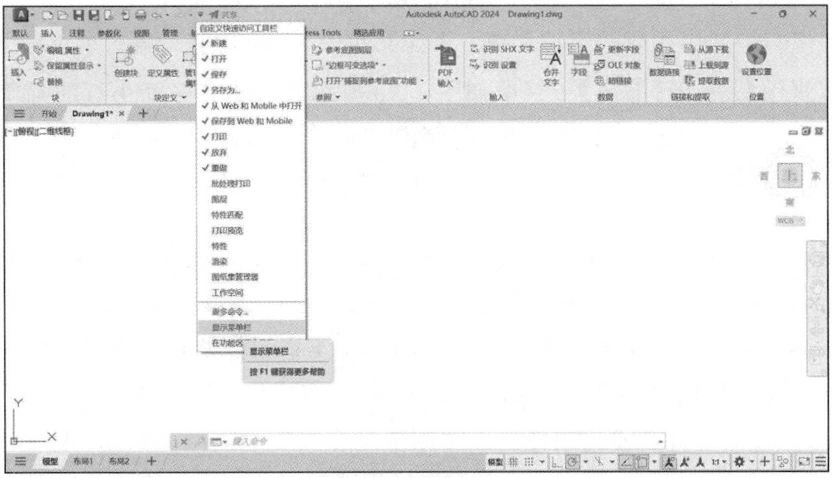

图 1.8　显示菜单栏

一个完整的 AutoCAD 2024 的工作界面由标题栏、菜单栏、各种工具栏、绘图区域、十字光标、命令窗口、状态栏、坐标系图标、模型/布局选项卡、导航栏和菜单浏览器等组成，AutoCAD 2024 工作界面介绍如图 1.9 所示。

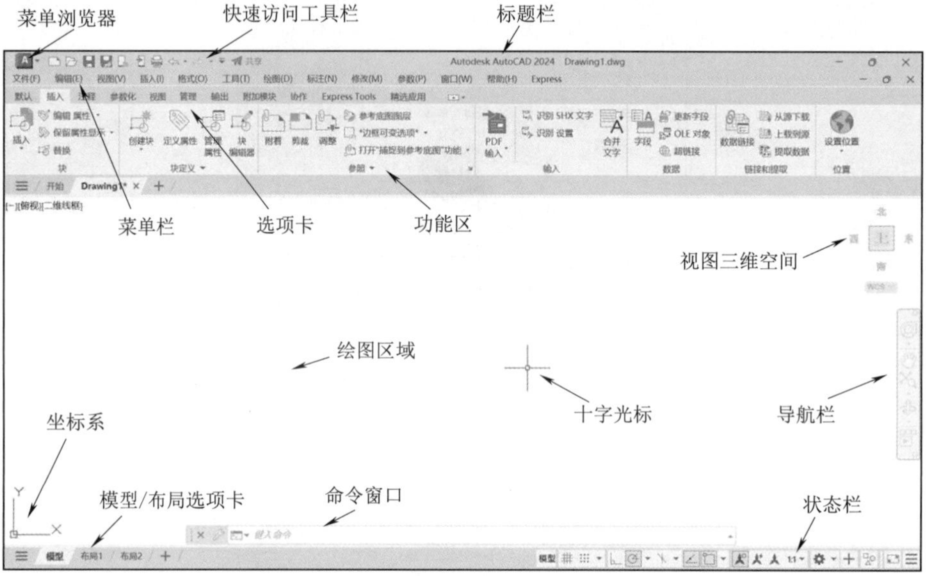

图 1.9 AutoCAD 2024 工作界面介绍

下面我们先来简单认识一下 AutoCAD 2024 的工作界面。

1. 标题栏

标题栏位于工作界面的最上方，用于显示 AutoCAD 2024 的程序图标及当前所操作图形文件的名称。位于标题栏右侧的各窗口管理按钮，用于实现 AutoCAD 2024 窗口的最小化、还原(或最大化)及关闭 AutoCAD 2024 等操作。

2. 菜单栏

菜单栏是 AutoCAD 2024 主菜单，可利用其执行 AutoCAD 2024 的大部分命令。单击菜单栏中的某一项，会弹出相应的下拉菜单。下拉菜单中，右侧有小三角的菜单项▶，表示它还有子菜单。【视图】菜单及【缩放】子菜单如图 1.10 所示。右侧有三个小点的菜单项…，表示单击该菜单项后要显示出一个对话框；右侧没有内容的菜单项，单击它后会执行对应的 AutoCAD 2024 命令。

3. 选项卡

AutoCAD 2024 提供许多选项卡，每一个选项卡上显示多个功能区，功能区均有一些形象化的按钮。单击某一按钮，可以启动 AutoCAD 2024 的对应命令。如果将光标在某命令按钮上稍做停留，则 AutoCAD 2024 会弹出工具提示(即文字提示标签)，以说明该按钮的功能及对应的绘图命令。【绘图】功能区及【矩形】按钮对应的菜单如图 1.11 所示。

我们可以根据需要打开或关闭任一个选项卡。在选项卡空白处右击，AutoCAD 2024 弹出如图 1.12 所示的快捷菜单，通过快捷菜单可实现选项卡的打开与关闭。我们还可以通过单击【工具】|【选项板】|【功能区】命令，控制【功能区】的显示与隐藏，达到控制绘图区的显示区域

大小的目的。【工具】菜单如图 1.13 所示。

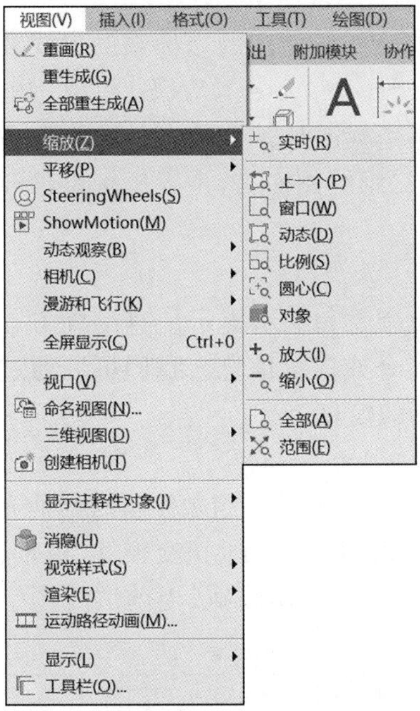

图1.10 【视图】菜单及【缩放】子菜单

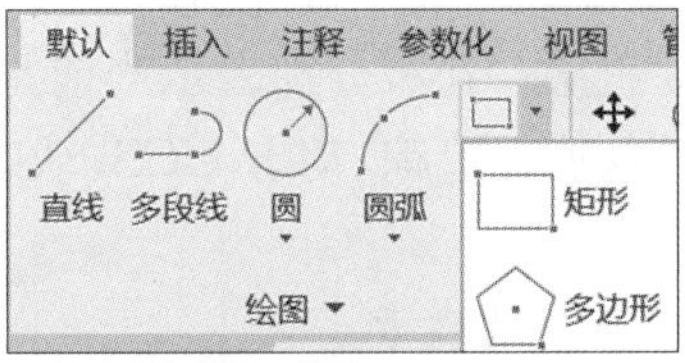

图 1.11 【绘图】功能区及【矩形】按钮对应的菜单

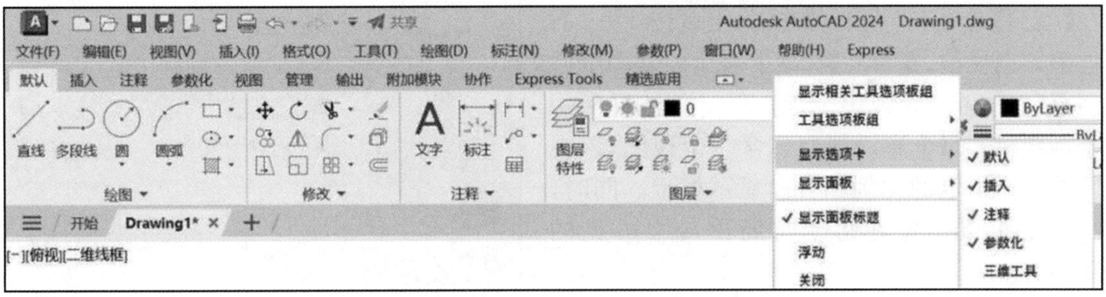

图 1.12 快捷菜单

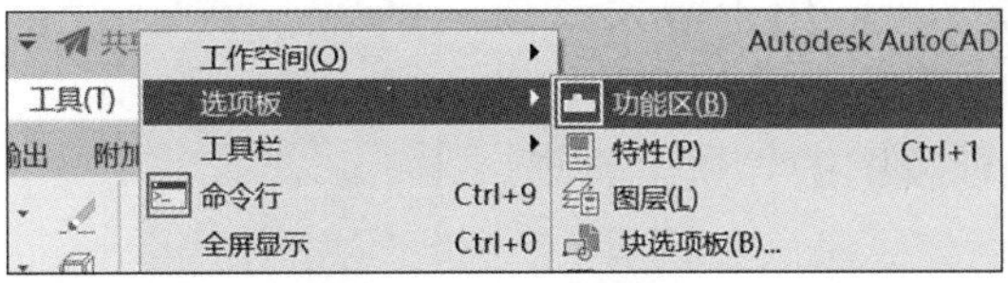

图 1.13 【工具】菜单

4. 绘图区域

绘图区域类似于手工绘图时的图纸，是我们用 AutoCAD 2024 绘图并显示所绘图形的区域。

5. 十字光标

当光标位于 AutoCAD 2024 的绘图窗口时为“十”字形状，所以又称其为十字光标。十字线的交点为光标的当前位置。光标用于进行绘图、选择对象等操作。

6. 坐标系

坐标系的图标通常位于绘图窗口的左下角,表示当前绘图所使用的坐标系的形式及坐标方向等。AutoCAD 2024 提供有世界坐标系(world coordinate system,WCS)和用户坐标系(user coordinate system,UCS)两种坐标系。世界为默认坐标系且默认状态是水平向右方向为 X 轴的正方向,垂直向上方向为 Y 轴的正方向。对于二维绘图而言,世界坐标系已经可以满足绘图要求。

7. 命令窗口

命令窗口是 AutoCAD 2024 显示我们从键盘键入的命令和显示提示信息的地方。默认时,AutoCAD 2024 在命令窗口保留最后一行所执行的命令或提示信息。我们可以通过拖动窗口边框的方式改变命令窗口的大小,使其显示多于 2 行的信息。

8. 状态栏

状态栏用于显示或设置当前的绘图状态。状态栏上位于左侧的一组数字反映当前光标的坐标,其余按钮从左到右分别表示当前是否启用了捕捉模式、栅格显示、正交模式、极轴追踪、对象捕捉、对象捕捉追踪、动态 UCS、动态输入等功能以及是否显示线宽、当前的绘图空间等信息。

9. 模型/布局选项卡

模型/布局选项卡用于实现模型空间与图纸空间的切换。模型空间是常用的制图空间,在【模型】选项卡上进行操作时,可以按 1∶1 的比例绘制模型。【布局】选项卡表示的是图纸空间,可以放置一个或多个视口、标注、注释和一个标题栏。每个布局视口包含一个视图,该视图按用户指定的比例和方向显示模型。同时,我们也可以指定在每个布局视口中可见的图层。

10. 导航栏

导航栏中有以下常用的导航工具:平移工具,沿屏幕平移视图;缩放工具,用于增大或减小模型的当前视图比例的导航工具集;动态观察工具,用于旋转模型当前视图的导航工具集。

11. 菜单浏览器

单击【菜单浏览器】按钮 ,AutoCAD 2024 会将浏览器展开。【菜单浏览器】面板如图 1.14所示,可通过菜单浏览器执行相应的操作。

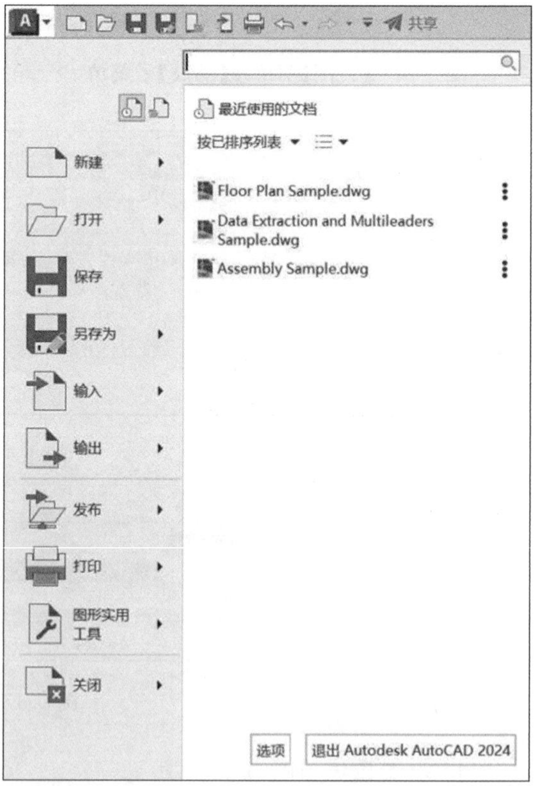

图 1.14 【菜单浏览器】面板

视 频

文件基础操作

子任务2　新建、打开及保存文件

1. 新建文件

在快速访问工具栏中单击【新建】按钮或单击【菜单浏览器】按钮，在弹出的菜单中选择【新建】命令。这时，会打开【选择样板】对话框。【选择样板】对话框如图1.15所示。单击【打开】按钮，即可打开系统默认的样板文件“acadiso. dwt”。

2. 打开文件

在快速访问工具栏中单击【打开】按钮或单击【菜单浏览器】按钮，在弹出的菜单中选择【打开】|【图形】命令。这时，会打开【选择文件】对话框，在对话框中选择需打开的图形文件，单击【打开】按钮即可打开该文件。【选择文件】对话框如图1.16所示。

操作规范

我们在操作公共场所计算机设备时，需要遵守计算机设备的使用规定，注重信息浏览和数据存储规范，保障计算机设备的安全、稳定和高效运行，维护公共利益和信息安全。

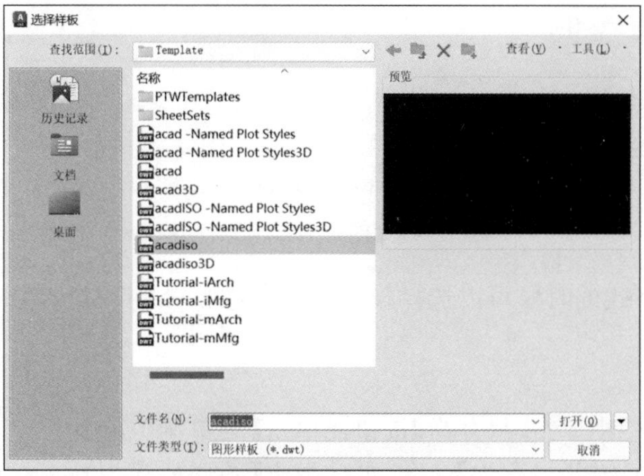

图1.15　【选择样板】对话框

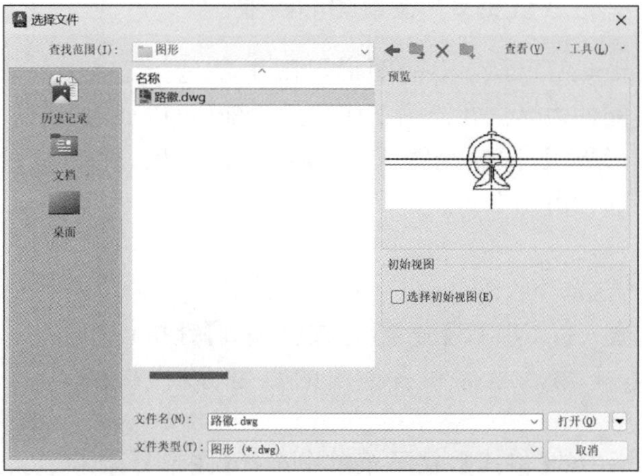

图1.16　【选择文件】对话框

3. 保存文件

在快速访问工具栏中单击【保存】按钮或单击【菜单浏览器】按钮，在弹出的菜单中选择【保存】命令。如果当前图形文件曾经保存过，则系统会进行覆盖保存；如果当前图形从未保存过，则系统会弹出【图形另存为】对话框，如图 1.17 所示。可以指定保存的路径、文件名和文件格式。

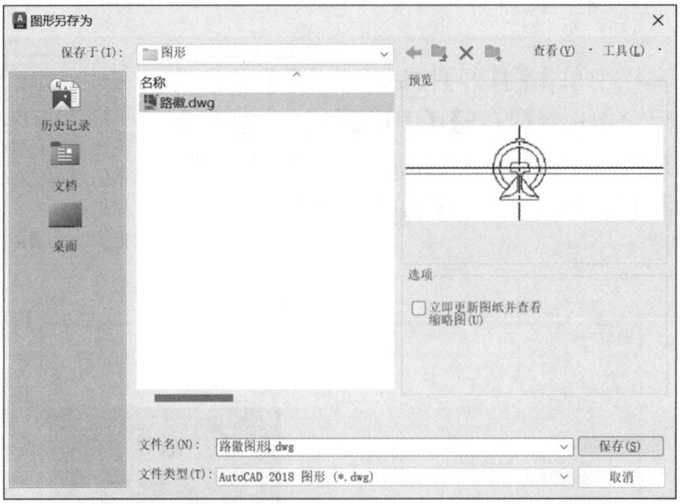

图 1.17 【图形另存为】对话框

注意：选择文件格式的时候可以选择较低的版本，如 AutoCAD 2018 图形（*.dwg），以便提高软件的兼容性。

4. 另存文件

在快速访问工具栏中单击【另存为】按钮或单击【菜单浏览器】按钮，在弹出的菜单中选择【另存为】命令，也会弹出【图形另存为】对话框。可以指定保存的路径、文件名和文件格式。

视频

设置图形界限

子任务 3 设置图形界限

AutoCAD 2024 中的图形界限主要是指定义绘图空间的边界。在绘图工作开始之前，可以通过设置图形界限，限制绘图区域，避免超出范围。图形界限通常由四个角点定义，每个角点对应于坐标系中的 X、Y 坐标。

设置图形界限的方法如下：

方法 1：在命令行输入【LIMITS】命令，并按【Enter】键执行命令，输入图形边界的左下角点坐标和右上角的点坐标，再次按【Enter】键完成操作。

方法 2：单击菜单栏中的【格式】，在子菜单中选择【图形界限】选项，输入图形边界的左下角点坐标和右上角的点坐标，再次按【Enter】键完成操作。【图形界限】命令如图 1.18 所示。

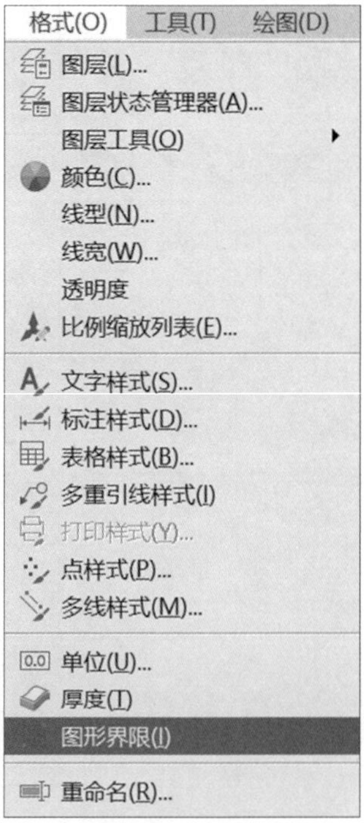

图 1.18 【图形界限】命令

常用图框大小界面：A2 为 420 mm×594 mm；A3 为 420 mm×297 mm；A4 为 297 mm×210 mm；A5 为 210 mm×148 mm。现在以 A4 大小图幅举例，指定左下角点为坐标原点(0，0)，设置右上角坐标值为(210，297)。设置 A4 图幅图形界限如图 1.19 所示。

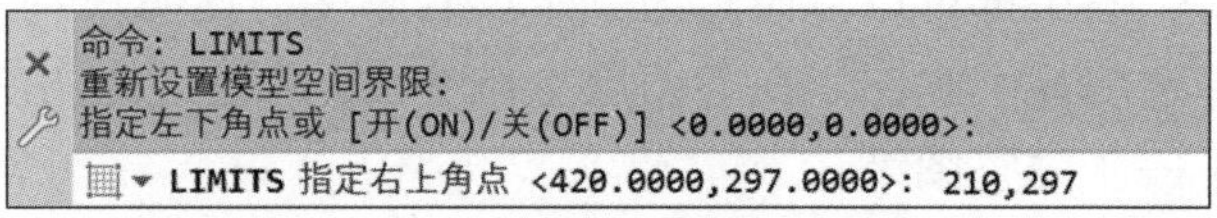

图 1.19　设置 A4 图幅图形界限

状态栏右击【栅格】按钮 ，选择【网格设置】，打开【草图设置】对话框，在【捕捉和栅格】选项卡中勾选【启用栅格】，取消【显示超出界限的栅格】选项，单击【确定】。【捕捉和栅格】选项卡如图 1.20 所示。显示设置好的栅格效果如图 1.21 所示。

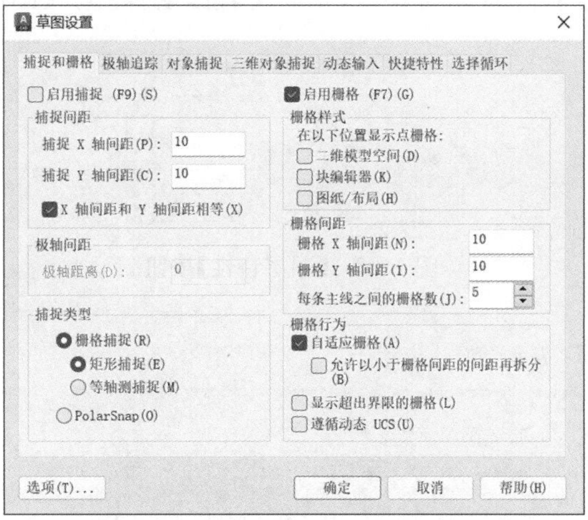

图 1.20　【捕捉和栅格】选项卡

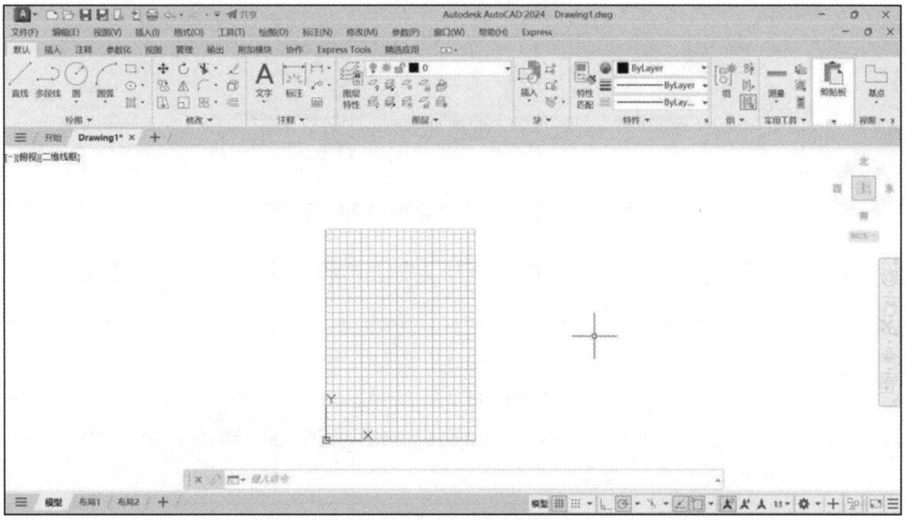

图 1.21　显示设置好的栅格效果

● 视 频

设置图层

子任务 4　设置图层

AutoCAD 2024 中，图层是用于在图形中按功能或用途组织对象的主要方法。每个图层都可以被假想为一张没有厚度的透明片，在图层上画图就相当于在这些透明片上画图。在各图层上画完图后，把这些图层对齐重叠在一起，就构成了一张完整图纸。

有了“图层”之后，只要事先指定每一图层的线型、线宽、颜色和状态等属性，使凡具有与之相同属性的图形对象都放到该图层上。在绘制图形时，只需要指定每个图形对象的几何数据和其所在的图层即可。这样既可使绘图过程得到简化，又便于对图形的管理。初学者要养成良好的绘图习惯，利用图层对不同类型的图形进行分类。

单击【图层】功能区的【图层特性】按钮，可以打开【图层特性管理器】。【图层特性】按钮如图 1.22 所示。通过【图层特性管理器】可以完成所有图层操作。【图层特性管理器】面板介绍如图 1.23 所示。

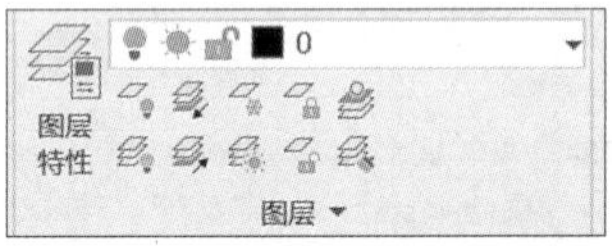

图 1.22　【图层特性】按钮

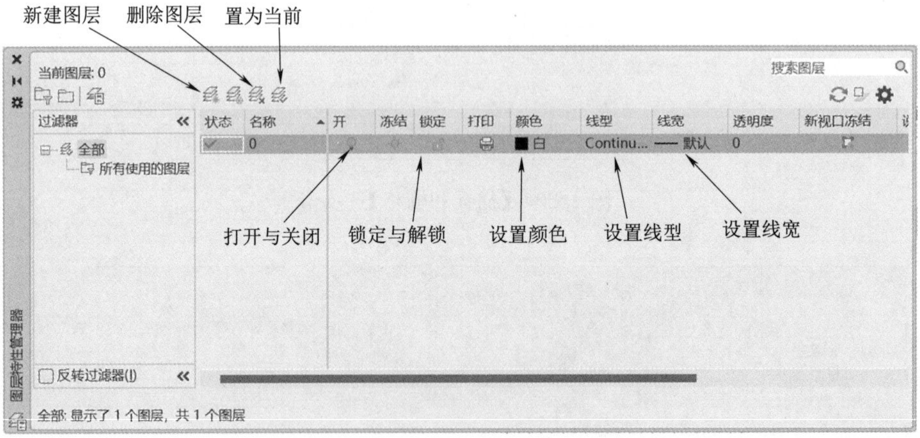

图 1.23　【图层特性管理器】面板介绍

在【图层特性管理器】中可以单击【新建图层】按钮，新建图层，如图 1.24 所示。

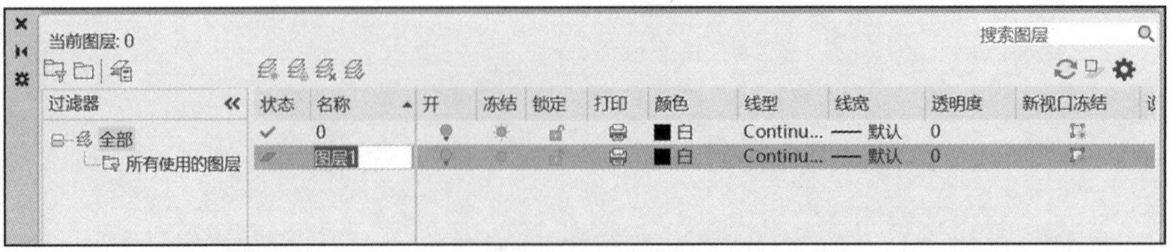

图 1.24　新建图层

单击“图层 1”对应的色块，打开【选择颜色】对话框，选择“红色”，单击【确定】按钮。【选择颜色】对话框如图 1.25 所示。单击“图层 1”对应的线型，打开【选择线型】对话框，加载点画线的线型，选中点画线线型后单击【确定】按钮。【选择线型】对话框如图 1.26 所示。单击“图层 1”对应的线宽，打开【线宽】对话框，设置线宽为“0.30 mm”，单击【确定】按钮。【线宽】对话框如图 1.27 所示。修改“图层 1”的名字为“辅助线”，图层重命名如图 1.28 所示。

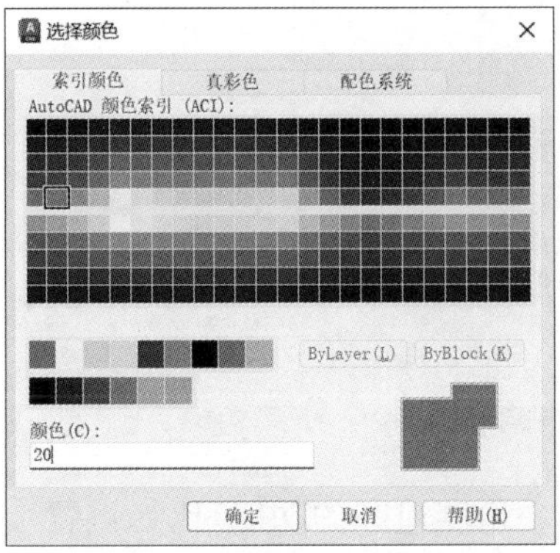

图 1.25　【选择颜色】对话框

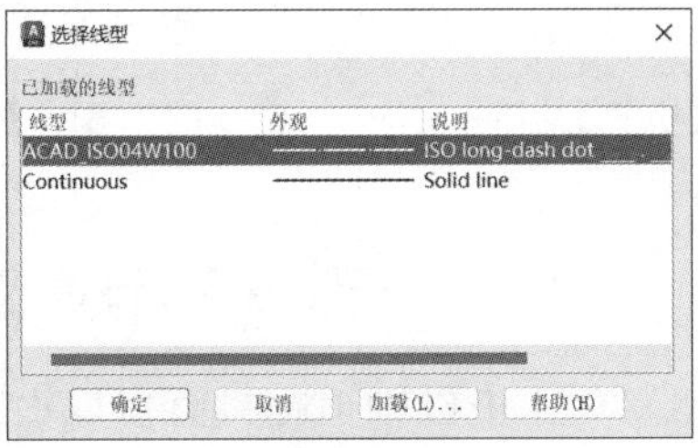

图 1.26　【选择线型】对话框

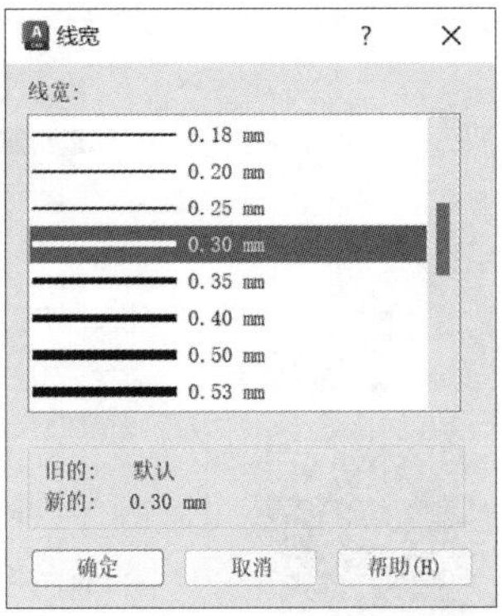

图 1.27　【线宽】对话框

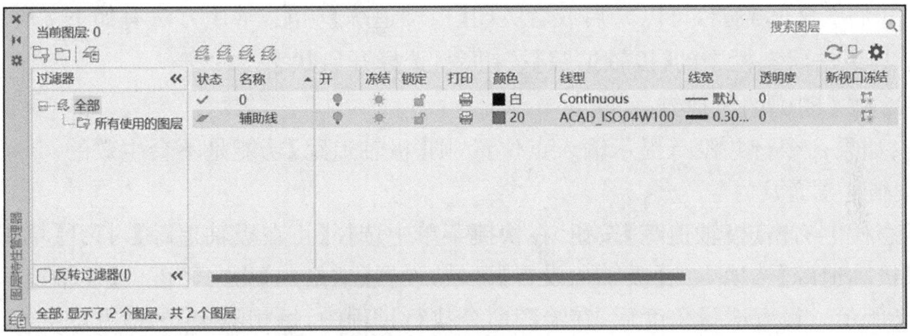

图 1.28　图层重命名

设置好图层后，就可以在【图层】功能区的【图层】下拉列表中指定当前图层。【图层】下拉列表如图 1.29 所示。

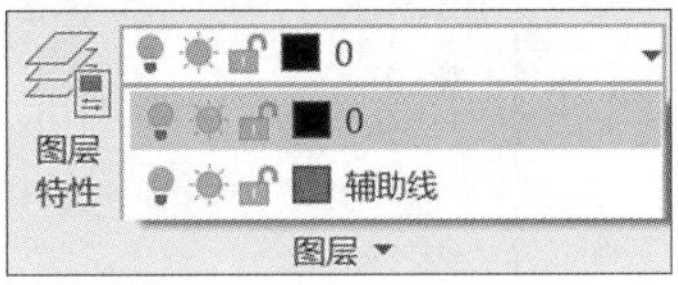

图 1.29　【图层】下拉列表

子任务 5　设置单位

AutoCAD 2024 支持多种单位类型，包括毫米、厘米、英寸等，我们可以根据需要选择合适的单位类型并进行精度设置。此外，在进行图形绘制前进行单位设置可以避免一些不必要的错误和麻烦。需注意，本书中所有的图形单位如无特别标注，均设置为毫米。

视频

设置单位

单击【格式】菜单，选择【单位】命令(图 1.30)或者在命令行输入【UNITS】命令，即可打开【图形单位】对话框，如图 1.31 所示。在【图形单位】对话框中可以根据需要设置长度、精度单位、角度等参数。

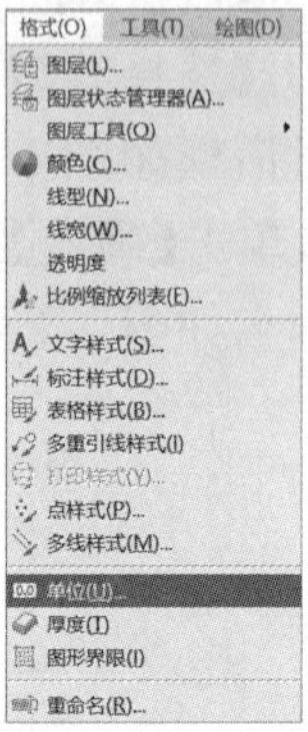

图 1.30 【格式】菜单

图 1.31 【图形单位】对话框

视频

设置极轴追踪

子任务 6 设置极轴追踪

AutoCAD 2024 中极轴追踪具有可以沿某一角度追踪的功能，比如设置增量角为 45°，那么在相隔 45°的位置就会出现一条虚线用以追踪 45°的距离。

1. 极轴追踪

根据我们的实际需要，可以开启或者关闭【极轴追踪】功能，常用方法有如下 2 种：

方法 1：单击状态栏中的【极轴追踪】按钮，选择开启状态。

方法 2：按【F10】的快捷键。

注意：如果命令行并没有提示输入点位置，则【极轴追踪】功能是不会生效的。

2. 极轴追踪角度

在状态栏上右击【极轴追踪】按钮，在快捷菜单中选择【正在极轴追踪】，打开【草图设置】对话框，在【极轴追踪】选项卡的【极轴角设置】区域，设置【增量角】为“45”度。【极轴追踪】选项卡如图 1.32 所示。设置增量角度后，在绘图命令执行过程中，每相隔 45°的地方就会出现一条虚线，方便我们进行角度追踪。极轴追踪效果如图 1.33 所示。

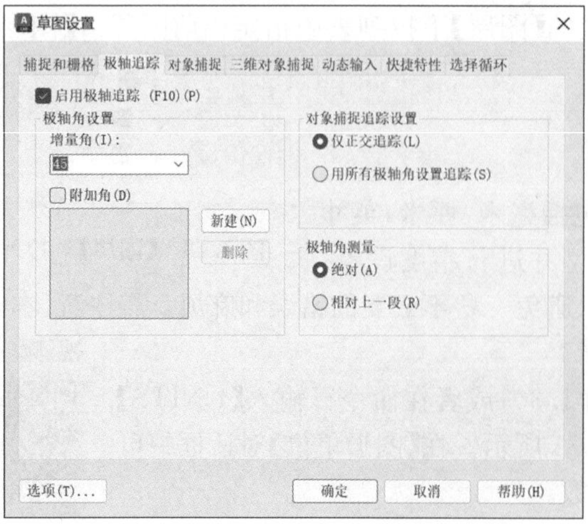

图 1.32 【极轴追踪】选项卡

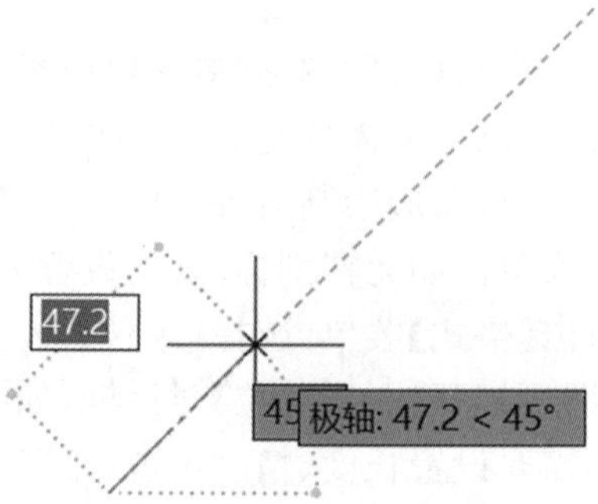

图 1.33 极轴追踪效果

视 频

设置对象捕捉

子任务7 设置对象捕捉

在对象捕捉开关开启下，将光标移动到某些特征点，如直线端点、圆心、两直线交点、垂足附近时，系统能够自动地捕捉到这些点的位置。因此，对象捕捉的实质是对图形对象特征点的捕捉。

1. 开启对象捕捉

根据我们的实际需要，可以开启或者关闭【对象捕捉】功能，常用方法有如下2种：

方法1：单击状态栏中的【捕捉】按钮，选择开启状态。

方法2：按快捷键【F3】。

注意，如果命令行并没有提示输入点位置，则【对象捕捉】功能是不会生效的。因此【对象捕捉】实际上是通过捕捉特征点的位置，来代替命令行输入特征点的坐标。

2. 设置对象捕捉点

在使用对象捕捉点，需要设置好对象捕捉模式，也就是确定当探测到对象特征点时，哪些点可以捕捉，而哪些点可以忽略，从而避免视图混乱。右击状态栏中的【捕捉】按钮，在弹出的快捷菜单中选择【捕捉设置】选项，可以打开【草图设置】对话框。

【草图设置】对话框中共列出14种对象捕捉点和对应的捕捉标记，较为常用的捕捉模式为端点、中点、圆心、象限点、交点和垂足等。需要捕捉哪些对象捕捉点，就选中这些点前面的复选框，设置完毕后，单击【确定】按钮关闭对话框即可。【对象捕捉】选项卡如图1.34所示。

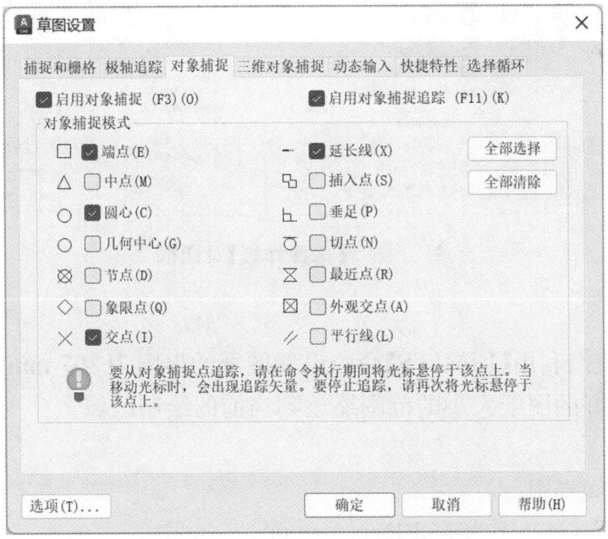

图1.34 【对象捕捉】选项卡

视 频

设置室内控制台示意图绘图环境

任务实战

为了让学习者能够快速入门，积累经验。我们先从一个简单的平面图形——室内控制台示意图入手，来初步掌握AutoCAD 2024绘图环境的设置操作。室内控制台示意如图1.35所示。

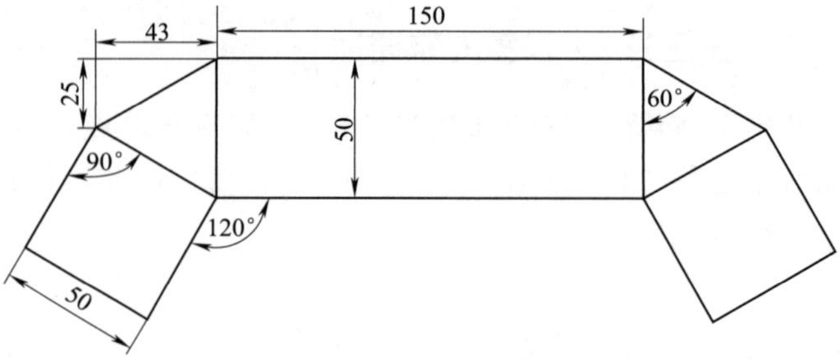

图 1.35　室内控制台示意

1. 新建文件

在快速访问工具栏中单击【新建】按钮打开【选择样板】对话框。【选择样板】对话框如图 1.36所示。选择样板文件“acadiso. dwt”,单击【打开】按钮,打开系统默认的样板文件“acadiso. dwt”。

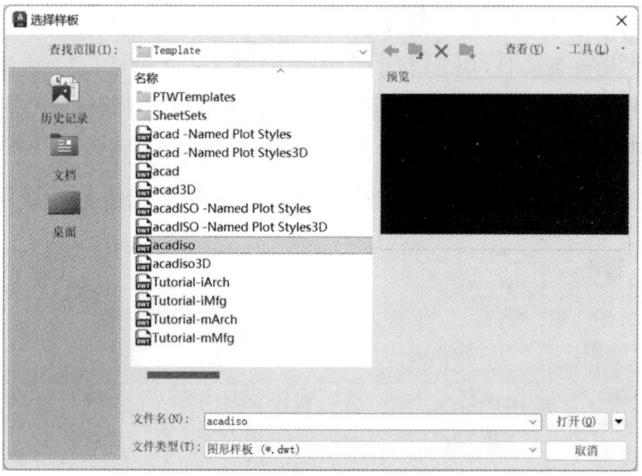

图 1.36　【选择样板】对话框

2. 设置图形界限

根据图形尺寸,我们利用【LIMITS】命令设置图纸的界限为 297 mm×210 mm。然后利用【ZOOM】命令将设置好的图纸大小的范围缩放到当前的绘制区域。

命令:LIMITS

重新设置模型空间界限:

指定左下角点或[开(ON)/关(OFF)]〈0.0000,0.0000〉:

指定右上角点〈420.0000,297.0000〉:297,210　　　　　　　　//A4 纸张横放

命令:ZOOM

指定窗口的角点,输入比例因子(nX 或 nXP),或者[全部(A)/中心(C)/动态(D)/范围(E)/上一个(P)/比例(S)/窗口(W)/对象(O)]〈实时〉:a

正在重生成模型。

3. 设置单位

绘图开始前,一定要先确定图形中要使用的测量单位,并设置坐标和距离要使用的格式、

精度和其他惯例。单击菜单中【格式】|【单位】命令，弹出的【图形单位】对话框，在【精度】下拉列表中选择“0”，然后单击【方向按钮】打开【方向控制】对话框，选择【基准角度】为“东”。【图形单位】对话框如图 1.37 所示，【方向控制】对话框如图 1.38 所示。

图 1.37　【图形单位】对话框

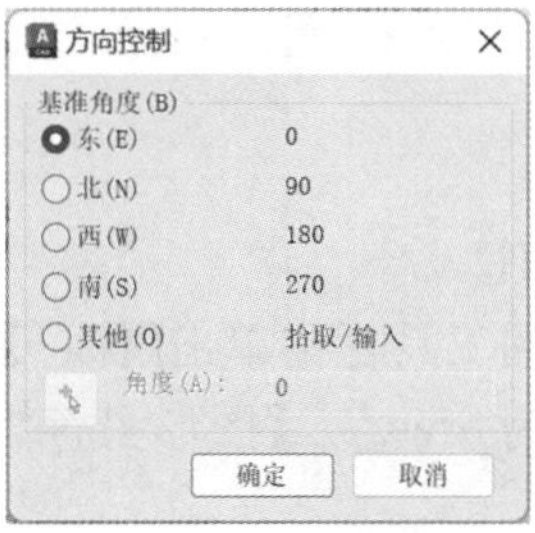

图 1.38　【方向控制】对话框

4. 设置极轴追踪

状态栏右击【极轴追踪】按钮，选择快捷菜单中的【正在极轴追踪 …】命令来打开【草图设置】对话框进行极轴追踪的设置，勾选【启用极轴追踪】，设置【增量角】为“60”度。【极轴追踪】选项卡如图 1.39 所示。

5. 设置对象捕捉

在状态栏右击【栅格捕捉】按钮，选择快捷菜单中的【捕捉设置 …】来打开【草图设置】对话框进行对象捕捉的设置。也可以通过单击菜单【工具】|【绘图设置】来进行对象捕捉设置。在此，选中“端点”“交点”“延长线”捕捉模式。【对象捕捉】选项卡如图 1.40 所示。

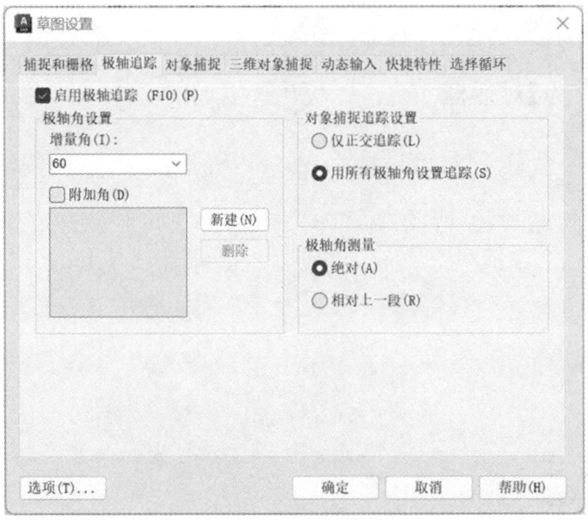

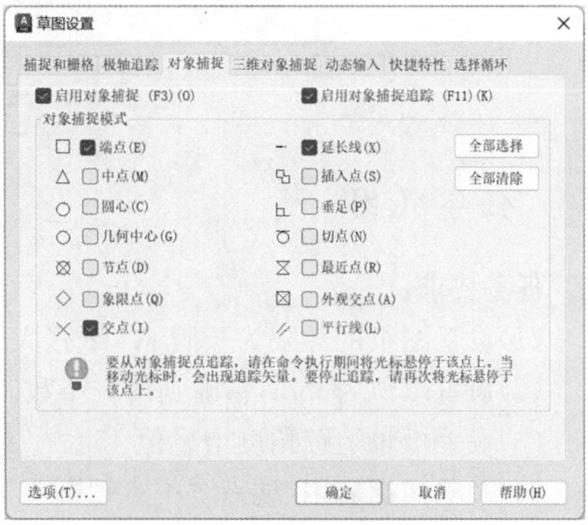

图 1.39　【极轴追踪】选项卡　　　　图 1.40　【对象捕捉】选项卡

6. 设置图层

单击【图层】选项板的【图层特性管理器】，在打开的【图层特性管理器】对话框中新建一个图层，并将其名称修改为“标注”，修改颜色为“绿色”，其他采用默认值，然后关闭【图层特性管理器】面板。【图层特性管理器】面板如图 1.41 所示。

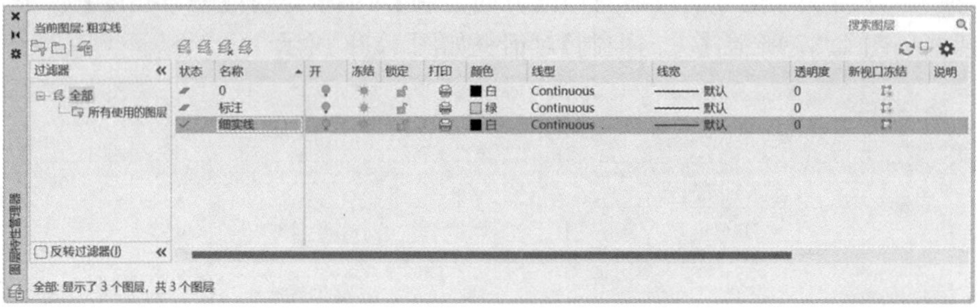

图 1.41 【图层特性管理器】面板

7. 保存文件

在快速访问工具栏中单击【保存】按钮,选择好保存位置后,输入文件名“室内控制台示意图”,文件格式为“dwg”。【图形另存为】对话框如图 1.42 所示。

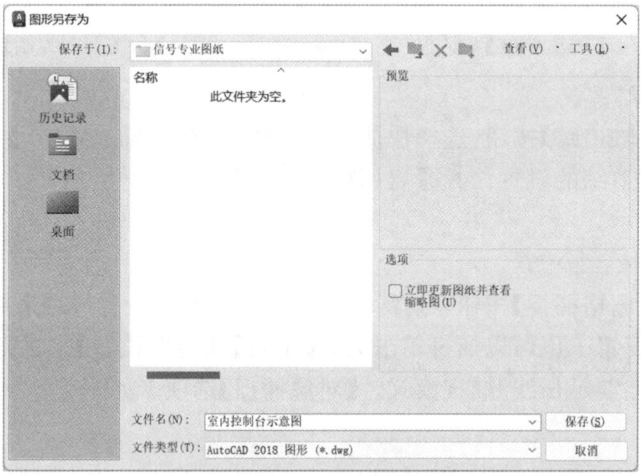

图 1.42 【图形另存为】对话框

任务巩固

任务要求:

(1)设置图纸的界限为竖版 A4 纸张大小。

(2)设置单位为 mm,精确到两位小数。

(3)设置极轴追踪角度增量值 45°。

(4)对象捕捉启用“端点”“中点”“圆心”“垂足”。

(5)设置图层。各图层设置要求见表 1.1。

表 1.1 图层设置

图层名	线型名	线型	颜色	线宽
粗实线	Continuous	粗实线	蓝	0.3 mm

续上表

图层名	线型名	线型	颜色	线宽
细点画线	Center	细点画线	红	默认
细实线	Continuous	细实线	黄	默认
尺寸线	Continuous	细实线	洋红	默认
文字	Continuous	细实线	白	默认
细虚线	Hidden	细虚线	绿	默认

任务2 绘制室内控制台示意图

任务描述

室内控制台示意如图1.35所示。这个示意图看似很简单，但是要想按照尺寸绘制一个精确的示意图却不容易。在这里，我们选择这个图纸就是要让学习者了解整个的绘图过程，养成良好的绘图习惯。

科学思维

科学思维在工程设计领域中广泛应用。我们在数据输入的过程中，要严谨认真，确保数据的正确性和准确性，养成科学思维的习惯。

任务分析

子任务1 认知点的数据输入方法

视频

动态输入数据

在AutoCAD 2024中点的坐标可以用直角坐标、极坐标等来表示。每一种坐标又分别具有两种坐标输入方式：绝对坐标和相对坐标。

1. 绝对坐标

绝对直角坐标：在二维(2D)空间中，绝对直角坐标是将点看成从原点(0，0)出发的 X 轴与 Y 轴的位移。例如，绝对直角坐标(4，−3)定义的点在正 X 轴4个单位、Y 轴负方向上3个单位的位置上。坐标值可以用科学计数法、十进制格式、工程格式、建筑格式或分数格式来表示，要注意坐标值之间必须用英文输入状态下的逗号隔开。如图1.43所示，A和B两点对应的绝对直角坐标分别为(5,8)和(15,18)。

绝对极坐标：绝对极坐标也是将点看成是对原点(0,0)的位移，不同在于我们输入的是距离与角度。距离与角度之间要用左尖括号"＜"隔开。例如，8.5＜75表示距离为8.5个图形单位，角度为75°。通常规定，东起逆时针旋转得到的角度是正的角度，相反东起顺时针旋转得到的角度是负的角度。角度值可以用梯度、弧度或者度、分和秒的形式来表示。如图1.44所示，A和B两点对应的绝对极坐标分别为(9＜58)和(23＜50)。

2. 相对坐标

相对坐标：输入点的相对坐标值与输入点的绝对坐标值类似，但相对坐标较为方便和实用。使用相对坐标，我们可以通过输入相对于上一点的位移或者距离与角度的方法来输入新的点。直角坐标与极坐标都可以指定为相对坐标。为了区别相对坐标与绝对坐标，在所有相对坐标的前面都添加一个“@”号。例如,要输入距上一点在 X 轴方向为 3 个单位、在 Y 轴方向为 4 个单位的新点,请输入“@3,4”并按【Enter】键。又如,要输入距上一点距离为 5 个单位,旋转角度为 45°的新点,则输入“@5<45”并按【Enter】键。如图 1.45 所示,A 和 B 两点,B 点相对于 A 点的相对直角坐标为(@10,10)。如图 1.46 所示,A 和 B 两点,B 点相对于 A 点的相对极坐标为(@14<45)。

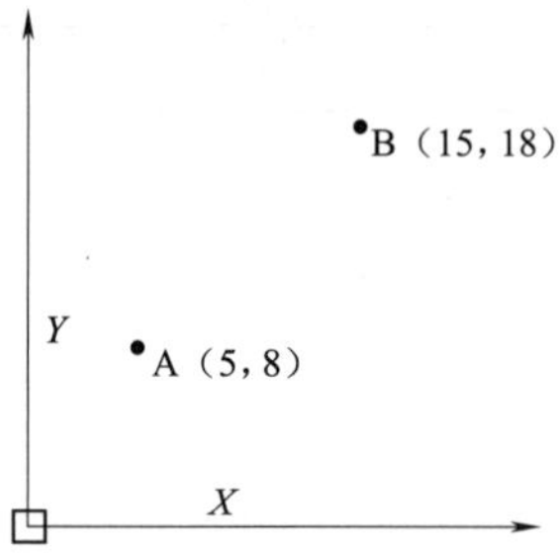

图 1.43 绝对直角坐标

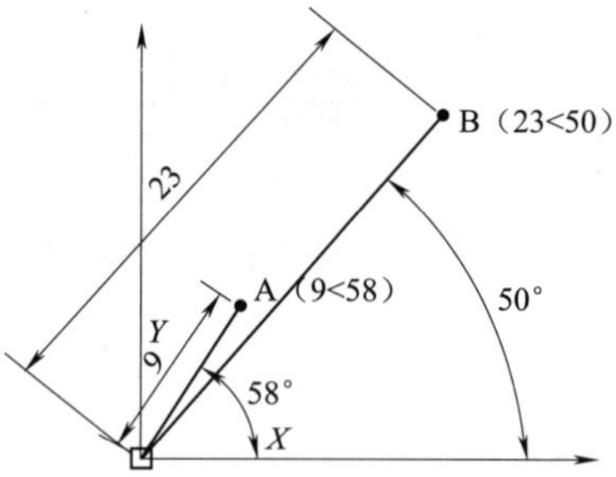

图 1.44 绝对极坐标

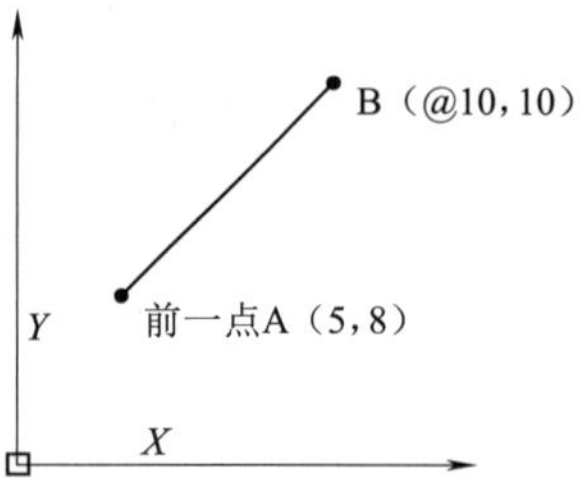

图 1.45 相对直角坐标

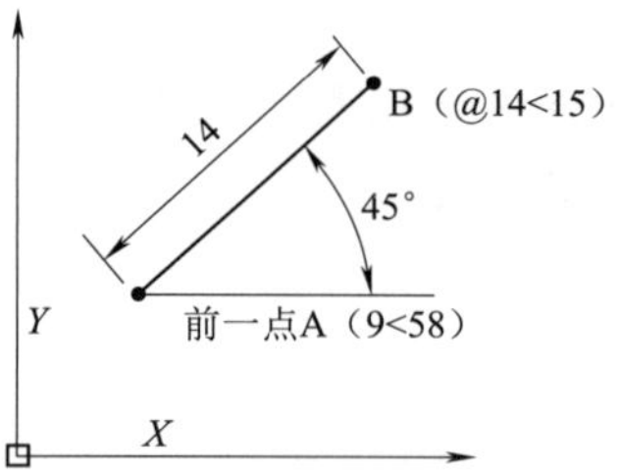

图 1.46 相对极坐标

3. 动态数据输入

在 AutoCAD 2024 中,由于相对坐标比较方便实用,所以系统默认的点输入方式为相对坐标的模式。也就是说,我们在输入点坐标的时候,即使输入的是绝对坐标,系统也仍然会在坐标值的前面加上“@”的符号,把它默认为相对坐标的方式。所以,我们要学会如何调整坐标的模式。调整的方法是:右击状态栏上的【栅格捕捉】按钮,在弹出的菜单中选择【捕捉设置】命令。打开图 1.47 所示的【草图设置】对话框,在【动态输入】选项卡中勾选【启用指针输入】复选框。在对话框中,【启用指针输入】复选框用于确定是否启用指针输入。启用指针输入后,在工具提示中会动态地显示出光标坐标值。当 AutoCAD 2024 提示输入点时,用户可以在工具提示中输入坐标值,不必通过命令行输入。动态输入坐标值如图 1.48 所示。

接着,单击【草图设置】对话框中【指针输入】区域的【设置】按钮。打开【指针输入设置】对话框,在此对话框中可以根据需要自由选择坐标格式,设置完成后单击【确定】键即可。【指针输入设置】对话框如图 1.49 所示。

视频

执行命令

子任务 2 执行 AutoCAD 2024 命令

1. 通过工具栏执行命令

在工具栏中单击任意一个按钮就可以激活相应的命令。激活命令后,并不是已经完成了操作,而是随着命令的激活,在命令行会出现相应的提示,每一步操作都需要我们根据提示来完成，只有完成了当前一步，才会出现下一步的命令提示，这种非常人性化的操作过程是 AutoCAD 2024 的一大特点。如单击【绘图】功能区的【直线】工具，即可执行直线命令。【直线】工具按钮如图 1.50 所示。

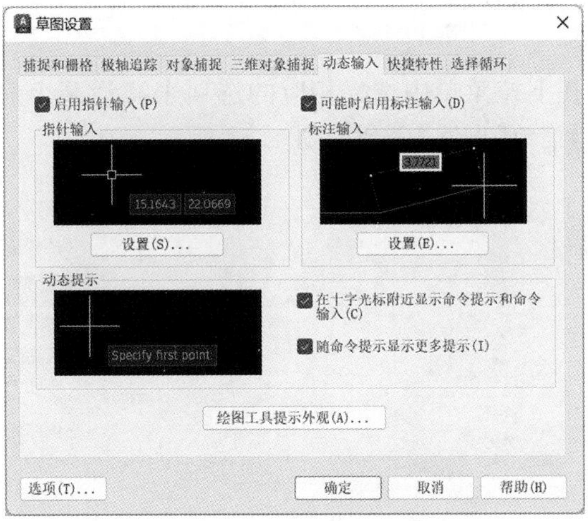

图 1.47　【动态输入】选项卡

图 1.48　动态输入坐标值

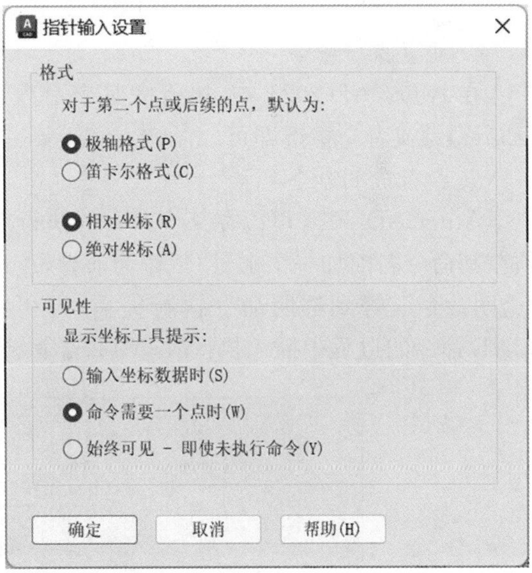

图 1.49　【指针输入设置】对话框

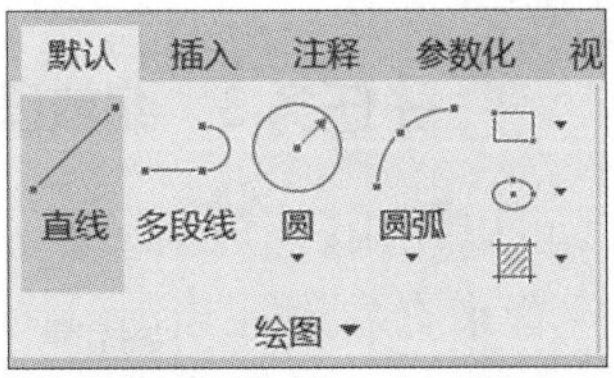

图 1.50　【直线】工具按钮

2. 通过命令行执行命令

在命令行内输入命令的全称或者简称,然后再按【Enter】键,就可以激活相应的命令。如在命令行输入“LINE”,按【Enter】键后,命令行出现相应的提示,用户根据提示信息接着完成操作步骤。通过命令行执行命令如图 1.51 所示。

3. 通过菜单执行命令

单击菜单名称,然后在下拉菜单中选择相应的选项来激活某个命令。如在【绘图】菜单中单击【直线】命令。【绘图】菜单【直线】命令如图 1.52 所示。

图 1.51　通过命令行执行命令

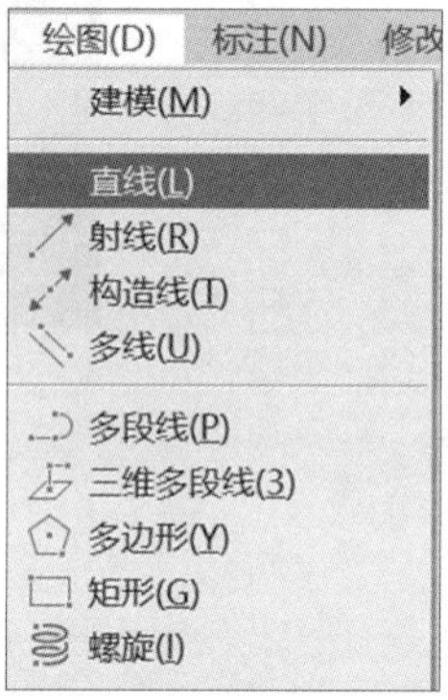

图 1.52　【绘图】菜单【直线】命令

4. 重复执行命令

在 AutoCAD 2024 中,执行完某个命令后,如果要立即重复执行该命令,则只需按一下【Enter】键或者空格键即可。

5. 执行透明命令

AutoCAD 2024 可以在某个命令的执行期间插入执行另一个命令,中间插入执行的命令须在其命令名前加一个撇号“'”作为前导,AutoCAD 2024 称这种可从中间插入执行的命令为“透明命令”,等到透明命令执行完后,即可接着当前的命令继续执行操作。比如,在执行 LINE 命令的过程中插入执行【LIMITS】命令,过程如图 1.53 所示。

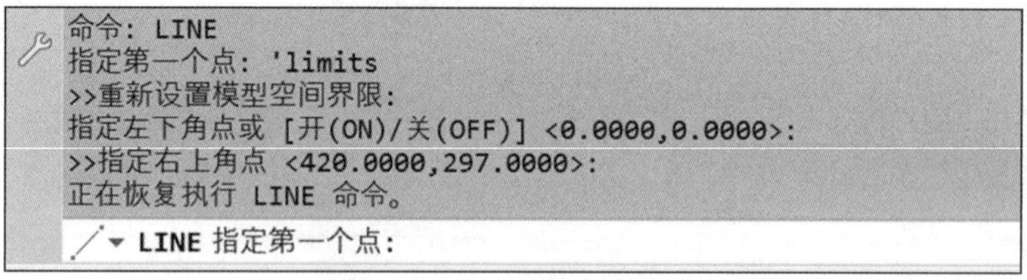

图 1.53　执行透明命令

视频

缩放图形

子任务 3　缩放图形视图

AutoCAD 2024 可以使用【缩放】命令,在绘图区域放大、缩小某些区域的图形或者改变观察位置来查看未在当前绘图区域显示的部分。

图形视图的缩放常用的 4 种操作方法如下:

方法 1:在命令行输入“ZOOM”,按两次【Enter】键进入实时缩放功能,可以通过向上或向下拖拽鼠标来放大和缩小视图。【ZOOM】缩放命令如图 1.54 所示。

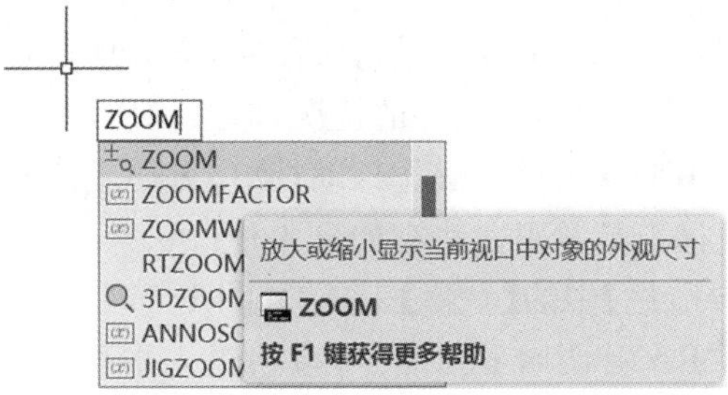

图 1.54 命令行输入【缩放】命令

方法 2:使用鼠标滚轮向上、向下滚动,实现缩放功能，把鼠标指针放在需要缩放的位置滚动滚轮,就可以实现以鼠标指针为中心的缩放功能。这在绘图过程中经常使用,能提高绘图效率。

方法 3:在菜单栏中【视图】下拉菜单中的【缩放】命令,如图 1.55 所示。操作方法同“方法 1”。

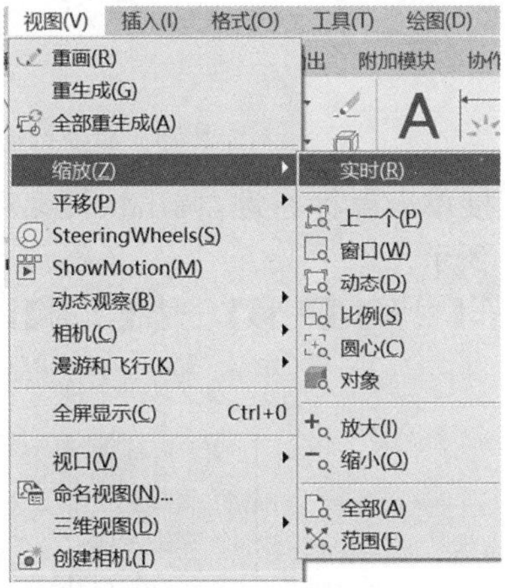

图 1.55 【缩放】命令

方法 4:单击【导航栏】中【缩放】工具,进行相应的缩放操作,如图 1.56 所示。

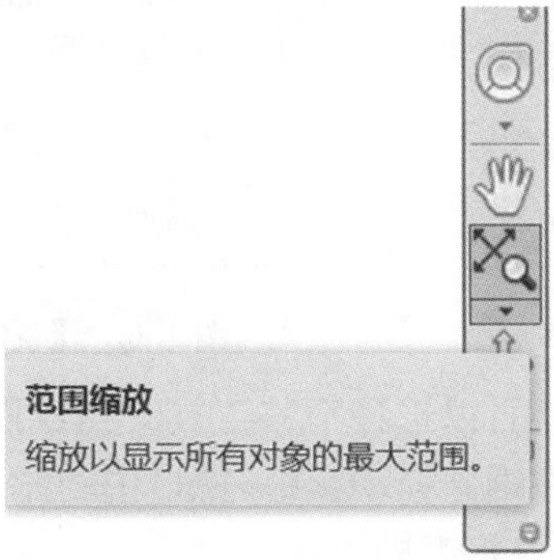

图 1.56 【缩放】工具

视 频

平移图形

子任务 4　平移图形视图

在使用 AutoCAD 2024 进行绘图时，会出现要观察的部分没有显示在视口中间位置，导致绘图出现偏差的情况，对绘制详细准确的图形影响是非常大的。这时就需要用平移工具来操作移动视口，方便后续的图形观察和绘制。

启动平移工具常用方法有如下 4 种：

方法 1：单击右侧的【导航栏】中的【平移】工具，如图 1.57 所示。

方法 2：在命令行输入“PAN”调用平移命令，空格进入平移命令，可以根据下方命令行的提示，在键盘上按【Enter】键。命令行输入【平移】命令如图 1.58 所示。

图 1.57　【平移】工具

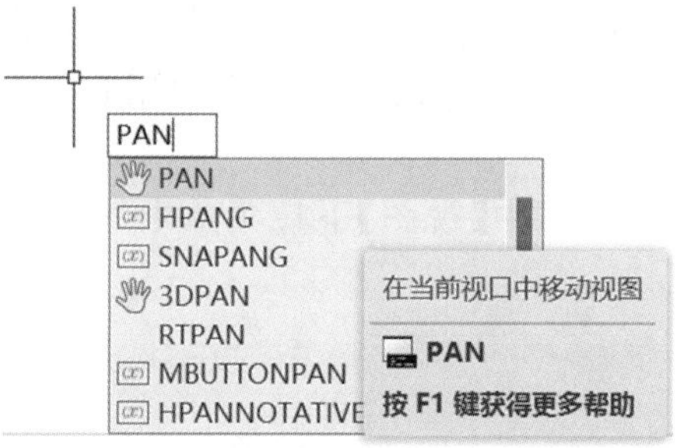

图 1.58　命令行输入【平移】命令

方法 3：在绘图的窗口中直接单击鼠标右键，调出快捷菜单，在快捷菜单中选择【平移】。快捷菜单【平移】命令如图 1.59 所示。

方法 4：在上方工具栏中单击【视图】|【平移】，选择【实时】，就可以使用平移工具。【视图】菜单【平移】命令如图 1.60 所示。

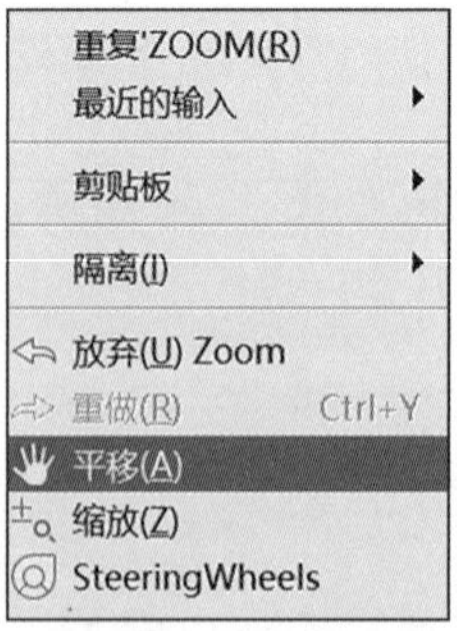

图 1.59　快捷菜单【平移】命令

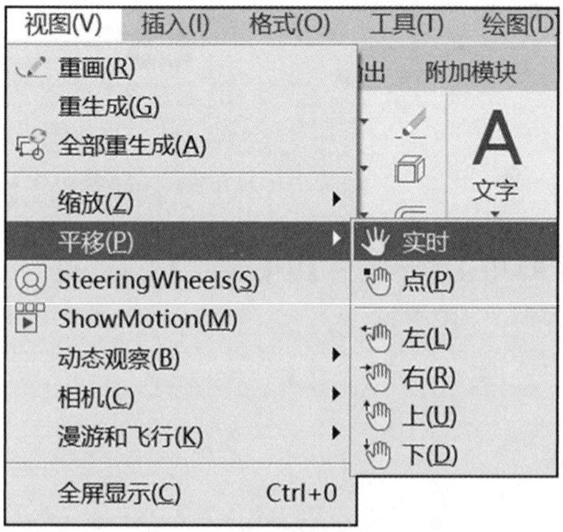

图 1.60　【视图】菜单中的【平移】命令

通过以上任意的一种方法，就可以选择平移工具。当绘图窗口中的十字光标变成手形图标，此时在绘图窗口中按住鼠标左键并拖动鼠标，视口中的图形即可跟随移动。如果需要退出平移工具，可以松开鼠标，按一下空格键即可。

子任务5 选择图形对象

视频

选择图形

1. 单点选择方式

在图形对象上单击鼠标左键即可选中，该对象被选中后会高亮显示。单点选择对象方式如图 1.61 所示。

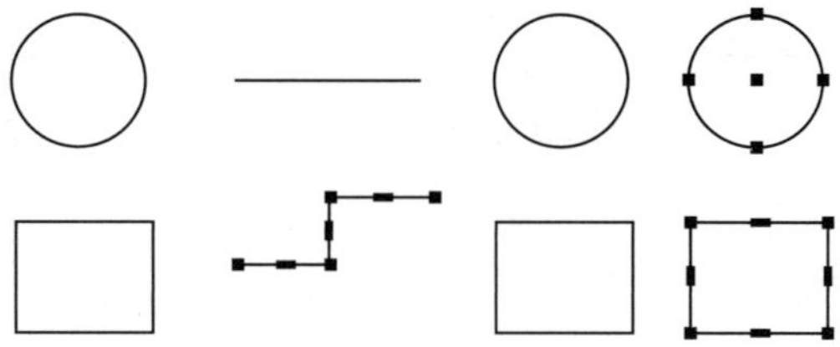

图 1.61 单点选择对象方式

2. 闭合框选方式

按住鼠标左键不放，从左边框到右边，产生不规则区域即可选取对象，该方法选中的对象必须完全在不规则区域内。闭合框选对象方式如图 1.62 所示。

注意：在框选对象时可以通过空格键切换到对应的框选方式。

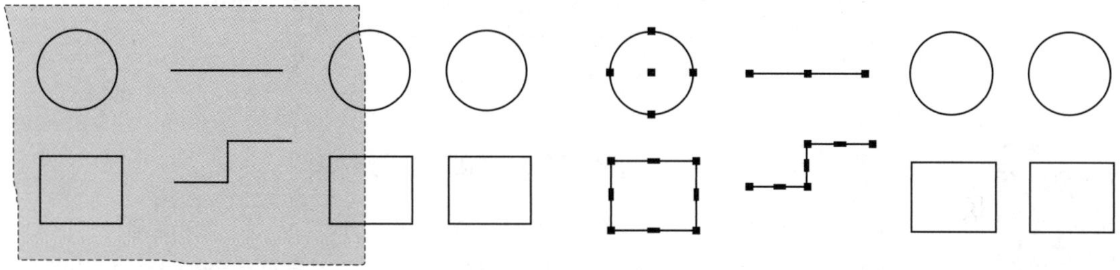

(a) (b)

图 1.62 闭合框选对象方式

3. 交叉框选方式

按住鼠标左键不变，从右边框到左边，该方法选中的对象除了完全在不规则区域内的，与窗口相交的对象也会被选中（此为与闭合框选模式的区别）。交叉框选对象方式如图 1.63 所示。

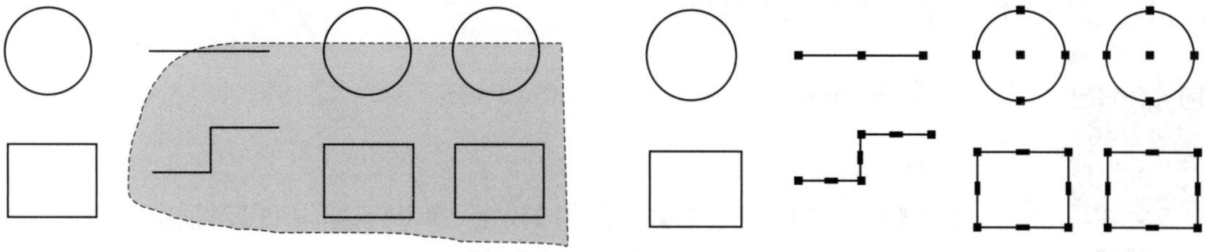

(a) (b)

图 1.63 交叉框选对象方式

4. 栏选方式

当命令行出现“选择对象”时，输入栏选命令“F”，然后按【Enter】键，就可以定义一条或多条栏选线,即可选中与栏选线相交的对象。栏选对象方式如图 1.64 所示。

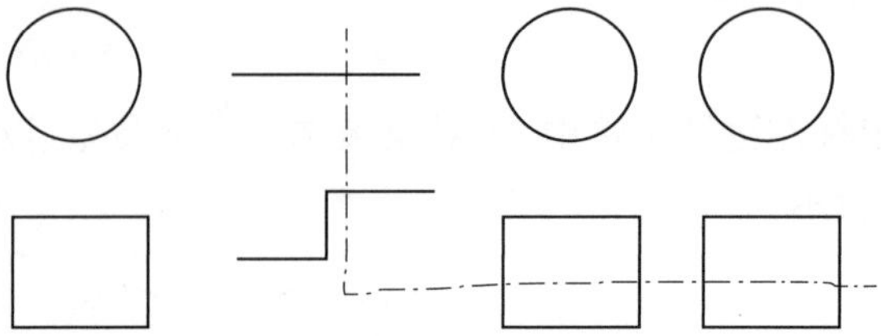

图 1.64　栏选对象方式

5. 多边形闭合框选方式

当命令行出现“选择对象”时,输入栏选命令“WP”,然后按【Enter】键,就可以定义多边形选择框。被多边形完全包裹的对象即可被选中。多边形闭合框选对象方式如图 1.65 所示。

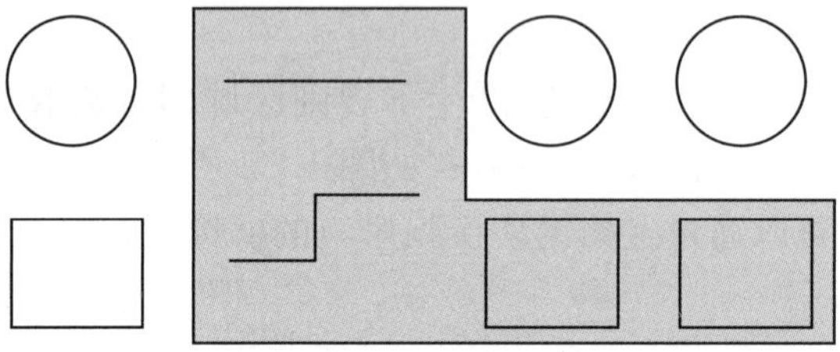

图 1.65　多边形闭合框选对象方式

视频

删除图形对象

子任务 6　删除图形对象

在 AutoCAD 2024 中按下【Delete】键就可以删除选定的对象。这是最基本的删除操作,适用于删除单个或少量的对象。对于大量的删除操作,可以通过各种选择对象的方式选择多个对象,然后按下【Delete】键进行批量删除。还可以利用【修改】区域的【删除】命令删除对象。此外,还有一些其他的快捷键和技巧可以加快删除操作的速度。例如,按下【Ctrl】+【A】键可以选择所有的对象,然后按下【Delete】键进行全部删除。如果不小心删除了错误的对象,可以通过【Ctrl】+【Z】键撤销上一步的操作,来恢复被删除的对象。

工程思维

工程思维强调实践性和应用性,针对实际问题提出解决方案。通过室内控制台示意图的分析,可计算出图形中点的坐标数据,因此,启用对象捕捉,执行直线命令并输入正确的点坐标是最优解决方案。

视频

绘制室内控制台示意图

任务实战

1. 打开文件

单击【快速访问工具栏】的【打开】按钮,弹出【选择文件】对话框,选择“室内控制台示意图 .dwg”文件,如图 1.66 所示。

2. 绘制图形

首先,在【图层】下拉列表选择“细实线”图层,将“细实线”置为当前。【图层】下拉列表如图 1.67所示。接下来,在该层绘制控制台示意图。注意,“0”层通常不用来绘制图形,它的最大作用就是用来存放图块，方便更好地控制图形文件。有关图块的知识在后续内容中会讲解。

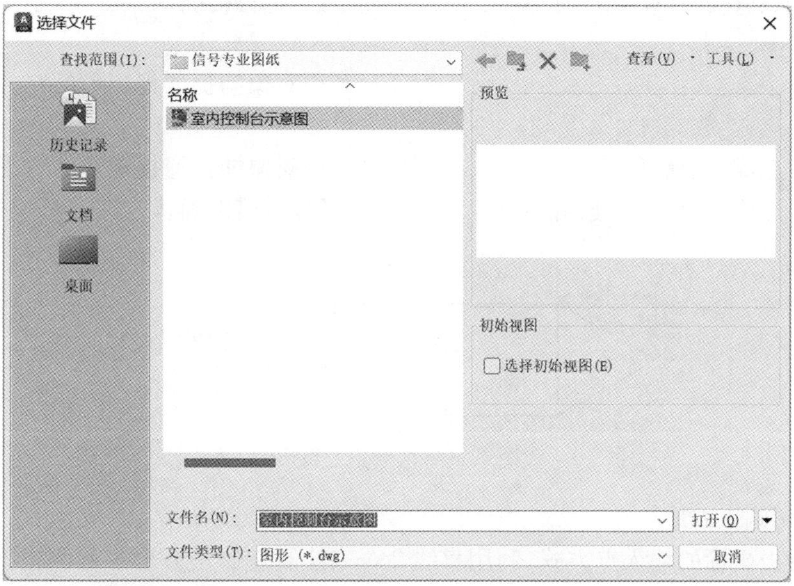

图 1.66 【选择文件】对话框

(1)绘制矩形

单击工具栏上的直线工具，利用直线命令绘制矩形框线，采用相对坐标的方式输入点的坐标。矩形的尺寸标注如图 1.68 所示。

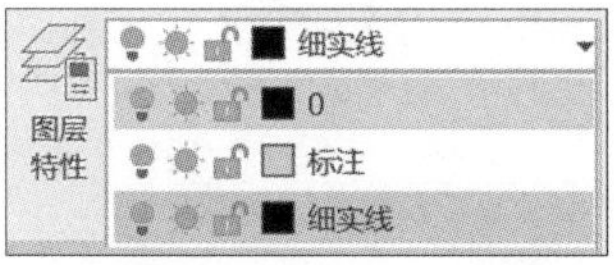

图 1.67 【图层】下拉列表

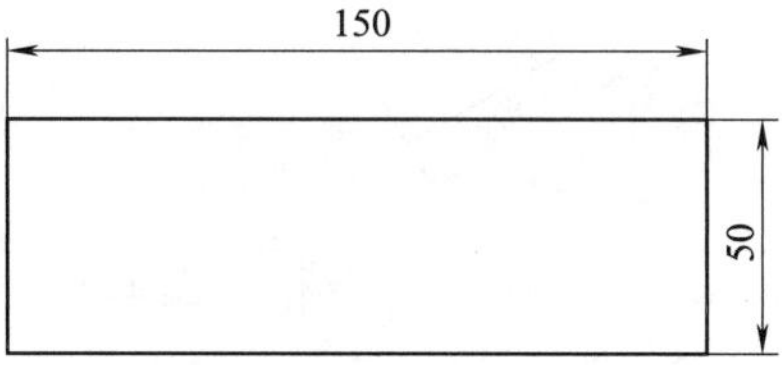

图 1.68 矩形的尺寸标注

命令：LINE

指定第一个点：　　　　　　　　　　　//在屏幕上合适位置单击鼠标拾取第一个点

指定下一点或[放弃(U)]：@150，0

指定下一点或[放弃(U)]：@0，−50

指定下一点或[闭合(C)/放弃(U)]：@−150，0

指定下一点或[闭合(C)/放弃(U)]：　　//利用对象捕捉捕捉端点

指定下一点或[闭合(C)/放弃(U)]：　　//按【Enter】键确认，矩形绘制完成

(2)绘制正三角形

采用相对坐标的方式绘制左、右两侧正三角形。两侧正三角形如图 1.69 所示。

命令：LINE

指定第一个点：　　　　　　　　　　　//利用对象捕捉捕捉矩形的左上角点

指定下一点或[放弃(U)]：@−43，−25

指定下一点或[放弃(U)]: //利用对象捕捉捕捉矩形的左下角点
指定下一点或[闭合(C)/放弃(U)]: //按【Enter】键确认
命令:LINE
指定第一个点: //利用对象捕捉捕捉矩形的右上角点
指定下一点或[放弃(U)]:@43,－25
指定下一点或[放弃(U)]: //利用对象捕捉捕捉矩形的右下角点
指定下一点或[闭合(C)/放弃(U)]: //按【Enter】键确认

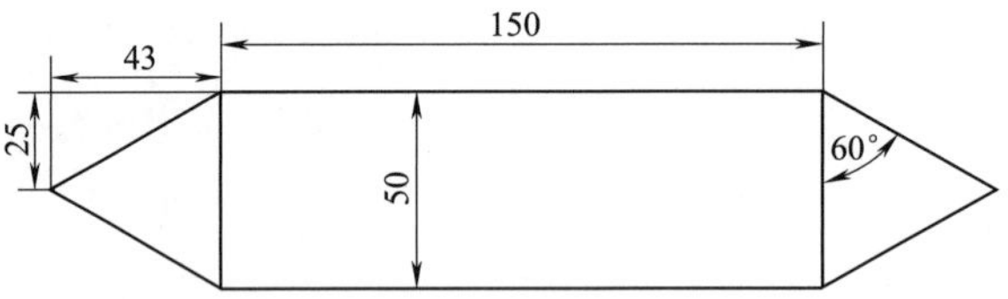

图 1.69 两侧正三角形

(3)绘制两侧正方形

采用相对极坐标的输入点方式,利用直线命令来绘制左侧正方形。两侧正方形如图 1.70 所示。

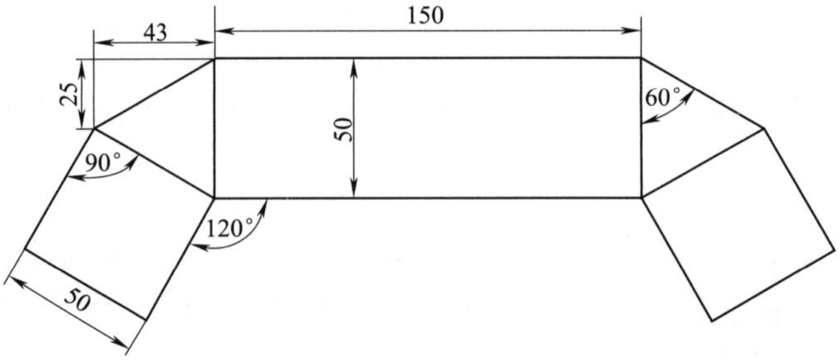

图 1.70 两侧正方形

命令:LINE
指定第一个点: //利用对象捕捉捕捉左侧三角形的顶点
指定下一点或[放弃(U)]:@50＜－120
指定下一点或[放弃(U)]:@50＜－30
指定下一点或[闭合(C)/放弃(U)]: //利用对象捕捉捕捉矩形的左下角点
指定下一点或[闭合(C)/放弃(U)]: //按【Enter】键确认
同样,利用直线命令,采用相对极坐标的方式输入点来绘制右侧正方形。

命令:LINE
指定第一个点: //利用对象捕捉捕捉右侧三角形的顶点
指定下一点或[放弃(U)]:@50＜－60
指定下一点或[放弃(U)]:@50＜－150
指定下一点或[闭合(C)/放弃(U)]: //利用对象捕捉捕捉矩形的右下角点
指定下一点或[闭合(C)/放弃(U)]: //按【Enter】键确认

3. 保存文件

单击【快速访问工具栏】的【保存】按钮,文件进行原路径覆盖保存。该图形整个绘制完成。

任务巩固

利用极轴追踪、对象捕捉、直线命令和点的坐标输入方法绘制图1.71所示的图形。

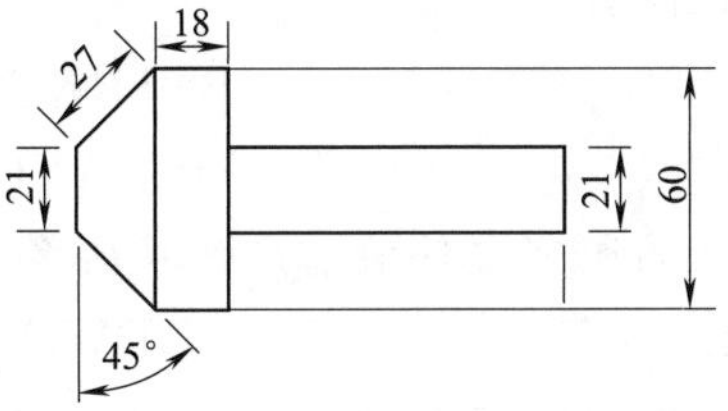

图1.71 能力拓展图形

项目评价

上述项目任务完成后,填写评价表,对知识目标、技能目标与素质目标达成情况进行自我评价,并进行学习总结和归纳,见表1.2。

表1.2 项目任务评价表

自评分类	评价内容	评价等级	总结归纳
知识技能	AutoCAD 2024用户界面	□不熟悉 □基本熟悉 □熟悉	
	AutoCAD 2024文件操作	□没有掌握 □基本掌握 □完全掌握	
	图形界限的概念及其设置(重点)	□没有掌握 □基本掌握 □完全掌握	
	单位设置	□没有掌握 □基本掌握 □完全掌握	
	图层的概念及设置(重点)	□没有掌握 □基本掌握 □完全掌握	
	启动、响应命令的方法(重点)	□没有掌握 □基本掌握 □完全掌握	
	视图缩放与平移	□没有掌握 □基本掌握 □完全掌握	
	选择图形对象	□没有掌握 □基本掌握 □完全掌握	
	删除图形对象	□没有掌握 □基本掌握 □完全掌握	
	点的数据输入方法(难点)	□没有掌握 □基本掌握 □完全掌握	
	对象捕捉设置及使用(重点)	□没有掌握 □基本掌握 □完全掌握	
	极轴追踪设置及使用(重点)	□没有掌握 □基本掌握 □完全掌握	
	直线命令的使用(重点)	□没有掌握 □基本掌握 □完全掌握	
实践技能	设置绘图环境(重点)	□没有掌握 □基本掌握 □完全掌握	
	绘制室内控制台示意图(难点)	□没有掌握 □基本掌握 □完全掌握	
职业素养	养成操作规范的良好工作习惯	□达成 □未达成	
	养成严谨认真的科学思维习惯	□达成 □未达成	
	具有学以致用的工程思维	□达成 □未达成	

课堂练习

一、选择题

1. AutoCAD 2024 软件的主要功能是(　　)。

A. 设计绘图　　B. 设计计算　　C. 文字处理　　D. 信息管理

2. AutoCAD 2024 的图形界限命令是(　　)。

A. LIMITS　　B. UNITS

C. STYLE　　D. LAYER

3. AutoCAD 2024 软件绘制的图形文件缺省文件扩展名是(　　)。

A. DOC　　B. GIF　　C. DWG　　D. DWT

4. 在 AutoCAD 2024 中,相对于当前点沿 35°方向画长为 20 个绘图单位的线段,正确的数据输入是(　　)。

A. 20,35　　B. @20,35　　C. @20<35　　D. @35,20

5. 在 AutoCAD 2024 中,下拉式菜单中某些命令后带有“…”表示(　　)。

A. 选择该命令是省略命令　　B. 选择该命令后屏幕会弹出一对话框

C. 该命令不是操作命令　　D. 该命令为目前不可执行命令

6. 取消命令执行的键是(　　)。

A. Enter　　B. Esc　　C. 鼠标右键　　D. F1

7. 某种图层上的图形不能编辑,也不可见,这种图层是(　　)。

A. 冻结的　　B. 关闭的　　C. 锁定的　　D. 解锁的

8. 下列关于图层的描述不正确的是(　　)。

A. 新建图层的默认颜色均为白色

B. 被冻结的图层不能设置为当前层

C. AutoCAD 2024 的各个图层共用一个坐标系统

D. 每一张图必然有且只有一个 0 层

9. 如不想打印图层上的对象,最好的方法是(　　)。

A. 冻结图层

B. 在图层特性管理器上单击打印图标,使其变为不可打印图标

C. 关闭图层

D. 将该图层删除

10. 在动态输入模式下绘制直线时,当提示指定下一点时输入“80”,然后按【,】键,接下来输入的数值是(　　)。

A. X 坐标值　　B. Y 坐标值　　C. Z 坐标值　　D. 角度值

11. 如果想重复执行上一个命令,可以按住(　　)键。

A. Ctrl　　B. Shift　　C. Tab　　D. 空格

12. 如果误删除了某个图形对象,接着又绘制了一些图形对象,现在想恢复被误删除的图形,应该(　　)。

A. 点击【放弃(Undo)】　　B. 通过输入命令“U”

C. 通过输入命令“OOPS”　　D. 【Ctrl】+【Z】

13. 当用户绘制图形时，需要放弃上一步操作时，下列方法错误的是(　　)。

A. 单击【标准】工具栏上的【放弃】命令图标

B. 删除重新绘制

C. 采用快捷组合键【Ctrl】+【Z】

D. 采用简化命令“U”

14. 在绘制直线时，第一点坐标为(20,30)，第二点坐标为(@35,40)，所绘制的直线长度是(　　)。

A. 18.03　　B. 35　　C. 53.15　　D. 70

15. 打开图层特性管理器后，要修改指定图层的线条颜色，需单击该图层颜色的(　　)位置。

A. 名称　　B. 颜色块　　C. 状态图标　　D. 冻结/解冻按钮

二、上机练习

1. 利用直线命令和对象捕捉绘制尽头线符号图形，尺寸如图1.72所示。

2. 利用直线命令输入点坐标绘制室内控制台显示终端符号图形，尺寸如图1.73所示。

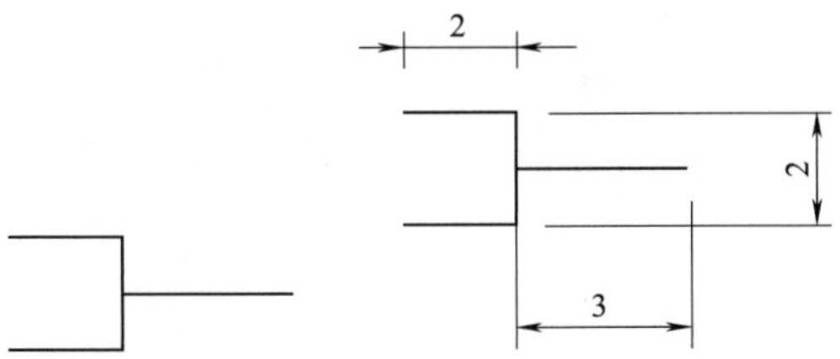

图1.72　尽头线符号绘制练习

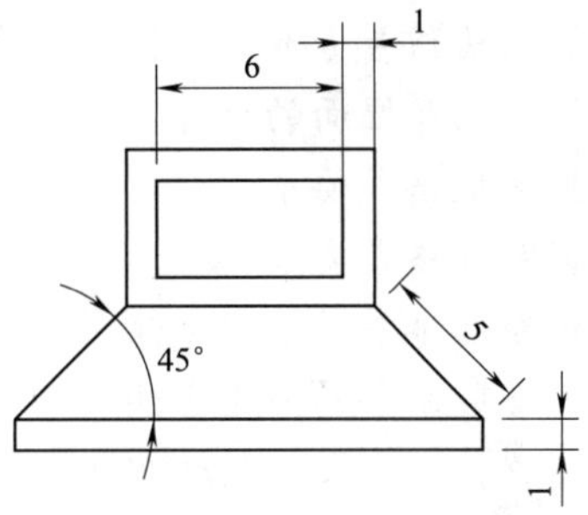

图1.73　室内控制台显示终端尺寸标注

项目 2　铁路信号专业图纸样板文件的建立

项目导入

铁路信号专业图纸有很多种，其中包括排列表、布置图、原理图、电路图、类型图、配线图，等等。我们可以借助样板文件做一个标准化的样板去统一设计标准，提高设计效率。在实际工作中，除了做专业标准化的样板外，也可以根据项目的不同类型，准备不同的样板，在保证基础配置统一的情况下，添加不同类型的资源进去，这样就可以减少样板的基础负荷。

学习目标

知识目标

- 了解铁路信号专业制图铁路技术标准的要求。
- 理解图幅及幅面的含义。
- 掌握图框格式要求。
- 掌握图标格式要求。
- 掌握矩形命令的使用方法。
- 掌握修剪命令的使用方法。
- 掌握单行文字命令的使用方法。
- 掌握夹点编辑的方法。

能力目标

- 会根据需求查询国家标准。
- 能根据要求选择合适的图幅。
- 能熟练利用矩形工具创建图框。
- 能熟练利用直线工具创建标题栏。
- 能根据需要进行多余线条的修剪操作。
- 能根据需要添加单行文字内容。
- 能利用夹点编辑根据需要进行图形的编辑修改。
- 能熟练进行样板文件的创建。

素质目标

- 树立贯彻、执行国家标准的意识。
- 具有信息检索能力。
- 具有一丝不苟、认真负责的工作态度。

项目导图

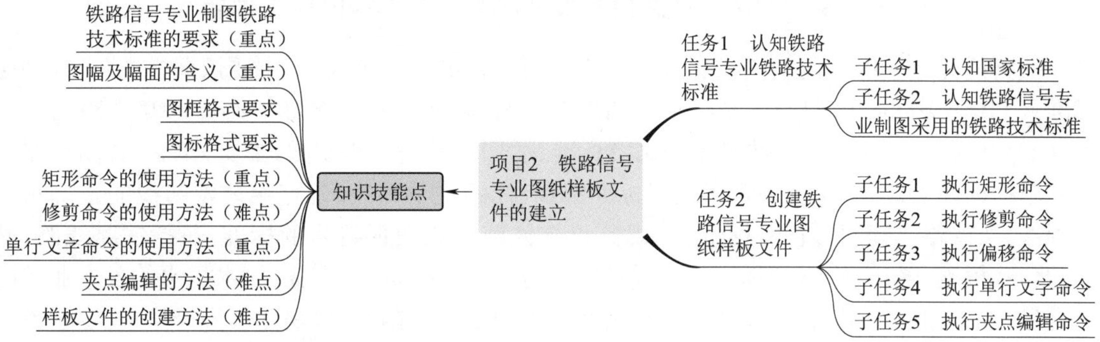

图 2.1　信号专业图纸样板文件的建立项目导图

任务 1　认知铁路信号专业制图铁路技术标准

任务描述

贯彻、执行国家标准，是简化制图、减少绘图工作量的需要，也是提高设计效率及图样清晰度的需要。绘图的过程中要严格遵循绘图的要求和国家及行业标准。比如，图纸幅面、标题栏和会签栏的规格、图线、字体和尺寸标注等，把握这些细节才能减少错误。因此，我们在制图过程中一定要始终贯彻标准，养成执行标准的习惯。同时，也能让我们养成一丝不苟、认真负责的工作态度。

贯彻、执行国家标准

为了与国际接轨，我国近年来将制图方面的标准做了较大的修订。图纸素有“工程语言”之称，语言有语法规则，这里的“语法规则”对图样画法、尺寸标注、所有代号等均作统一规定。我们在制图过程中，必须树立标准化的概念，自觉贯彻并执行国家标准。

任务分析

子任务 1　认知国家标准

《中华人民共和国标准化法》将我国标准分为国家标准、行业标准、地方标准、企业标准四级。铁路技术标准包括铁道国家标准和铁道行业标准。

国标是中华人民共和国国家标准的简称，是指由国家标准化主管机构（国家标准化管理委员会）批准发布，对全国经济、技术发展有重大意义，且在全国范围内统一的标准。国家标准分为强制性国标（GB）和推荐性国标（GB/T）。强制性国标是保障人体健康、人身、财产安全的标准和法律及行政法规规定强制执行的国家标准；推荐性国标是生产、检验、使用等方面，通过经济手段或市场调节而自愿采用的国家标准。如 GB/T 10609.1—2008 为 2008 年发布的推荐性国标，“10609.1”是标准的编号。

铁道行业标准代号为“TB”。铁路技术标准根据专业领域不同，分为装备制造、工程建设、运营管理和服务等标准。比如 TB/T 10058—2015,TB 是铁道行业标准,TB/T 中的“T”在此读“推”,即推荐性国标,2015 表示是该标准发布的年份。

子任务 2　认知铁路信号专业制图采用的铁路技术标准

铁路信号专业中绘制的图纸要按相关铁路技术标准规定来执行,主要依据《铁路工程制图标准》(TB/T 10058—2015)、《铁路工程图形符号标准》(TB/T 10059—2015)和《铁路信号符号》(TB/T 1122—2019)。《铁路工程制图标准》适用于铁路工程制图,主要为统一我国铁路工程制图标准而编制,它主要规定了选择标准图幅、标题栏及图线、确定字体及图线的正确写法及画法。《铁路工程图形符号标准》是规范统一铁路工程图形符号的标准,包括铁路线路、站场、路基、桥涵、隧道、轨道、通信、信号、信息、电力、电气化、机务、车辆、给水排水等各专业的图形符号,主要用于工程勘察、设计图纸绘制及施工现场标志制作。《铁路信号符号》规定了铁路信号符号的一般规定、信号文字符号及信号图形符号,主要用于铁路信号工程设计和技术文件。

任务实战

1. 选择图纸

图纸按使用需要分为单张图、成册图和成卷图。单张图由设计图样、表、说明、主要图形符号、图标等组成,图面的实际图样、表、说明等应布置合理,排列匀称美观。成册图由封面、目次、说明、表及若干张设计(测绘)图样组成,图纸目次应绘图框,封面、目次不编入图号与页号。成卷图是一个完成产品的所有图纸,其中包含有若干个部件的成册图纸。成卷图包括封面、表、说明、总图样、若干个成册图、封底(归档装订时按此顺序)。

2. 制定图幅及幅面

图纸幅面尺寸是指绘制图样所采用的纸张大小。图纸幅面有基本幅面和加长幅面之分,为了便于管理和合理使用纸张,绘制图样时应优先采用表 2.1 所规定的基本幅面。

表 2.1　图纸基本图幅尺寸

图幅代号	A0	A1	A2	A3	A4
尺寸 $B \times L$(mm×mm)	841×1 189	594×841	420×594	297×420	210×297
e	20		10		
c	10			5	
a	25				

当需要选用加长幅面时,应选用与基本幅面短边成正整数倍增加的加长幅面。如图 2.2 所示,粗实线为基本幅面,细实线和虚线为加长幅面。

图纸幅面的选择一般应遵循以下几个原则:

(1)设计对象的规模和复杂程度,图纸高度尽量采用 297 mm。

(2)在保证图面清晰、布局紧凑的前提下,应尽量选用较小的幅面。

(3)需要复印和微缩时,应考虑其特殊要求。

(4)图纸如果需要绘制在几张图纸上时,图纸幅面一般应该相同。

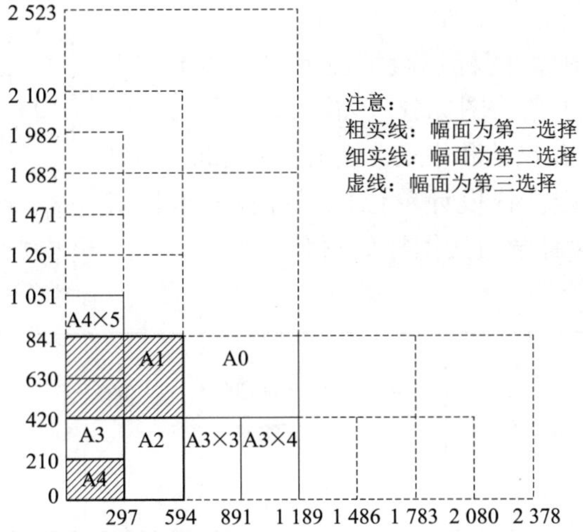

图 2.2　图纸幅面

3. 选择图框格式

图样中的图框由内、外两框组成，外框用细实线绘制，大小为幅面尺寸，内框线用粗实线绘制，内外框的间距尺寸与格式有关。

图框格式分为留有装订边和不留装订边两种，如图 2.3 所示。两种格式图框周边尺寸 a、c、e 见表 2.1。图样绘制完毕后应沿外框线裁边。

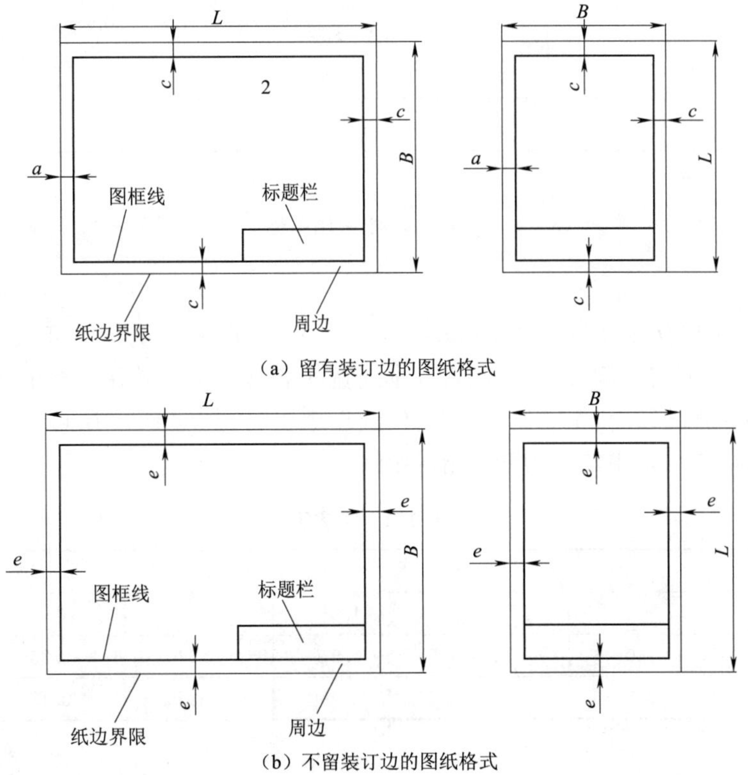

图 2.3　图纸格式

4. 选择图标样式

每张专业图纸都有图标，图标一般情况下位于图纸右下角，也允许位于图纸的右上角。图标分区如图 2.4 所示。

图标的基本要求、内容、尺寸和格式在铁道行业标准 TB/T 10058—2015 中有详细规定。各设计单位根据各自需求格式可以有变化。这里我们设计学习用图标如图 2.5 所示。

一丝不苟、认真负责的工作态度

工程设计行业关乎国计民生，项目在施工之前必须仔细检查图纸，防止出现任何错误。图标中的签字区意味着签字人要为确认内容承担责任。因此，我们制图人员必须要有一丝不苟、严谨认真的工作态度。

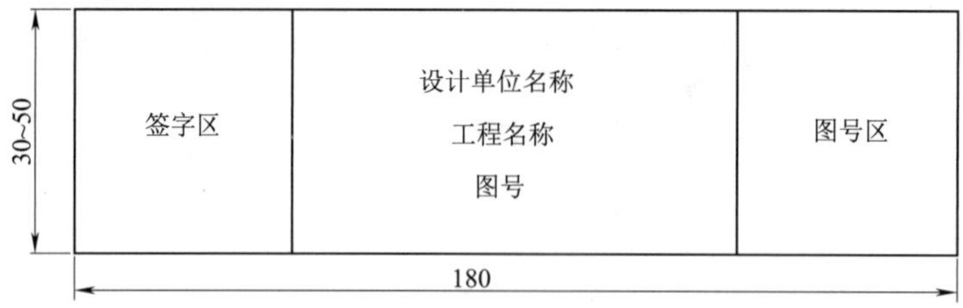

图 2.4　图标分区

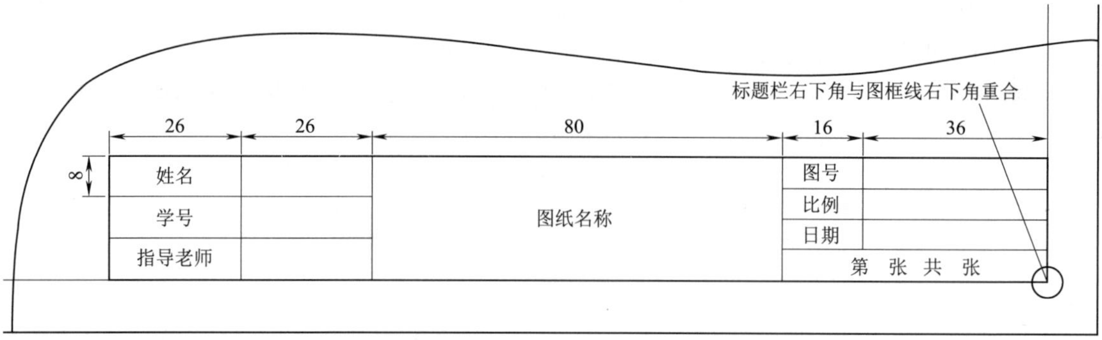

注：图中文字高度为2.5 mm。

图 2.5　学习用图标

5. 选择图线

图线的宽度 b 应从 2.0 mm、1.4 mm、1.0 mm、0.7 mm、0.5 mm、0.35 mm 中选取。每个图样应根据复杂程度与比例大小，先确定基本线宽 b，再按表 2.2 选用适当的线宽组。

注意：在同一张图纸内，相同比例的图样，应选用相同的新款组。在同一张图纸内，不同线宽组中的细线，可统一采用较细的新款组的细线。

表 2.2　线宽组　　单位：mm

线宽比	线宽组					
b	2.0	1.4	1.0	0.7	0.5	0.35
$0.5b$	1.0	0.7	0.5	0.35	0.25	0.18
$0.35b$	0.7	0.5	0.35	0.25	0.18	0.13

6. 选择线型

常用的线型见表 2.3。图框线、图标线和表格线宽度见表 2.4。

表 2.3 常用的线型及线宽 单位：mm

名称		线型	线宽比
实线	加粗		1.4b
	粗		b
	中		0.5b
	细		0.35b
虚线	加粗		1.4b
	粗		b
	中		0.5b
	细		0.35b
点画线	粗		b
	中		0.5b
	细		0.35b
双点画线	粗		b
	中		0.5b
	细		0.35b
短点画线			0.35b
双短点画线			0.35b
点实线			0.35b
空格线			2b
折断线			0.35b
波浪线			0.35b

表 2.4 图框线、图标线和表格线宽度 单位：mm

幅面代号	图框线	图标、表外框	图标、表格线、会签栏线
A0、A1	1.4	0.7	0.35
A2、A3、A4	1.0	0.7	0.35

7. 选择字体

(1)文字、数字或符号等应笔画清晰，字体端正、排列整齐，标点符号清楚正确。除岗位签名外，均应使用制图字体。

(2)文字的字高尺寸系列为 2.5 mm、3.5 mm、5 mm、7 mm、10 mm、14 mm、20 mm。

(3)汉字应采用长仿宋体，汉字的字高，应不小于 3.5 mm；拉丁字母、阿拉伯数字或罗马数字的字高，不得小于 2.5 mm。汉字字体宽度约为字高的 2/3，而数字通常采用正体。当需要缩小复制时，幅面为 A0、A1、A2、A3、A4，汉字的字高分别不应小于 10 mm、7 mm、5 mm、3.5 mm、2.5 mm。

(4)图册封面、大标题等的字体宜采用仿宋体等易于辨认的字体。

(5)数字与字母的字体可采用直体或斜体，在同一图册中应统一。直体字横与竖成 90°；斜体字字头向右倾斜，与水平线成 75°；斜体字的高度与宽度应与相应的直体字相等；字母不宜采用书写体。

任务巩固

“全国标准信息公共服务平台”提供国内大量国家标准(5万多种)、行业标准(4万多种)、地方标准(4万多种)、团体标准、企业标准、国际标准(近8万种)的查阅,提供大部分国家标准的在线阅读。国家铁路局提供铁路技术标准、工程建设标准、工程造价标准目录。

> **信息检索**
>
> 信息检索是终身教育的基础。我们应该具备一定的信息检索能力,这样可以防治知识老化,不断更新知识,适应当代信息社会发展的需求。

通过信息检索方式,查询《铁路工程制图标准》(TB/T 10058—2015)和《铁路图形符号标准》(TB/T 1122—2019),并在线预览标准文献。

任务2 创建铁路信号专业图纸样板文件

任务描述

为了便于生产和技术交流,铁路信号专业中绘制的图纸要按相关国家标准(国标)规定来执行。专业图纸都是成套设计,具有统一的格式及其样式,所以,在设计前,建议先制作样板。样板文件的扩展名为“.dwt”,如新建的样板文件命名为“xhzt.dwt”。

任务分析

视频

执行矩形命令

子任务1 执行矩形命令

在AutoCAD 2024中,可以使用【矩形】命令绘制矩形。选择【绘图】|【矩形】,或者在【绘图】选项板中单击【矩形】按钮,也可以在命令行输入矩形命令“RECTANG”,即可绘制出倒角矩形、圆角矩形、有厚度的矩形等多种矩形,如图2.6所示。

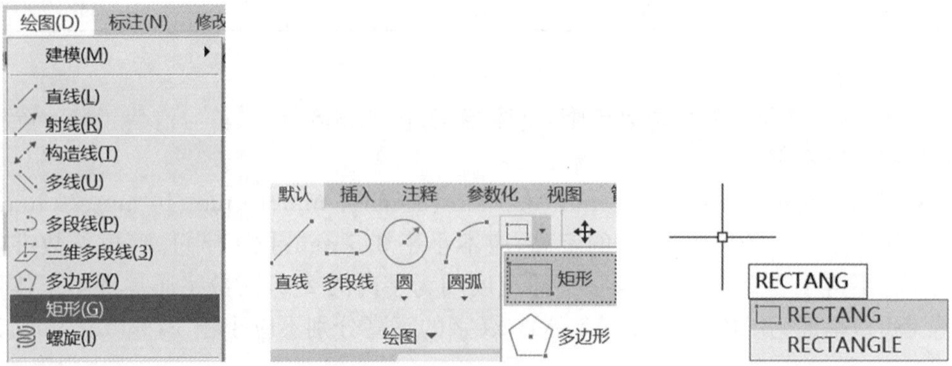

(a) (b) (c)

图2.6 执行矩形命令的方式

根据指定的尺寸或条件绘制矩形过程如下:

命令:RECTANG

指定第一个角点或[倒角(C)/标高(E)/圆角(F)/厚度(T)/宽度(W)]：

//指定矩形的一角点

指定另一个角点或[面积(A)/尺寸(D)/旋转(R)]：

//通过指定另一角点绘制矩形(与第一个角点成对角线)

相关参数说明如下：

【倒角(C)】选项表示绘制在各角点处有倒角的矩形。

【标高(E)】选项用于设置矩形的 Z 轴标高(相对于当前 UCS 的 XY 平面)。

【圆角(F)】选项确定矩形角点处的圆角半径，使所绘制矩形在各角点处按此半径绘制出圆角。

【厚度(T)】选项确定矩形的绘图厚度，使所绘制矩形具有一定的厚度(生成三维对象)。

【宽度(W)】选项确定矩形的线宽。

【旋转(R)】选项表示绘制按指定角度放置的矩形。

【尺寸(D)】选项根据矩形的长度和宽度值绘制矩形。

【面积(A)】选项根据面积值绘制矩形。

视 频

执行修剪命令

子任务 2　执行修剪命令

使用修剪命令可以将对象超出指定边界的线条修剪掉。被修剪的对象可以是直线、圆弧、多段线、样条曲线、射线和构造线等。

选择【修改】|【修剪】命令，或单击【修改】选项板中的【修剪】按钮，也可以在命令行输入“TRIM”，执行修剪操作，如图 2.7 所示。

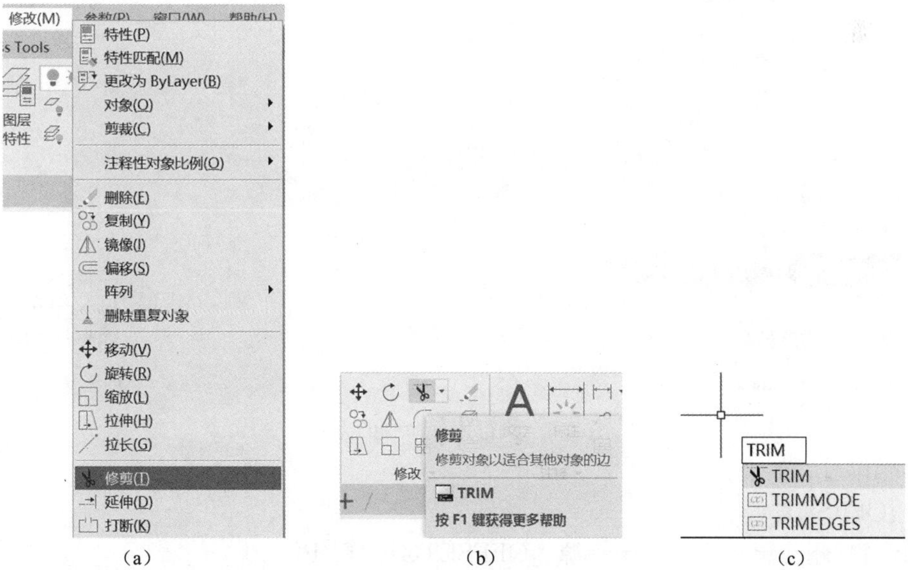

图 2.7　执行修剪命令的方式

修剪命令操作过程如下：

命令：TRIM

当前设置：投影＝UCS，边＝无，模式＝快速选择要修剪的对象,或按住【Shift】键选择要延伸的对象或[剪切边(T)/窗交(C)/模式(O)/投影(P)/删除(R)]:

参数说明如下:

【剪切边(T)】选项:使用其他选定对象来定义对象修剪到的边界。

【窗交(C)】选项:选择矩形区域(由两点确定)内部或与之相交的对象。注意,某些要修剪的对象的窗交选择不确定。TRIM 将沿着矩形窗交窗口从第一个点以顺时针方向选择遇到的第一个对象。

【模式(O)】选项:将默认修剪模式设置为“快速”,该模式使用所有对象作为潜在剪切边,或设置为“标准”,该模式将提示选择剪切边。

【投影(P)】选项:指定修剪对象时使用的投影方式。

【删除(R)】选项:删除选定的对象。此选项提供了一种用来删除不需要的对象的简便方式,而无须退出 TRIM 命令。

视 频

执行偏移命令

子任务 3 执行偏移命令

AutoCAD 2024 偏移操作用于平行复制,通过该命令可以创建同心圆、平行线或等距曲线。

选择【修改】|【偏移】命令,或者在【修改】选项板中单击【偏移】按钮,也可以直接在命令行输入偏移命令“OFFSET”,进行偏移操作,如图 2.8 所示。

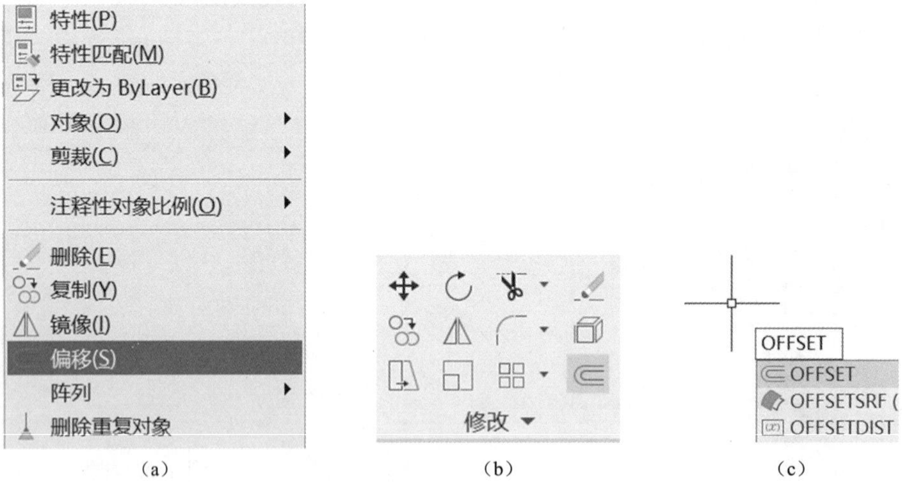

图 2.8 执行偏移命令的方式

偏移操作过程如下:

命令:OFFSET

当前设置:删除源=否 图层=源 OFFSETGAPTYPE=0

指定偏移距离或[通过(T)/删除(E)/图层(L)]〈通过〉://输入偏移的距离值

选择要偏移的对象,或[退出(E)/放弃(U)]〈退出〉:

指定要偏移的那一侧上的点,或[退出(E)/多个(M)/放弃(U)]〈退出〉:

//相对于源对象,在准备偏移复制到的一侧任意点取一点,即可实现偏移选择要偏移的对象，或[退出(E)/放弃(U)]〈退出〉：

//也可以继续选择对象进行偏移，也可以按空格键或【Enter】键结束偏移

相关参数说明如下：

【通过(T)】使对象偏移复制后通过指定的点(或对象的延伸线通过该指定点)。

【删除(E)】确定偏移后是否删除源对象，执行该选项。

【图层(L)】确定将偏移后得到的对象创建在当前图层还是源对象所在图层。

【退出(E)】退出当前操作。

【放弃(U)】当前命令放弃，但并未退出命令操作。

【多个(M)】利用当前设置的偏移距离重复进行偏移操作。

视频

执行单行文字命令

子任务4　执行单行文字命令

在AutoCAD2024中，对于单行文字来说，每一行都是一个文字对象，因此可以用来创建文字内容比较简短的文字对象(如标签)，并且可以进行单独编辑。选择【绘图】|【文字】命令，或者单击【注释】选项板中的【单行文字】按钮，也可在命令行输入“TEXT”，均能在图形中创建单行文字对象，如图2.9所示。

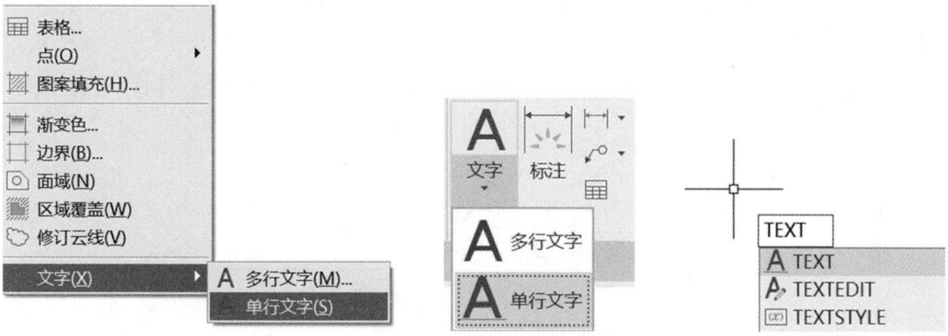

(a)　(b)　(c)

图2.9　执行单行文字命令的方式

单行文字命令操作过程如下：

命令：TEXT

当前文字样式：“Standard”　文字高度：2.5000　注释性：否　对正：左

//当前文字样式及字高度

指定文字的起点或[对正(J)/样式(S)]：　//确定文字行的起点位置

指定高度〈2.5000〉：　//输入文字的高度值

指定文字的旋转角度〈0〉：　//输入文字行的旋转角度

参数说明：

【对正(J)】选项：确定文本与所选插入点的对齐方式。

【样式(S)】选项：修改当前文字样式，文字样式中规定了文字基本形状。

AutoCAD2024在绘图屏幕上显示出一个表示文字位置的方框，用户在其中输入要标注的文字后，按两次【Enter】键，即可完成文字的标注。

视频

执行夹点编辑命令

子任务5　执行夹点编辑命令

夹点编辑可以使用不同类型的夹点和夹点模式以其他方式重新塑造、移动或操纵对象。具有多功能夹点的对象有直线、多段线、圆弧、椭圆弧、样条曲线、图案填充对象、标注对象和多重引线等。

1. 选择单个夹点

选择单个夹点时,先选定图形对象,然后在蓝色的编辑点再次单击鼠标左键,蓝色的编辑点随即变成红色,表示进入夹点编辑状态。选择单个夹点效果如图2.10所示。

2. 选择多个夹点

选择多个夹点是指可以使用多个夹点作为操作的基夹点。选择多个夹点时,选定夹点间对象的形状保持原样。要选择多个夹点,在选中对象的基础上,按住【Shift】键,然后选择适当的夹点。选择多个夹点效果如图2.11所示。

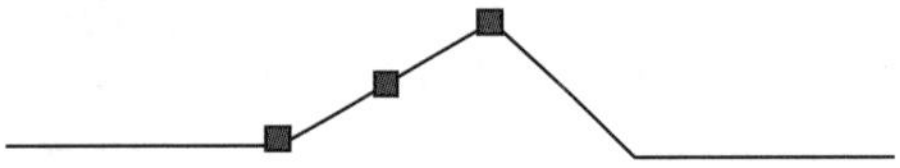

图2.10　选择单个夹点效果

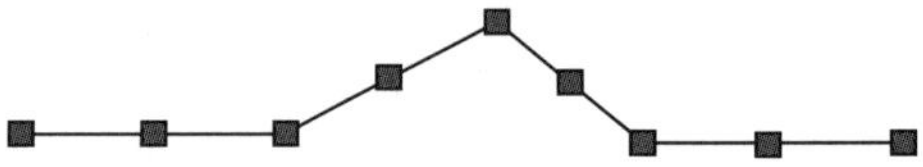

图2.11　选择多个夹点效果

3. 使用夹点拉伸

使用夹点拉伸是指可以通过将选定夹点移动到新位置来拉伸对象。利用夹点编辑拉伸对象操作如图2.12所示。

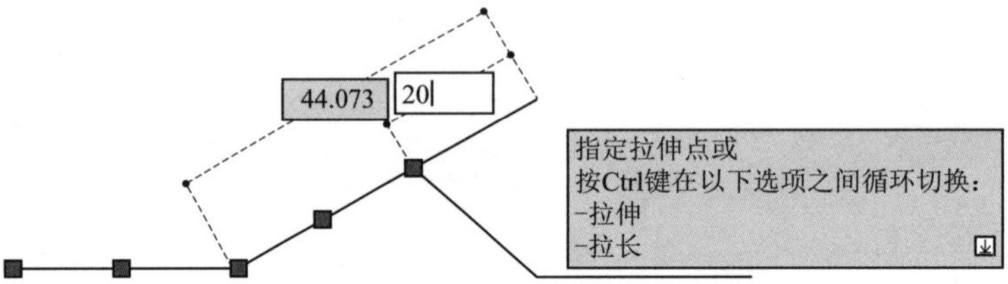

图2.12　利用【夹点编辑】拉伸对象操作

4. 使用夹点移动

使用夹点移动是指可以通过选定的夹点移动对象。选定的对象被亮显并按指定的下一点位置移动一定的方向和距离。在夹点处右击鼠标,弹出的快捷菜单中选择【移动】命令,进入夹点移动对象编辑模式。夹点编辑快捷菜单如图2.13所示。利用夹点移动对象操作如图2.14所示。

5. 使用夹点旋转

使用夹点旋转是指可以通过拖动和指定点位置来绕基点旋转选定对象,还可以输入角度值。在夹点处右击鼠标,弹出的快捷菜单中选择【旋转】命令,进入夹点旋转对象编辑模式。利用夹点旋转对象操作如图2.15所示。

6. 使用夹点缩放

使用夹点缩放是指可以相对于基点缩放选定对象。可以从基夹点向外拖动并指定点位置来增大对象尺寸,或通过向内拖动减小尺寸。另外,也可以为相对缩放输入一个值。

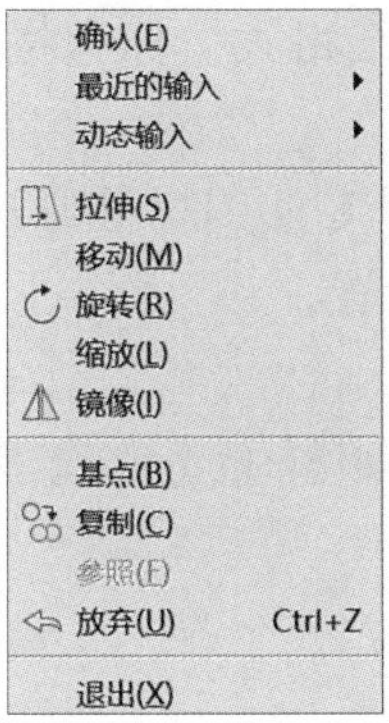

图 2.13　【夹点编辑】快捷菜单

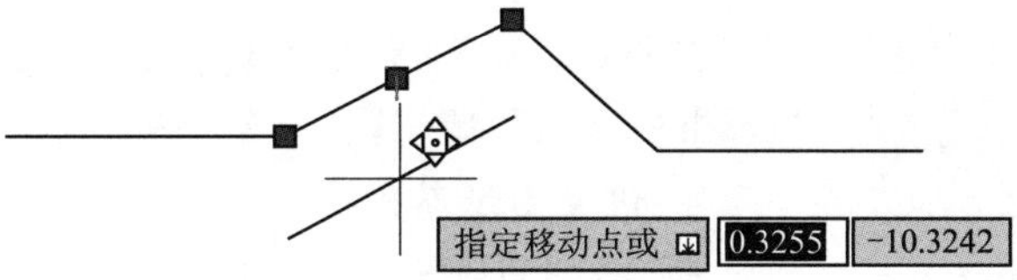

图 2.14　利用夹点移动对象操作

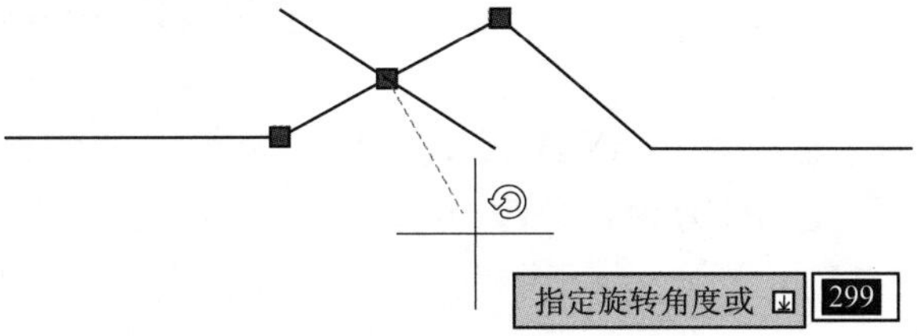

图 2.15　利用夹点旋转对象操作

任务实战

铁路信号专业图纸样板文件图样如图 2.16 所示。

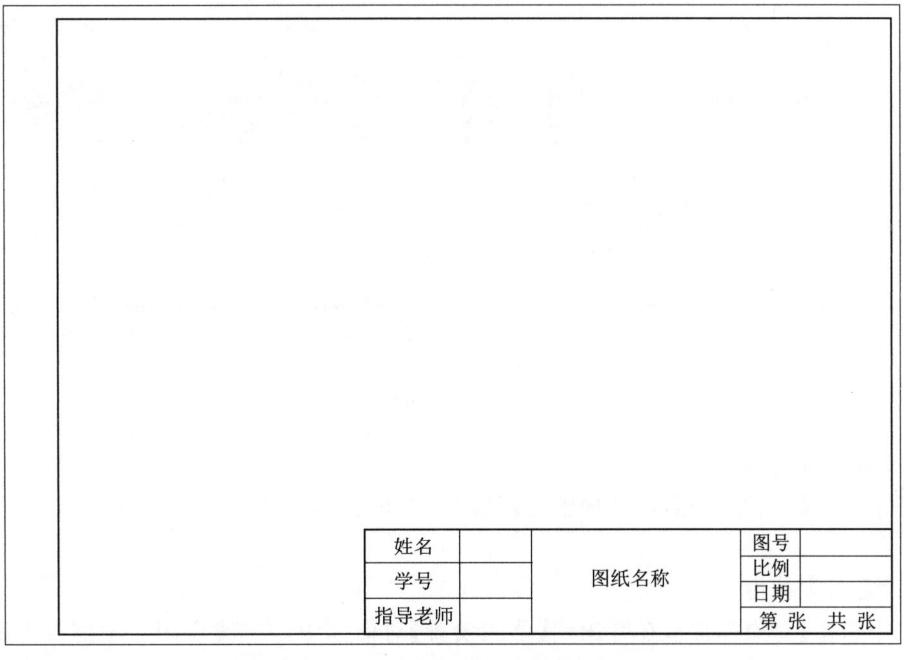

图 2.16　铁路信号专业图纸样板文件图样

此处建立的样板文件为横向 A3 图纸,采用留有装订边的图纸格式。标题栏尺寸标注如图 2.5 所示。

说明:本任务主要关注图幅、图框和图标的绘制。在铁路信号专业图样绘制过程中,可以根据实际情况,对样板文件进行修改,同时对绘图环境进行重新设置。

视频

绘制铁路信号专业图纸样板文件图框

1. 新建文件

选择【文件】|【新建】命令,在打开的【选择样板】中选择样板文件"acadiso.dwt",单击【打开】按钮。

2. 设置图纸界限

命令:LIMITS

重新设置模型空间界限:

指定左下角点或[开(ON)/关(OFF)]〈0.0000,0.0000〉:

指定右上角点〈420.0000,297.0000〉:　　　　//直接按【Enter】键,设置纸张为 A3

命令:ZOOM

指定窗口的角点,输入比例因子(nX 或 nXP),或者[全部(A)/中心(C)/动态(D)/范围(E)/上一个(P)/比例(S)/窗口(W)/对象(O)]〈实时〉:a

正在重生成模型。

3. 设置绘图环境

(1)设置单位

选择【格式】|【单位】命令,在【图形单位】对话框中设置单位为精度为"0"。

(2)设置图层

在【图层】功能区单击【图层特性管理器】按钮,在打开的【图层特性管理器】对话框中新建"图层 1",并将其置为当前,如图 2.17 所示。

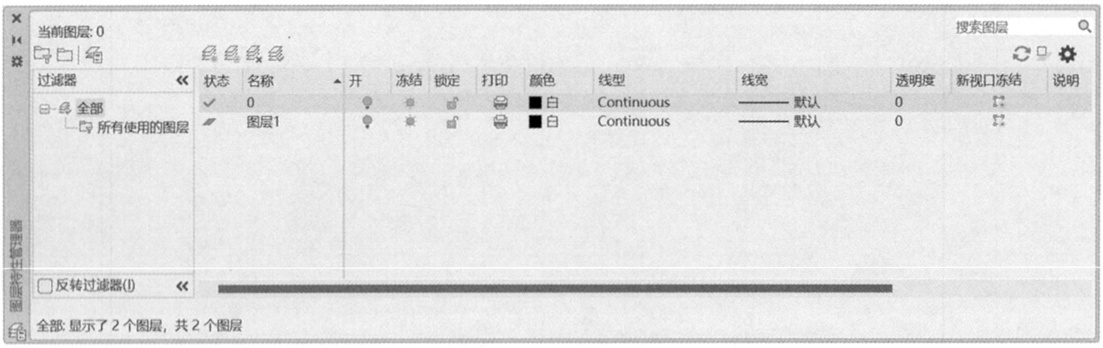

图 2.17　设置图层

(3)设置极轴追踪

状态中右击【极轴追踪】,勾选极轴追踪模式为"90,180,270,360… ",开启【极轴追踪】,如图 2.18 所示。

(4)设置对象捕捉

状态中右击【对象捕捉】,在弹出的【草图设置】对话框中,勾选【启用对象捕捉】和【启用对象捕捉追踪】,勾选【端点】和【垂足】,单击【确定】按钮,如图 2.19 所示。

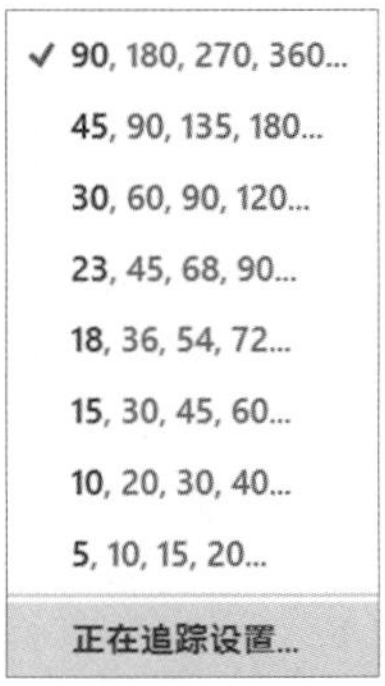

图 2.18　设置极轴追踪

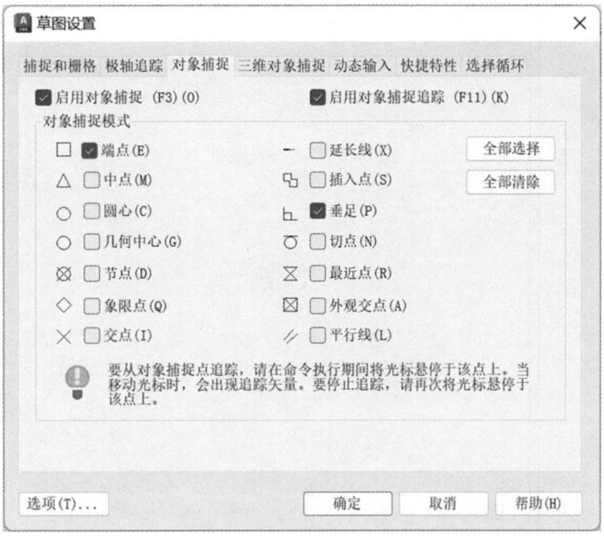

图 2.19　设置对象捕捉

4. 绘制图框

命令:RECTANG

指定第一个角点或[倒角(C)/标高(E)/圆角(F)/厚度(T)/宽度(W)]:0,0

//指定矩形左下角点位置

指定另一个角点或[面积(A)/尺寸(D)/旋转(R)]:420,297

//指定矩形右上角点位置,绘制图纸边界线

命令:OFFSET

当前设置:删除源=否　图层=源　OFFSETGAPTYPE=0

指定偏移距离或[通过(T)/删除(E)/图层(L)]〈通过〉:5

选择要偏移的对象,或[退出(E)/放弃(U)]〈退出〉:　　//选择图纸边界线矩形

指定要偏移的那一侧上的点,或[退出(E)/多个(M)/放弃(U)]〈退出〉:

//选择图纸边界线矩形内侧点

选择要偏移的对象,或[退出(E)/放弃(U)]〈退出〉:

//右键确认

至此,就可得到图 2.20 所示的图形。

命令:LINE

指定第一个点:25　　　　　　//鼠标捕捉追踪外侧矩形左下角点

指定下一点或[放弃(U)]:　　　//鼠标垂直向上捕捉到交点处单击鼠标左键

指定下一点或[放弃(U)]:　　　//右键确认

至此,就可得到图 2.21 所示的图形。

命令:TRIM

当前设置:投影=UCS,边=无,模式=快速

选择要修剪的对象,或按住 Shift 键选择要延伸的对象或

[剪切边(T)/窗交(C)/模式(O)/投影(P)/删除(R)]:　//选择内侧矩形上面多余线条

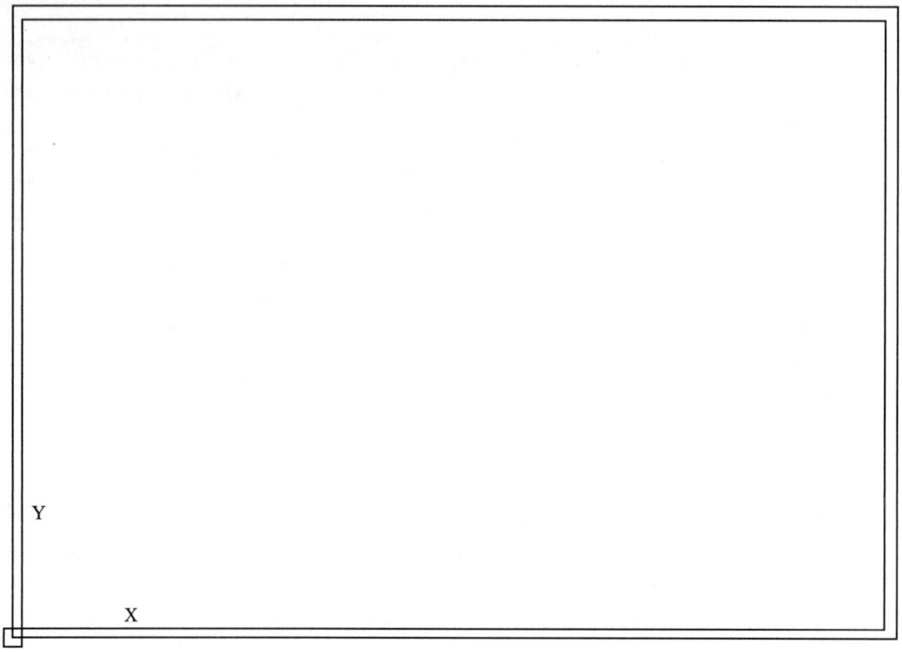

图 2.20　绘制矩形

图 2.21　绘制直线

选择要修剪的对象,或按住 Shift 键选择要延伸的对象或
[剪切边(T)/窗交(C)/模式(O)/投影(P)/删除(R)/放弃(U)]:
//选择内侧矩形左侧多余线条

选择要修剪的对象,或按住 Shift 键选择要延伸的对象或
[剪切边(T)/窗交(C)/模式(O)/投影(P)/删除(R)/放弃(U)]:
//选择内侧矩形下面线多余条
选择要修剪的对象,或按住 Shift 键选择要延伸的对象或
[剪切边(T)/窗交(C)/模式(O)/投影(P)/删除(R)/放弃(U)]: //选择多余直线部分
选择要修剪的对象,或按住 Shift 键选择要延伸的对象或
[剪切边(T)/窗交(C)/模式(O)/投影(P)/删除(R)/放弃(U)]:
//右键确认删除

至此,得到图 2.22 所示的图形。

图 2.22　修剪多余线条

5. 绘制标题栏

命令:LINE
指定第一个点:6　　//对象捕捉内框线右下角点处出现端点提示符时,鼠标沿极轴追踪垂直向上输入距离值
指定下一点或[放弃(U)]:36　　//鼠标沿极轴追踪水平向左输入距离值
指定下一点或[放弃(U)]:16　　//鼠标沿极轴追踪水平向左输入距离值
指定下一点或[闭合(C)/放弃(U)]:　//右键确认
命令:LINE
指定第一个点:6　　//对象捕捉直线左侧端点处出现端点提示符时,鼠标沿极轴追踪垂直向上输入距离值
指定下一点或[放弃(U)]:36　　//鼠标沿极轴追踪水平向左输入距离值
指定下一点或[放弃(U)]:16　　//鼠标沿极轴追踪水平向左输入距离值

指定下一点或[闭合(C)/放弃(U)]:　　//右键确认

命令:LINE

指定第一个点:6　　//对象捕捉最上面的直线左侧端点处出现端点提示符时,鼠标沿极轴追踪垂直向上输入距离值

指定下一点或[放弃(U)]:36　　//鼠标沿极轴追踪水平向左输入距离值

指定下一点或[放弃(U)]:16　　/鼠标沿极轴追踪水平向左输入距离值

指定下一点或[闭合(C)/放弃(U)]:　　//右键确认

命令:LINE

指定第一个点:6　　//对象捕捉最上面直线左侧端点处出现端点提示符时,鼠标沿极轴追踪垂直向上输入距离值

指定下一点或[放弃(U)]:36　　//鼠标沿极轴追踪水平向左输入距离值

指定下一点或[放弃(U)]:16　　//鼠标沿极轴追踪水平向左输入距离值

指定下一点或[闭合(C)/放弃(U)]:　　//鼠标沿垂直方向向下捕捉交点处单击鼠标左键

指定下一点或[闭合(C)/放弃(U)]:　　//右键确认

命令:LINE

指定第一个点:　　//对象捕捉最上面的直线右侧端点

指定下一点或[放弃(U)]:　　//鼠标沿极轴追踪垂直向下捕捉到交点处单击左键

指定下一点或[闭合(C)/放弃(U)]:　　//右键确认

至此,得到图 2.23 所示的图形。

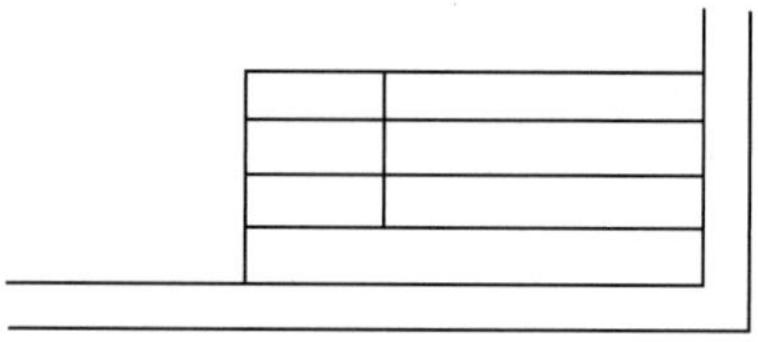

图 2.23　绘制直线段

命令:LINE

指定第一个点:

指定下一点或[放弃(U)]:80　　//利用对象捕捉拾取最上面直线左侧端点,鼠标沿极轴追踪水平向右输入距离值

指定下一点或[放弃(U)]:26　　//鼠标沿极轴追踪水平向左输入距离值

指定下一点或[闭合(C)/放弃(U)]:26　//鼠标沿极轴追踪水平向左输入距离值

指定下一点或[闭合(C)/放弃(U)]:8　//鼠标沿极轴追踪垂直向下输入距离值

指定下一点或[闭合(C)/放弃(U)]:8　//鼠标沿极轴追踪垂直向下输入距离值

指定下一点或[闭合(C)/放弃(U)]:　　//鼠标沿极轴追踪垂直向下捕捉并拾取交点

指定下一点或[闭合(C)/放弃(U)]:　　//右键确认

至此,得到图 2.24 所示的图形。

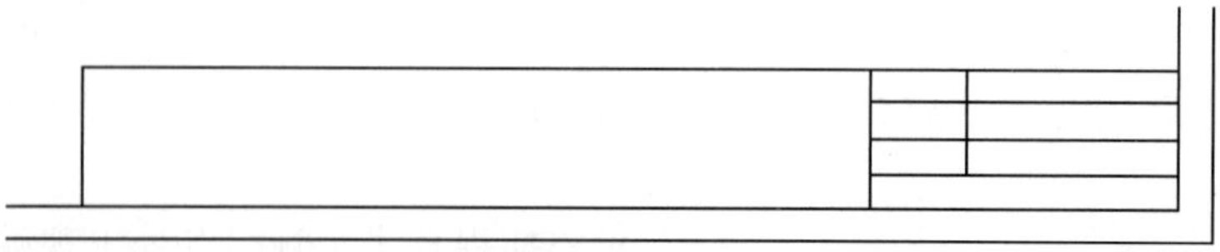

图 2.24　绘制直线

接下来,绘制图 2.25 所示的其余直线。

命令:LINE

指定第一个点：　　　　　　　　　　//捕捉直线段端点 A
指定下一点或[放弃(U)]：　　　　　　//极轴追踪垂直向下捕捉交点
指定下一点或[放弃(U)]：　　　　　　//右键确认

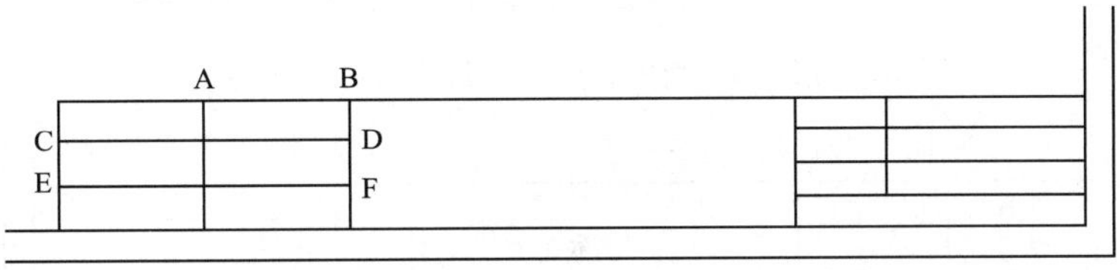

图 2.25　绘制其余直线

命令：LINE
指定第一个点：　　　　　　　　　　//捕捉直线段端点 B
指定下一点或[放弃(U)]：　　　　　　//极轴追踪垂直向下捕捉交点
指定下一点或[放弃(U)]：　　　　　　//右键确认
命令：LINE
指定第一个点：　　　　　　　　　　//捕捉直线段端点 C
指定下一点或[放弃(U)]：　　　　　　//极轴追踪水平向右捕捉交点 D
指定下一点或[放弃(U)]：　　　　　　//右键确认
命令：LINE
指定第一个点：　　　　　　　　　　//捕捉直线段端点 E
指定下一点或[放弃(U)]：　　　　　　//极轴追踪水平向右捕捉交点 F
指定下一点或[放弃(U)]：　　　　　　//右键确认

6. 输入文字

命令：TEXT
当前文字样式："Standard"　文字高度：2.5000　注释性：否　对正：左
指定文字的起点或[对正(J)/样式(S)]：
指定高度〈2.5000〉：3.5　　　　　　//文字高度设置为 3.5
指定文字的旋转角度〈0〉：　　　　　//按【Enter】键确认

文字正向不旋转，随后屏幕合适位置单击，出现编辑单行文字区域，如图 2.26 所示。

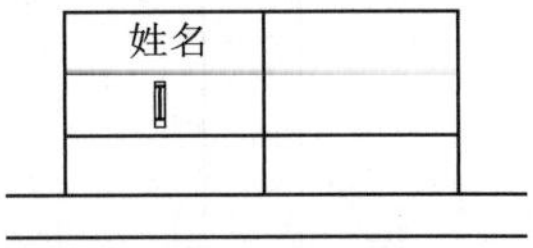

图 2.26　输入文字

在屏幕合适位置处继续单击鼠标，随即出现编辑单行文字区域，继续输入其余文字，文字输入完成后，如图 2.27 所示。

如果发现输入的文字位置不合理，关闭对象捕捉模式，防止自动捕捉到某些特征点，然后利用夹点编辑调整文字，如图 2.28 所示。调整后，文字位置为上、下、左、右、居中，如图 2.29 所示。

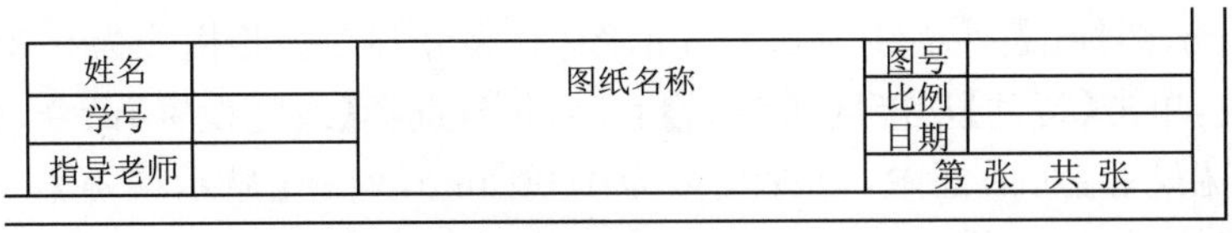

图 2.27　输入其余文字

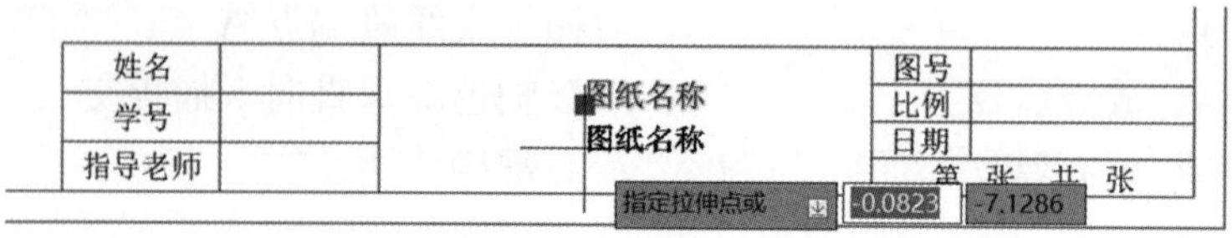

图 2.28　利用夹点编辑调整文字位置

图 2.29　文字居中效果

命令:ZOOM

指定窗口的角点,输入比例因子(nX 或 nXP),或者

[全部(A)/中心(C)/动态(D)/范围(E)/上一个(P)/比例(S)/窗口(W)/对象(O)]〈实时〉:a

样板文件图样绘制完成,图幅图框与标题栏如图 2.30 所示。

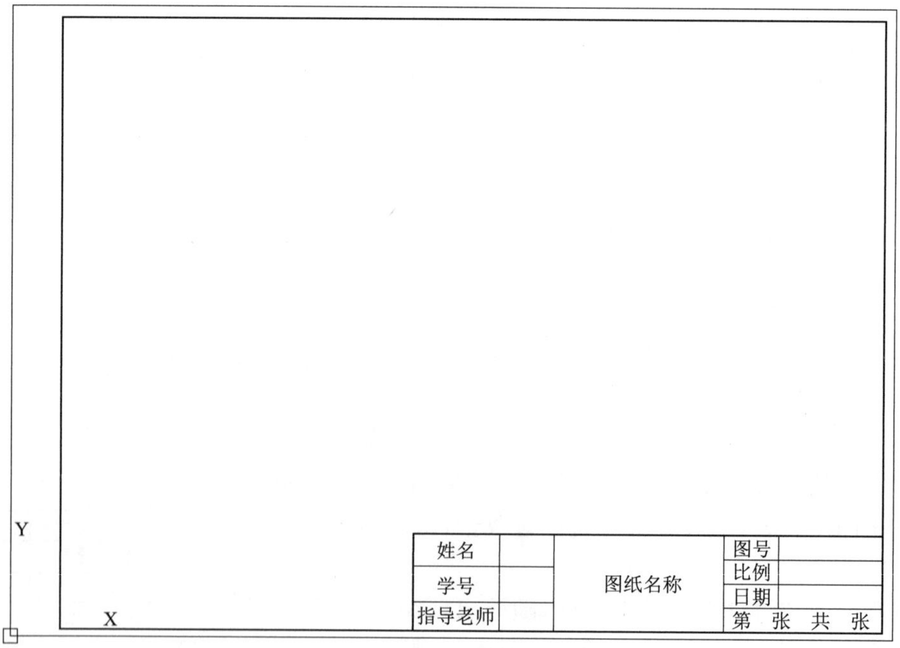

图 2.30　图幅图框与标题栏

7. 修改线宽

根据国标对图框线、图标线和表格线宽度的要求,参照表 2.4 的线宽进行设置。A3 图幅图框线为 1.0 mm,图标、表外框线为 0.7 mm,图标、表分割线会签栏线为 0.35 mm。

选中图框线,单击【特性】功能区,【线宽】下拉列表,选择【线宽设置】命令,如图 2.31 所示。

打开的【线宽设置】对话框中,设置线宽为 1.00 mm,勾选【显示线宽】,如图 2.32 所示。设置好的效果图如图 2.33 所示。

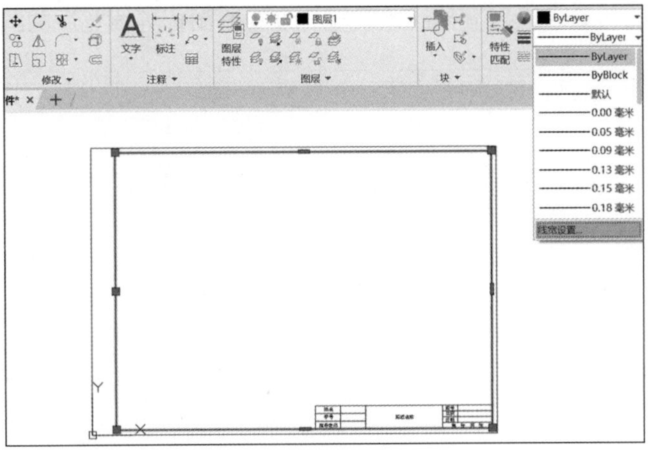

图 2.31　【线宽设置】命令

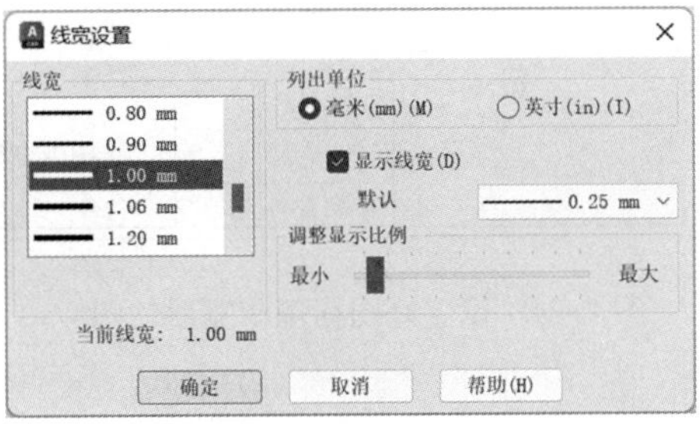

图 2.32　【线宽设置】对话框

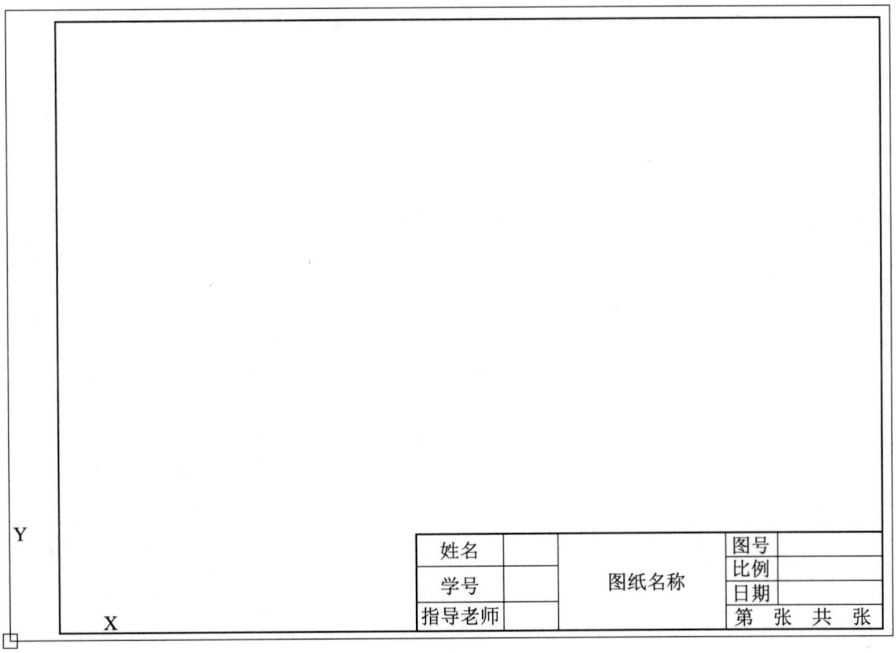

图 2.33　外框线线宽设置效果

同样的操作方法,按要求设置其他线条线宽。设置好图标等线宽后的图样如图 2.34 所示。

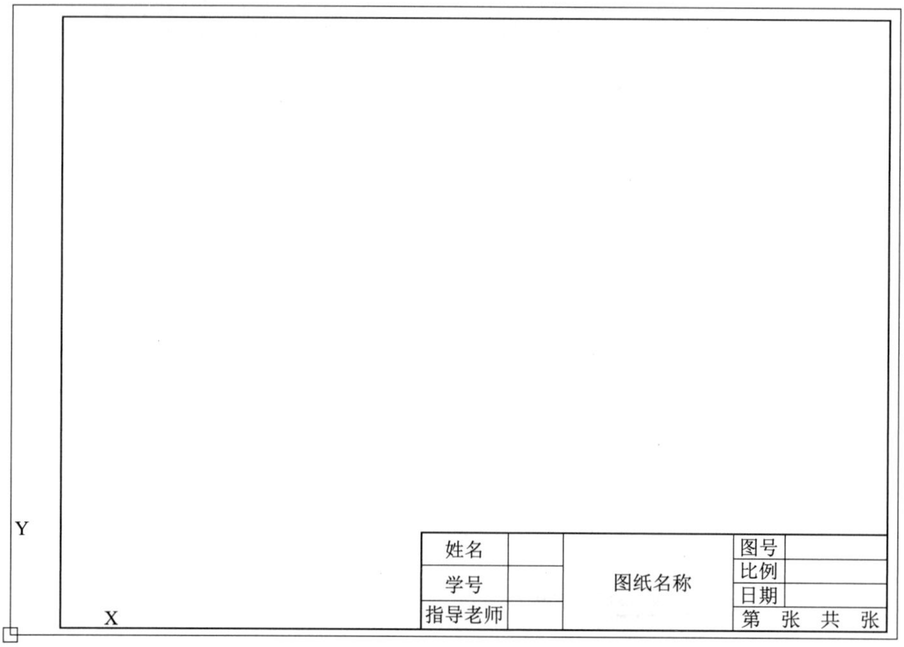

图 2.34　设置好图标等线宽后的图样

8. 保存样板文件

单击【文件】|【保存】命令,在打开的对话框中设置【文件类型】为“AutoCAD 图形样板(*.dwt)”,输入文件名为“铁路信号专业样板文件”,单击【保存】按钮,如图 2.35 所示。随后弹出图 2.36 所示的【样板选项】对话框,确认【测量单位】为【公制】,单击【确定】按钮。

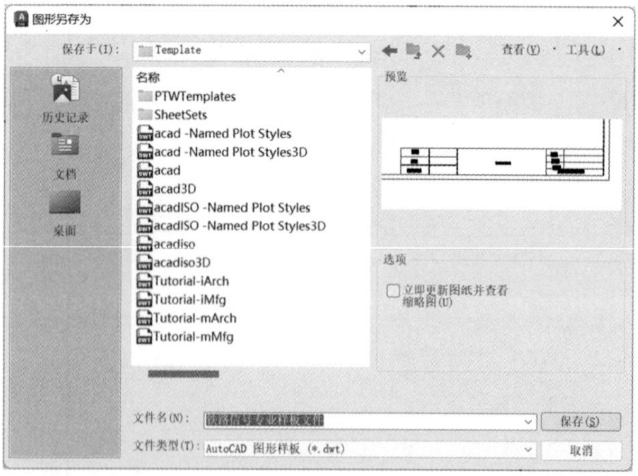

图 2.35　【图形另存为】对话框

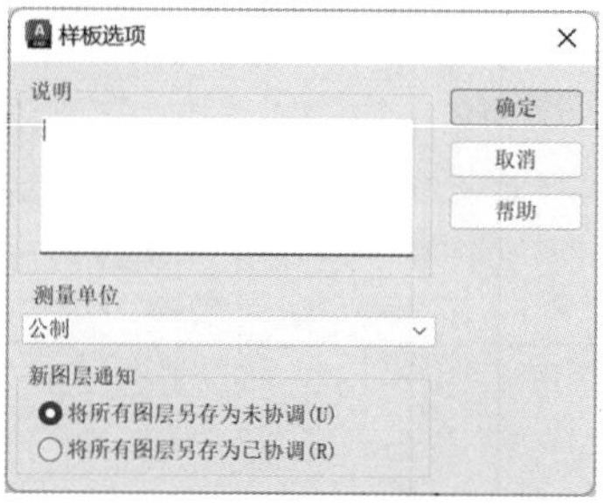

图 2.36　【样板选项】对话框

任务巩固

依据《铁路工程制图标准》(TB/T 10058—2015)要求,完成 A2 横版的样板文件图样绘制，并将图样保存为样板文件，命名为“铁路工程制图样板文件 .dwt”。铁路工程制图样板图样如图 2.37 所示；图标如图 2.38 所示。

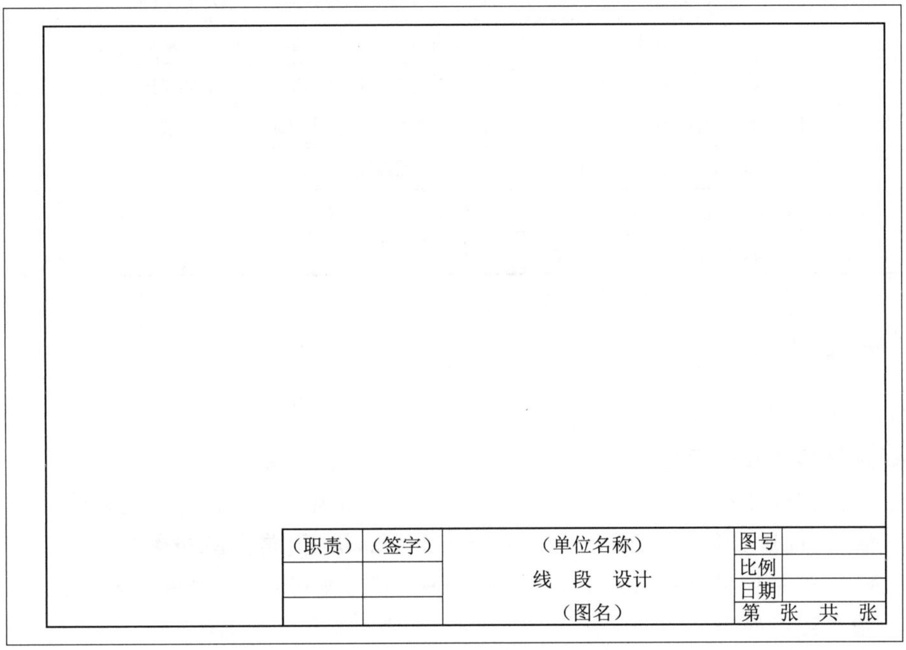

图 2.37 铁路工程制图样板图样

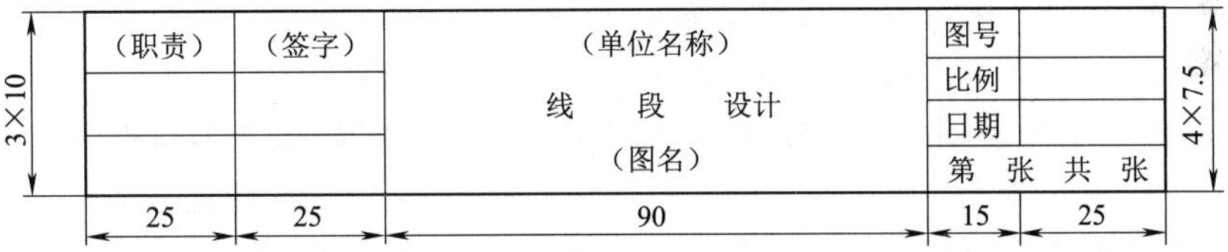

图 2.38 铁路工程制图图样图标

项目评价

上述项目任务完成后，填写评价表，对知识目标、技能目标与素质目标达成情况进行自我评价，并进行学习总结和归纳，见表 2.5。

表 2.5 项目任务评价表

自评分类	评价内容	评价等级	总结归纳
知识技能	铁路信号专业国家标准制图要求（重点）	□不熟悉 □基本熟悉 □熟悉	
	图幅及幅面的含义（重点）	□没有掌握 □基本掌握 □完全掌握	
	图框格式要求	□没有掌握 □基本掌握 □完全掌握	
	图标格式要求	□没有掌握 □基本掌握 □完全掌握	
	矩形命令操作（重点）	□没有掌握 □基本掌握 □完全掌握	

续上表

自评分类	评价内容	评价等级	总结归纳
知识技能	修剪命令操作(难点)	□没有掌握 □基本掌握 □完全掌握	
	单行文字命令操作(重点)	□没有掌握 □基本掌握 □完全掌握	
	夹点编辑操作(难点)	□没有掌握 □基本掌握 □完全掌握	
实践技能	创建样板文件(难点)	□没有掌握 □基本掌握 □完全掌握	
职业素养	树立贯彻、执行国家标准的意识	□达成 □未达成	
	具有信息检索能力	□达成 □未达成	
	具有一丝不苟、认真负责的工作态度	□达成 □未达成	

课堂练习

一、选择题

1. 依据《铁路工程制图标准》(TB/T 10058—2015),图纸分为(　　)。
   A. 单张图和成册图　　B. 单张图、成册图和成卷图
   C. 框图、成册图和成卷图　　D. 框图、单张图和成册图
2. 依据《铁路工程制图标准》(TB/T 10058—2015),单张图、成册图宜采用(　　)幅面。
   A. 横式图纸幅面　　B. 立式图纸幅面
3. 依据《铁路工程制图标准》(TB/T 10058—2015),图幅为A4的图框线宽度应为(　　)mm。
   A. 1.4　　B. 1　　C. 0.7　　D. 0.35
4. 在AutoCAD中,绘制直线的命令是(　　)。
   A. LINE　　B. CIRCLE　　C. RECTANG　　D. XLINE
5. 执行单行文字命令(TEXT)后,命令行提示"指定文字的起点",该起点是指(　　)。
   A. 文字段落的左上角　　B. 文字行基线的左端点
   C. 文字区域的中心　　D. 任意参考点
6. 在AutoCAD 2024中,使用ERASE命令删除图形对象时,以下说法正确的是(　　)。
   A. 只能逐个选择对象进行删除
   B. 可使用窗口选择、交叉窗口选择等方式一次性删除多个对象
   C. 被删除的对象无法恢复
   D. 执行ERASE命令后,必须按回车键确认才能删除对象
7. 绘制一四个角为R5圆角的矩形,命令启动后,要先(　　)。
   A. 指定第一个角点　　B. 绘制R5圆角
   C. 选择"倒角(C)"选项,设定为5　　D. 选择"圆角(F)"选项,设定圆角为5
8. 在绘图界面可以同时看到且充满其界面的图形命令为(　　)。
   A. PAN　　B. MOVE
   C. VIEW　　D. ZOOM/ALL
9. AutoCAD2024文件操作中,下列关于快捷方式叙述错误的是(　　)。
   A. 打开文件:Ctrl+O　　B. 新建文件:Ctrl+N
   C. 关闭文件:EXIT　　D. 保存文件:Ctrl+S

10. 在圆的上方添加单行文字"圆形与直线组合",文字高度设置为10,字体设置为仿宋,使用的命令及正确参数设置是(　　)。
A. 在命令行输入"TEXT",设置文字高度10,字体仿宋,指定文字起点输入内容
B. 在命令行输入"MTEXT",设置文字高度10,字体仿宋,指定文字区域输入内容
C. 在命令行输入"TTEXT",设置文字高度10,字体仿宋,指定文字起点输入内容
D. 在命令行输入"QTEXT",设置文字高度10,字体仿宋,指定文字起点输入内容
11. 打开/关闭"动态输入"功能键是(　　)。
A. F8　　B. F10　　C. F11　　D. F12
12. 下列选项是相对坐标的是(　　)。
A. 13,45　　B. @20,30　　C. 13<45　　D. @20>90
13. 在图层中,用"雪花"和"小太阳"来表达图层所处的某种状态,如下表述正确的是(　　)。
A. "雪花"表达锁定,"小太阳"表达解锁
B. "雪花"表达解锁,"小太阳"表达锁定
C. "雪花"表达冻结,"小太阳"表达解冻
D. "雪花"表达解冻,"小太阳"表达冻结
14. AutoCAD 2024 中设置单位用(　　)命令。
A. NEW　　B. LIMITS　　C. EXTEND　　D. RECTANGLE
15. 将绘制的矩形向内偏移10个单位,应使用的命令是(　　)。
A. OFFSET　　B. COPY　　C. MOVE　　D. ROTATE

二、上机练习

利用矩形命令绘制图2.39所示的图形。

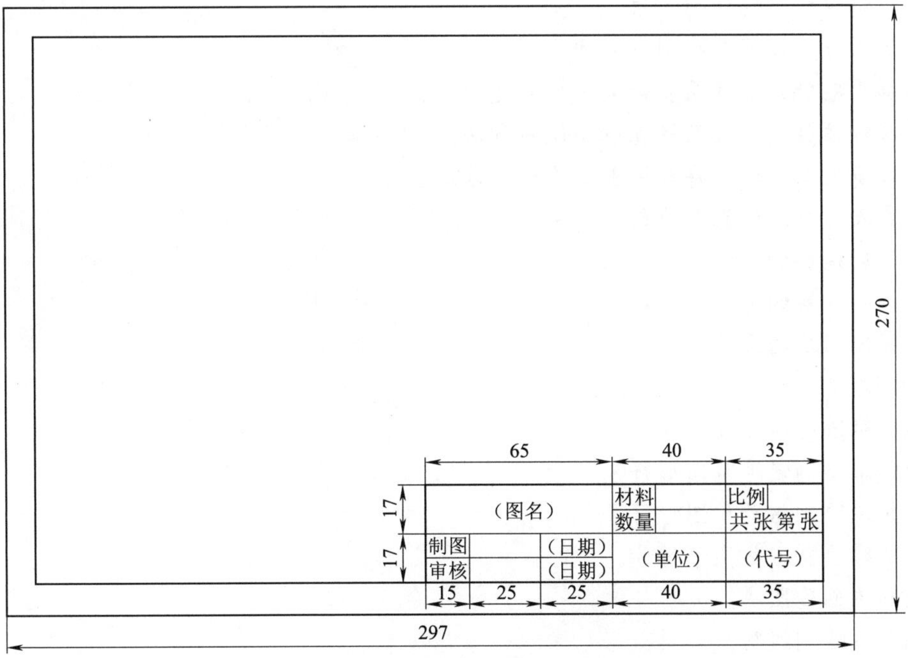

图2.39　A4不留装订边的横向样板文件

项目3　车站信号设备平面布置图的绘制

项目导入

车站信号设备平面布置图是根据站场缩尺平面图(1：2 000或1：1 000)绘制而成的有关信号设备布置情况的技术图纸,它所包含的内容是电气集中所有后续技术图纸的设计依据。车站信号设备平面布置图上能正确反映电气集中室外主要设备的布置情况及设置地点、线路和股道的运用情况,以及站内列车和调车作业的概况等。铁路信号设计人员不仅在制图过程中要严格按照国标,设计制图完成后,还要认真核查图纸,确保设计质量。

学习目标

知识目标

- 掌握圆命令的使用方法。
- 掌握拉伸命令的使用方法。
- 掌握复制命令的使用方法。
- 掌握图案填充命令的使用方法。
- 掌握多段线命令的使用方法。
- 掌握构造线命令的使用方法。
- 掌握镜像命令的使用方法。
- 掌握点样式设置及绘制点的方法。
- 掌握文字样式设置及多行文字的创建方法。
- 掌握标注样式设置及标注命令使用方法。
- 掌握多重引线标注样式设置及其标注方法。
- 掌握表格样式设置及其创建方法。
- 掌握创建块的方法。
- 掌握插入块的方法。
- 掌握编辑块的方法。

能力目标

- 能正确进行图层相关操作。
- 能熟练绘制绝缘节图形符号。
- 能熟练绘制信号机图形符号。
- 能熟练绘制道岔图形符号。
- 能熟练创建图块。
- 能熟练绘制线路。
- 能熟练进行文字标注及注释。

- 能根据需求进行尺寸标注。
- 能熟练进行多重引线标注。
- 能根据需求进行表格绘制。

素质目标

- 具有系统分析问题的能力。
- 具有职业道德和职业精神。
- 具有创新意识。
- 具有图纸质量控制意识。

项目导图

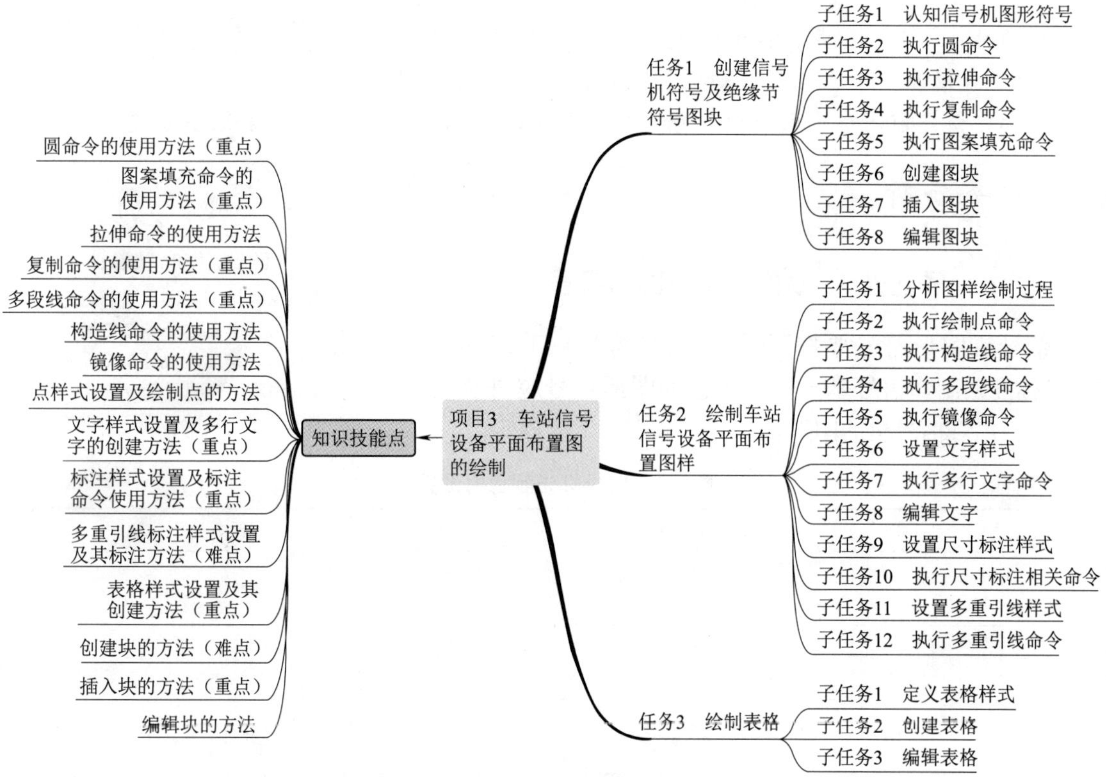

图3.1　车站信号设备平面布置图的绘制项目导图

任务 1　创建信号机符号及绝缘节符号图块

任务描述

车站信号设备平面布置图包含大量重复出现的绝缘节符号、信号机符号等图形，在绘图过程中，我们把这些图形做成图块保存起来，制图时，只需要按照一定的角度和比例插入图块到任意一个指定的位置，就可以避免大量的重复工作，提高我们的工作效率。因为图块是作为实体插入的，AutoCAD 2024 只会保存好图块整体的特征参数，所以，我们在绘制复杂图形的时候，利用图块就能大幅度地节省磁盘存储空间。同时，更新或修改一个已经定义好的图块，AutoCAD 2024 系统会自动更新当前图形中已经插入好的对应图块，为日后的绘图工作带来很多方便。

系统分析问题

我们要从系统整体性的角度理解问题。每一个图块的精准制作和正确插入在车站信号设备平面布置图绘制中，是提升效率的关键要素。任何一个环节的疏忽都可能影响系统整体功能的实现。因此，在绘图工作中我们必须保持严谨认真的态度，努力提升理解和应对复杂问题的能力。

任务分析

子任务 1　认知信号机图形符号

信号机图形符号要按照《铁路信号符号》(TB/T 1122—2019)标准绘制。信号基本灯光颜色的图形符号应符合表 3.1 的规定。色灯信号机的图形符号应符合表 3.2 的规定。

职业道德和职业精神

始终贯彻国家标准，进行规范制图是我们应该具备的职业道德和职业精神，只有这样才能保证制图质量，做到图面清晰、简明，符合设计、施工、存档的要求，适应工程建设的需要。

表 3.1　信号灯光颜色图形符号

序号	图形符号	名称
1		绿灯
2		黄灯
3		红灯
4		蓝灯
5		月白灯
6		紫灯
7		透明白灯
8		空位灯(封灯)

续上表

序号	图形符号	名称
9		亮稳定灯光
10		允许灯光
11		亮闪光

表 3.2　色灯信号机的图形符号

序号	图形符号		名称
	高柱信号机	矮型信号机	
1	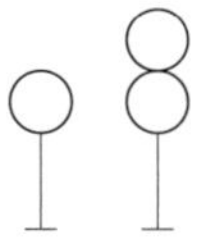	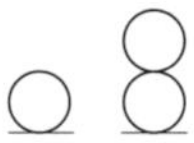	信号机一般符号
2			二灯位信号机
3			三灯位信号机
4			四灯位信号机
5			五灯位信号机

视 频

执行圆命令

子任务 2　执行圆命令

信号灯图形符号需要用到圆命令。圆命令有 6 个选项，分别是：圆心、半径，圆心、直径，两点，三点，相切、相切、半径，相切、相切、相切。

选择【绘图】|【圆】命令，或单击【绘图】功能区的【圆】按钮，也可以在命令行输入“CIRCLE”，执行圆命令方式，如图 3.2 所示。

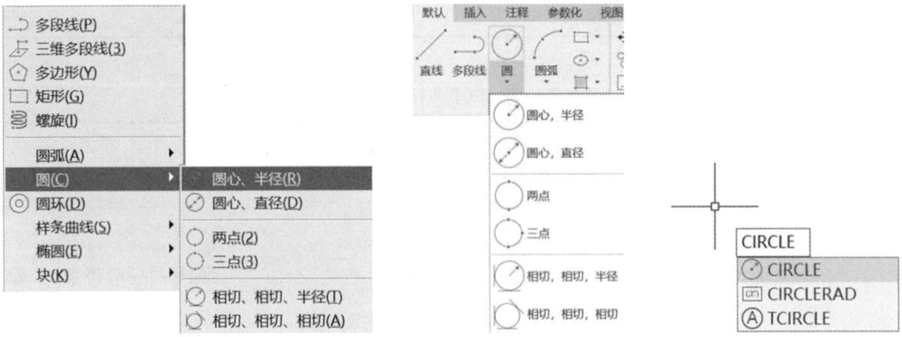

(a)　(b)　(c)

图 3.2　执行圆命令的方式

圆命令操作过程如下：

命令:CIRCLE

指定圆的圆心或[三点(3P)/两点(2P)/相切、相切、半径(T)]:

//“指定圆的圆心”选项用于根据指定的圆心及半径或直径绘制圆弧(图 3.3)

参数说明如下：

【三点(3P)】选项:根据指定的三点绘制圆，如指定直线的端点，如图 3.4 所示。

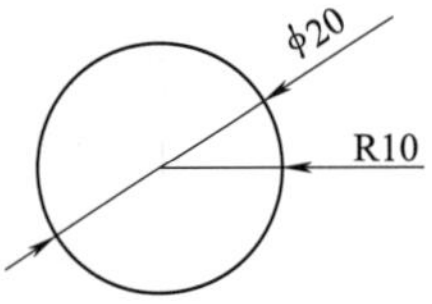

图 3.3 “圆心、半径/直径”绘制圆

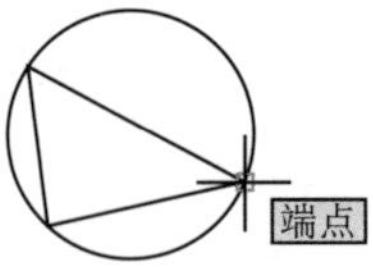

图 3.4 “三点”绘制圆

【两点(2P)】选项:根据指定两点绘制圆，如图 3.5 所示。

【相切、相切、半径(T)】选项:用于绘制与已有两对象相切，且半径为给定值的圆，需要设置对象捕捉启用相切，如图 3.6 所示。

视 频

执行拉伸命令

子任务 3　执行拉伸命令

AutoCAD 拉伸命令是很常用的绘图命令。我们可以通过选择【修改】菜单的【拉伸】命令，或者单击【默认】面板【修改】功能区的【拉伸】命令按钮，还可以在命令行输入“STRETCH”命令来执行。执行【拉伸】命令方式如图 3.7 所示。

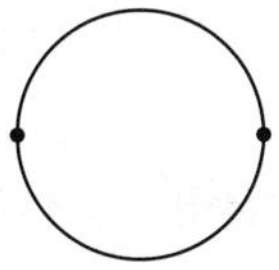

图 3.5　直径上“两点”绘制圆

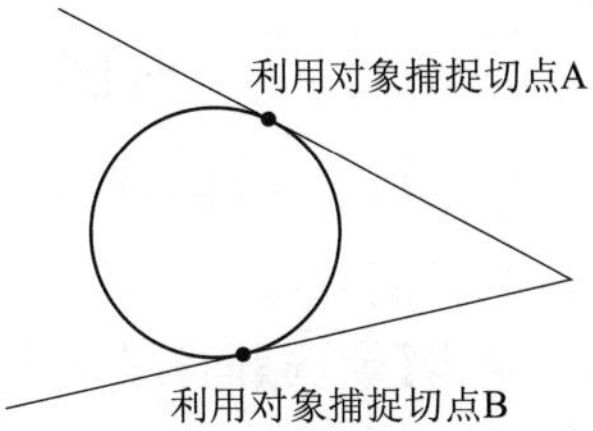

图 3.6　“相切、相切、半径”绘制圆

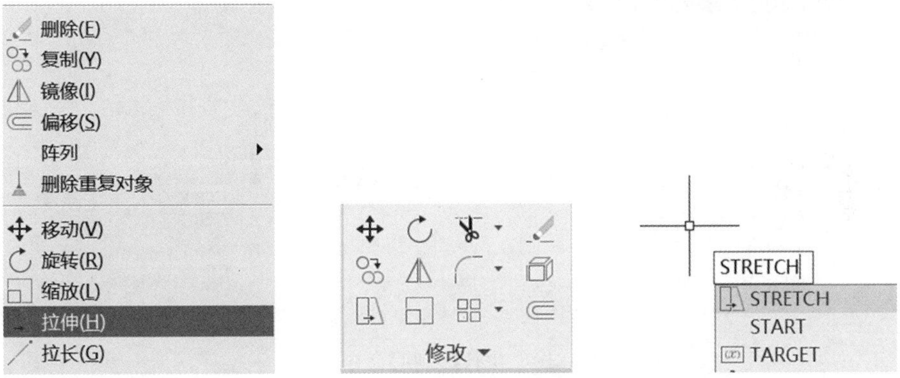

(a)　(b)　(c)

图 3.7　执行【拉伸】命令方式

拉伸命令操作过程如下：

命令：STRETCH

拉伸由最后一个窗口选定的对象…　　//使用窗选方式来选择对象，窗选必须至少包含一个顶点或端点，如图 3.8 所示

指定基点或［位移(D)］〈位移〉：　　//通过鼠标指定基点，如图 3.9 所示

指定第二个点或〈使用第一个点作为位移〉：

参数说明如下：

【位移(D)】选项：指定位置值来拉伸对象。

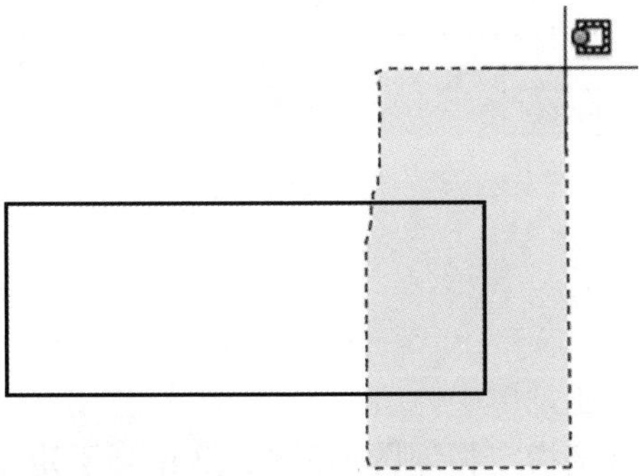

图 3.8　选择矩形

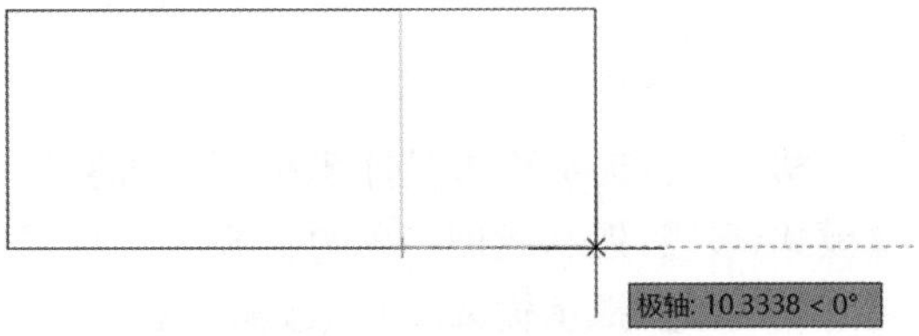

图 3.9　拉伸矩形

视 频

执行复制命令

子任务 4　执行复制命令

信号机图形符号有些是非常相似的，为了减少工作量，提高制图效率，通常可以利用复制命令对图形进行复制，然后在复制的图形上进行修改得到新的图形。单击【默认】面板【修改】功能区的【复制】命令按钮，执行【复制】命令方式如图 3.10 所示。

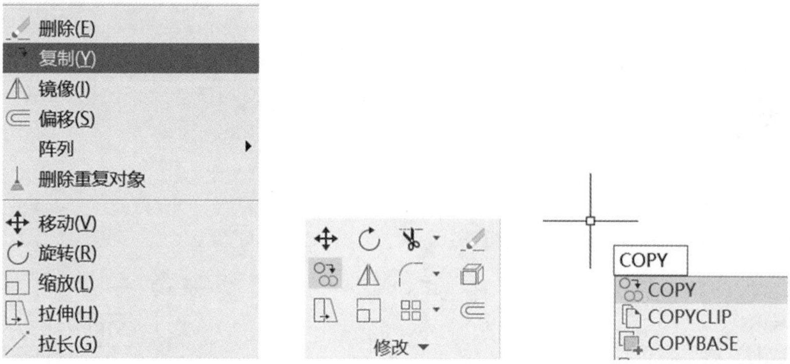

(a)　(b)　(c)

图 3.10　执行【复制】命令方式

命令：COPY
选择对象：找到 1 个　　　　　　　　　　//使用单击或窗选方式来选择对象
选择对象：
当前设置：复制模式＝多个
指定基点或［位移(D)/模式(O)］〈位移〉：　//通过鼠标指定基点
指定第二个点或［阵列(A)］〈使用第一个点作为位移〉：
　　　　　　　　　　　　　　　　　　　　//鼠标指定第二个点复制圆，如图 3.11 所示
指定第二个点或［阵列(A)/退出(E)/放弃(U)］〈退出〉：

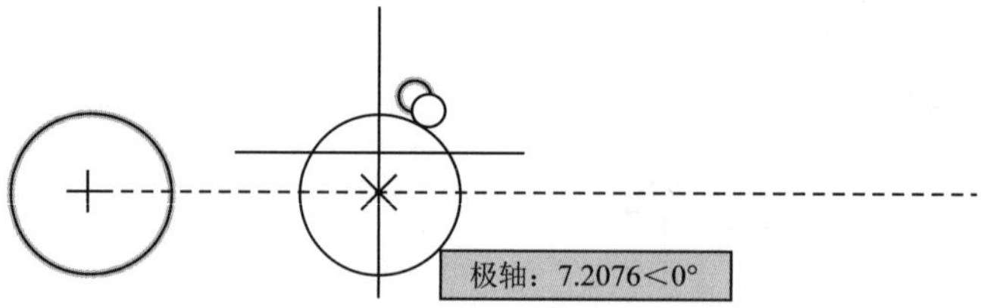

图 3.11　复制圆

参数说明如下：

【位移(D)】：提示输入具体坐标值实现复制。

【模式(O)】：提示我们当前复制模式的设置是多个还是单个。

【阵列(A)】：提示输入项目数，输入数据后，可以直接指定相邻图形的位置（相当于定距等分），也可以输入 F(布满)参数，设置第一个和最后一个的距离（相当于定数等分）的功能，如图 3.12所示。

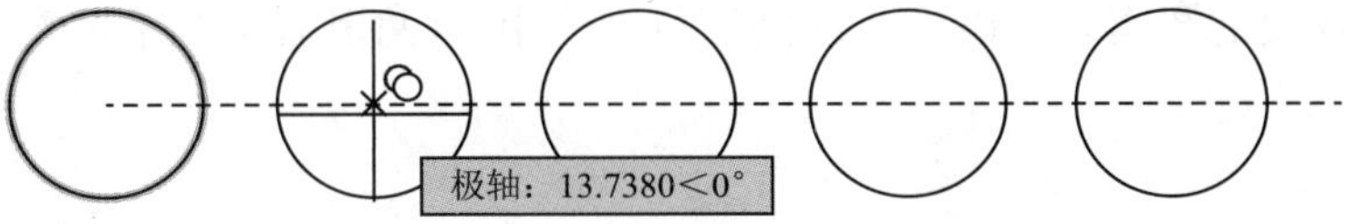

图 3.12　利用【阵列(A)】复制圆

子任务5　执行图案填充命令

视 频

执行图案填充

信号灯光颜色图形符号需要用到图案填充命令。通过选择【绘图】|【图案填充】，或者【绘图】选项板上的【图案填充】按钮，也可以在命令行中输入"BHATCH"或"BH"，执行激活图案填充命令，如图 3.13 所示。

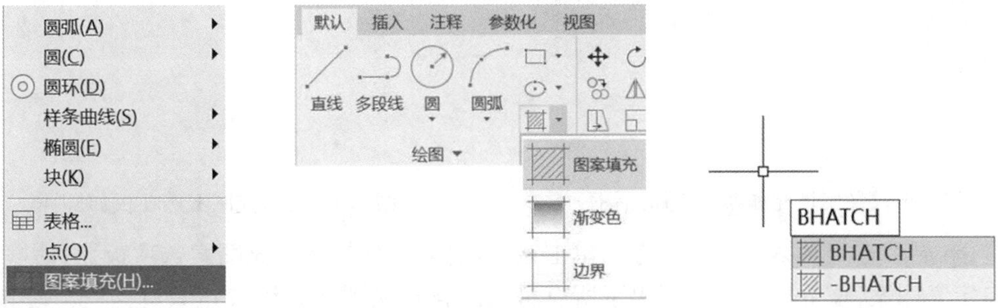

(a)　(b)　(c)

图 3.13　执行【图案填充】命令的方式

注意：可以使用 BHATCH 或 HATCH 命令填充图案，BHATCH 命令可以创建关联的或非关联的图案填充。HATCH 命令只能创建非关联的图案填充，适用于填充非封闭边界的区域，并且此命令仅在命令行中可用。关联图案填充与他们的边界相关联，当我们对边界进行编辑后，所填充的图案填充会自动随边界的变化而改变；非关联图案填充则与他们的边界是否编辑无关。

激活图案填充命令后，在工具选项板处显示【图案填充创建】面板，如图 3.14 所示。

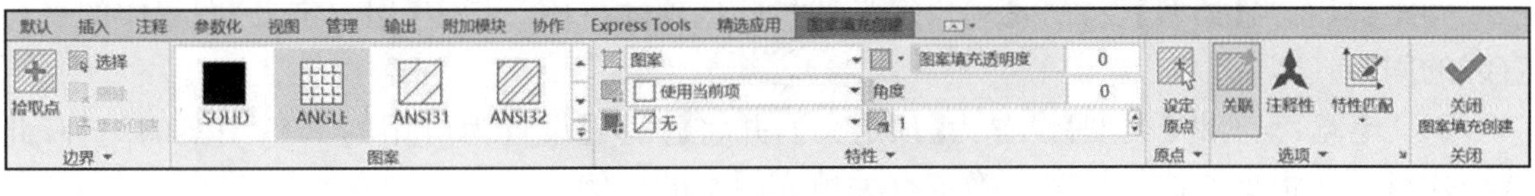

图 3.14　【图案填充创建】面板

在【图案填充创建】面板上单击【选项】区域右下角的箭头按钮，打开【图案填充和渐变色】对话框，如图 3.15 所示。

1. 类型和图案

用于指定图案填充的类型和图案。

类型：下拉列表中包含三种类型，预定义、用户定义和自定义。

图案：从该下拉列表中选择所需要的图案，也可以单击右边的选择按钮，弹出【填充图案选项板】对话框如图 3.16 所示，共有【ANSI】【ISO】【其他预定义】和【自定义】4 个选项卡。

在【填充图案选项板】对话框中，可以同时查看所有填充图案的预览图像，有助于做出直观的选择,双击所需要的图案就可以将其加到下拉列表中,并将其置为当前图案。

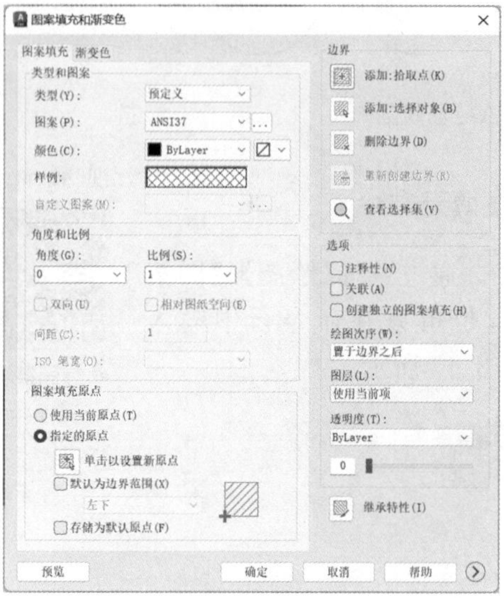

图 3.15 【图案填充和渐变色】对话框

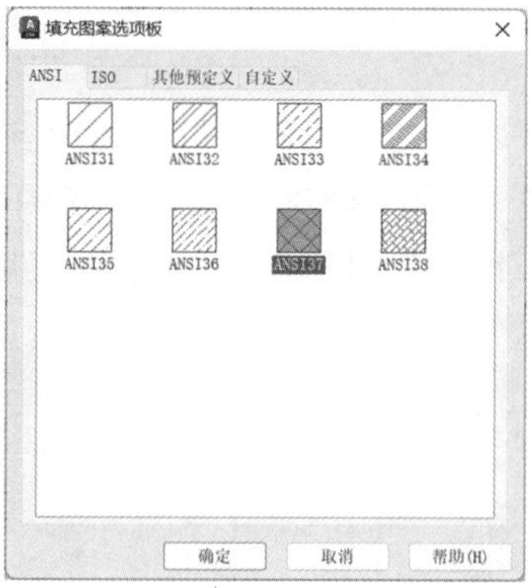

图 3.16 【填充图案选项板】对话框

样例:显示选定图案的预览图像。单击该框同样可以弹出【填充图案选项板】对话框。

自定义图案:该下拉列表中列出了所有可用的自定义图案。该按钮只有当"类型"设定为"自定义"的时候可用。

2. 角度和比例

用于指定选定填充图案的角度和比例。

角度:指定填充图案的纹理角度(相对当前 UCS 坐标系的 X 轴)。

双向:只有当【类型】设置为【用户定义】时,此选项才可用。当使用【用户定义】的图案填充时,不选择该复选框,将使用一组平行线;选择该复选框,将使用两组相互垂直的平行线。

比例:放大或缩小预定义或自定义图案。

相对图纸空间:相对于图纸空间单位缩放填充图案。该选项仅适用于布局。

间距:只有当【类型】设置为【用户定义】时,此选项才可用。指定【用户定义】图案中的平行直线的间距。

ISO 笔宽:只有将【类型】设置为【预定义】,并将【图案】设置为可用的 ISO 图案的一种,此选项才可用。根据所选的笔宽来确定有关填充图案的比例。

3. 图案填充原点

用于控制填充图案生成的起始位置。

使用当前原点:默认情况下,所有图案填充原点都对应于当前的 UCS 坐标系的原点,原点设置(0,0)。

指定的原点:指定新的图案填充原点。

单击以设置新原点:单击该选择按钮,用鼠标直接指定新的图案填充原点。

默认为边界范围:根据图案填充对象边界的矩形范围计算新原点。从下拉列表中可以选择该范围的 4 个角点及其中心。

存储为默认原点:将新图案填充原点的值存储在 HPORIGIN 系统变量中(初始值为 0,0)。

4. 边界

用于确定填充的区域选择。要填充的图形如图 3.17 所示。

(1)【添加:拾取点】。单击该按钮,【图案填充和渐变色】对话框将暂时关闭,系统将提示在需要填充图案的封闭区域拾取一点,在点 1 处拾取一点(可以拾取多个点),然后按【Enter】键即可完成填充操作。图案填充效果如图 3.18 所示。

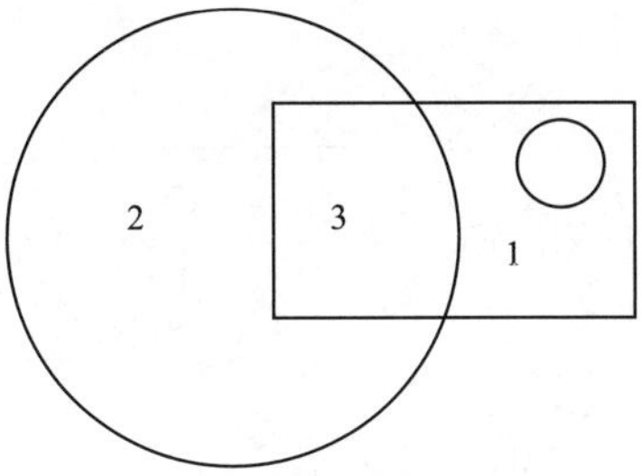

图 3.17　封闭图形

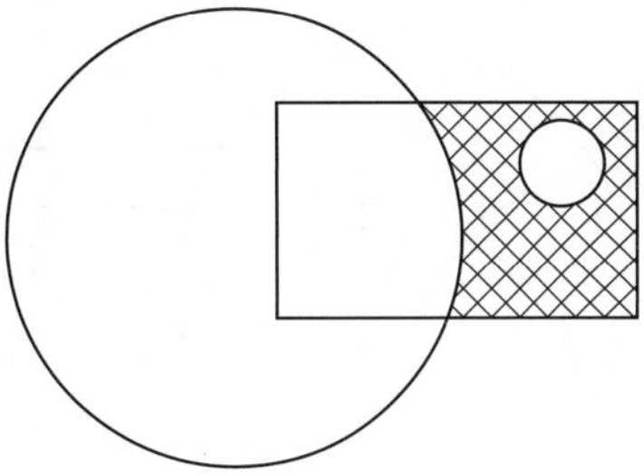

图 3.18　图案填充效果 1

命令提示行如下:

命令:BHATCH

选择对象或[拾取内部点(K)/放弃(U)/设置(T)]:_K　　　　//单击【拾取内部点】按钮

拾取内部点或[选择对象(S)/放弃(U)/设置(T)]:　　　　//在点 1 处拾取一点

正在选择所有对象...

正在选择所有可见对象...

正在分析所选数据...

正在分析内部孤岛...

拾取内部点或[选择对象(S)/放弃(U)/设置(T)]:　　　　//按【Enter】键确认

(2)【添加:选择对象】。单击该按钮,【图案填充和渐变色】对话框将暂时关闭,系统将提示选择封闭区域的边界对象,选择矩形(可以选择多个对象),然后按【Enter】键填充操作,图案填充效果如图 3.19 所示。

命令提示行如下:

命令:BHATCH

选择对象或[拾取内部点(K)/放弃(U)/设置(T)]:找到 1 个//选择矩形

选择对象或[拾取内部点(K)/放弃(U)/设置(T)]:　　　　//按【Enter】键确认

当“拾取点”或“选择对象”时,可以随时在绘图区域中右击,从弹出的快捷菜单中选择更多的操作,如图 3.20 所示。

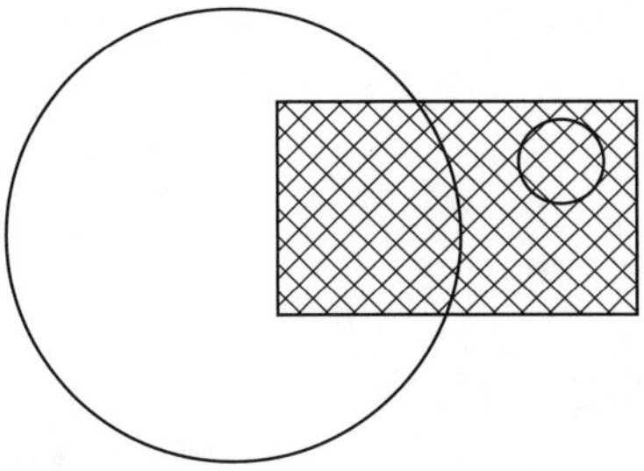

图 3.19　填充效果 2

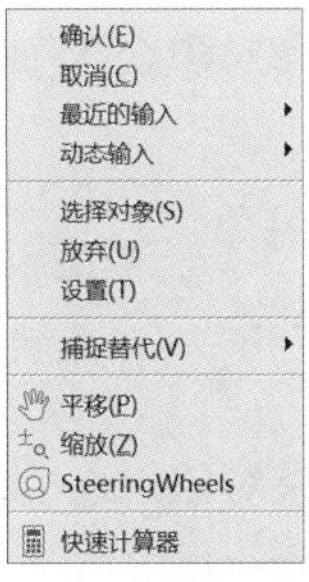

图 3.20　右键快捷菜单

(3)【删除边界】。用于删除填充图案的边界。该按钮在编辑填充图案时才可以使用。

单击【添加:拾取点】按钮,【图案填充和渐变色】对话框将暂时关闭,系统将提示在需要填充图案的封闭区域拾取一点,在点 1 处拾取一点,然后在【图案填充创建】面板【边界】区域,单击【删除边界】按钮,选择小圆(可以选择多个对象),小圆的边界将被删除。图案填充效果如图 3.21、图 3.22 所示,小圆的内部也被填充。

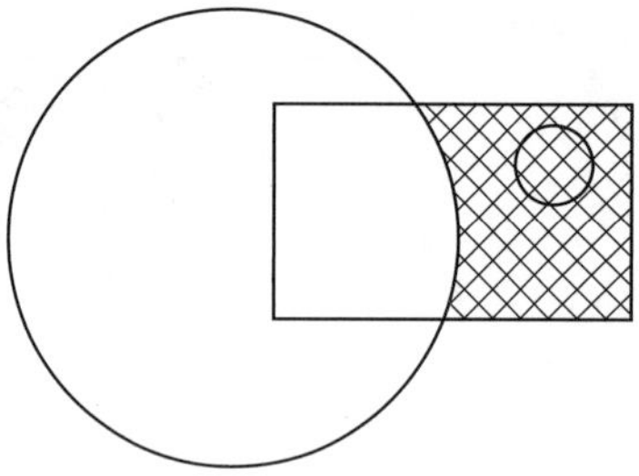

图 3.21　填充效果 3

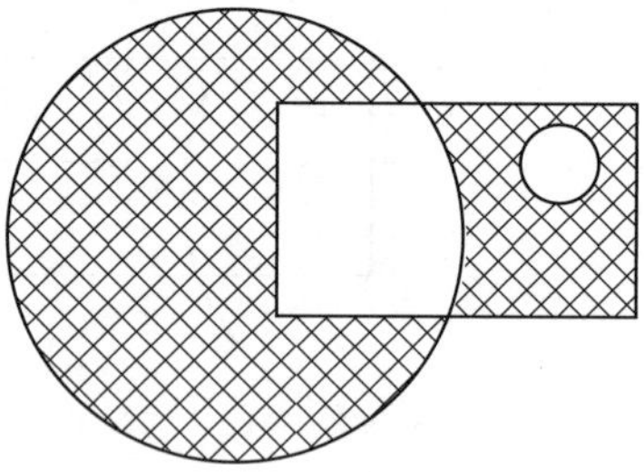

图 3.22　填充效果 4

命令行提示如下:

命令:BHATCH

选择对象或[拾取内部点(K)/放弃(U)/设置(T)]:_K　//单击【拾取内部点】按钮

拾取内部点或[选择对象(S)/放弃(U)/设置(T)]:　//在(图 3.17)点 1 处拾取一点

正在选择所有对象...

正在选择所有可见对象...

正在分析所选数据...

正在分析内部孤岛...

拾取内部点或[选择对象(S)/放弃(U)/设置(T)]:_B　//单击【删除边界】按钮

选择要删除的边界:　//选择小圆,小圆的边界将被删除

选择要删除的边界或[放弃(U)]:　//按【Enter】键确认

命令:BHATCH

拾取内部点或[选择对象(S)/放弃(U)/设置(T)]:　//在(图 3.17)点 1 处拾取一点

正在选择所有对象...

正在选择所有可见对象...

正在分析所选数据...

正在分析内部孤岛...

拾取内部点或[选择对象(S)/放弃(U)/设置(T)]:　//在(图 3.17)点 2 处拾取一点

正在选择所有对象...

正在选择所有可见对象...

正在分析所选数据...

正在分析内部孤岛...

拾取内部点或[选择对象(S)/放弃(U)/设置(T)]:

//按【Enter】键确认填充效果,如图 3.22 所示

5. 选项

单击已填充的图案，然后右击，在弹出的图 3.23 所示的快捷菜单中选择【图案填充编辑】，弹出【图案填充编辑】对话框（与【图案填充和渐变色】对话框基本相同），然后勾选【关联】。

视 频

图案填充编辑

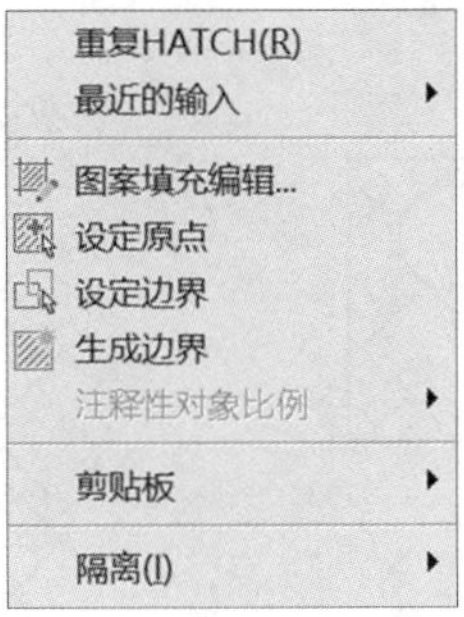

图 3.23　快捷菜单

（1）【关联】：用于设置填充图案是否与边界相关联。选择该复选框，则改变当前填充边界后，填充图案也随边界变化，否则填充图案不会随边界的变化而变化，如图 3.24 和图 3.25 所示。

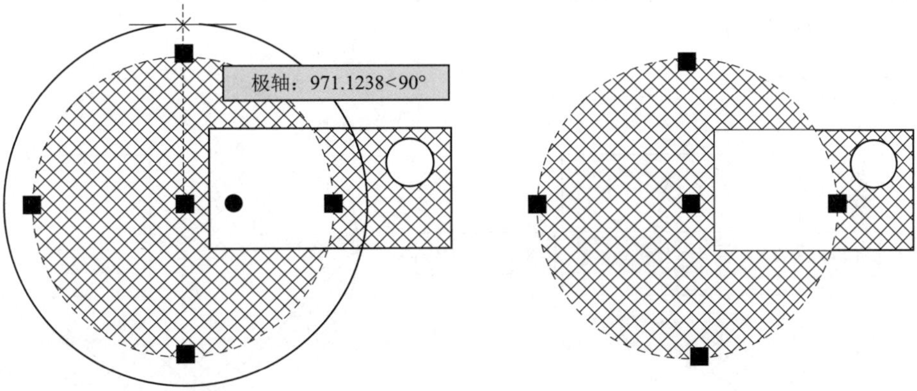

图 3.24　改变圆的大小填充图案随之变化的关联效果

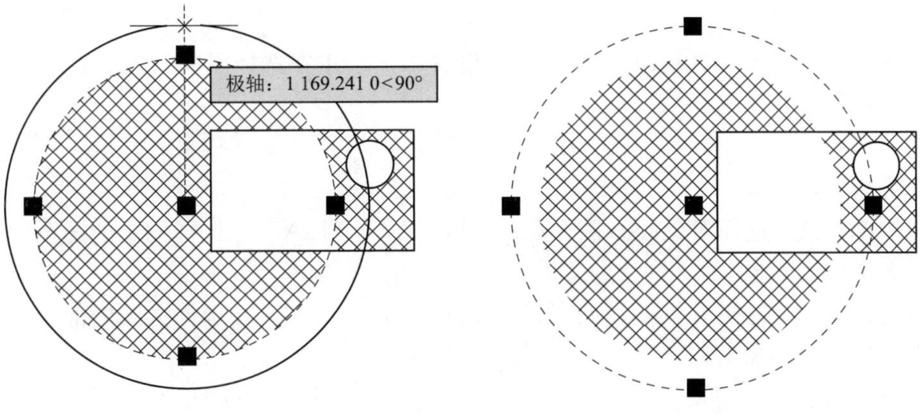

图 3.25　改变圆的大小填充图案不变化的非关联效果

(2)创建独立的填充图案。用于设置是否使“同时创建的多个不同边界的填充图案”为独立的。如果选择该复选框,则同时创建的多个不同边界的填充图案都为独立的填充对象,否则就为同一个填充图案对象,如图 3.26 和图 3.27 所示。

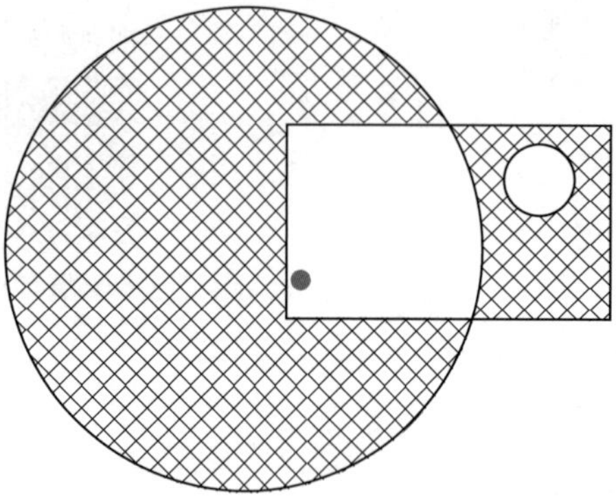

图 3.26　非独立图案填充

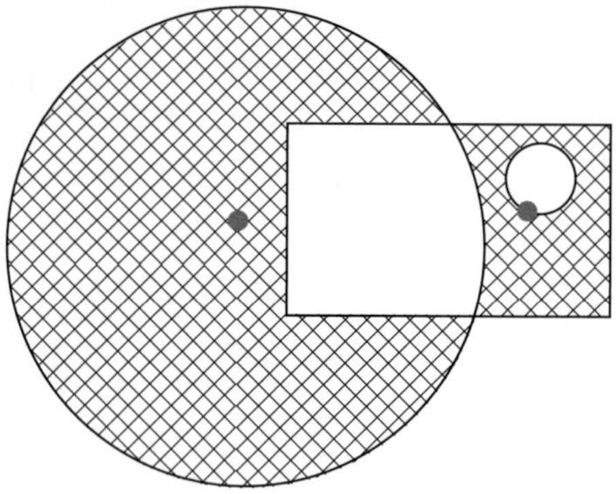

图 3.27　独立图案填充

(3)【继承特性】。使用选定的图案填充对象的填充特性对指定的边界进行图案填充。

图案填充矩形内部“2”(图 3.17)区域后,单击【图案填充】面板【继承特性】按钮,系统将提示选择已有的图案填充对象,然后选择大圆内部(图 3.28),按【Enter】键确认。使用【继承特性】的图案填充效果如图 3.29 所示。

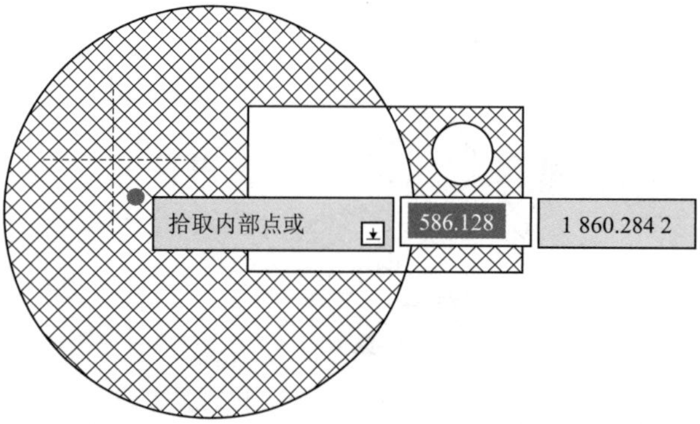

图 3.28　继承特性对应操作

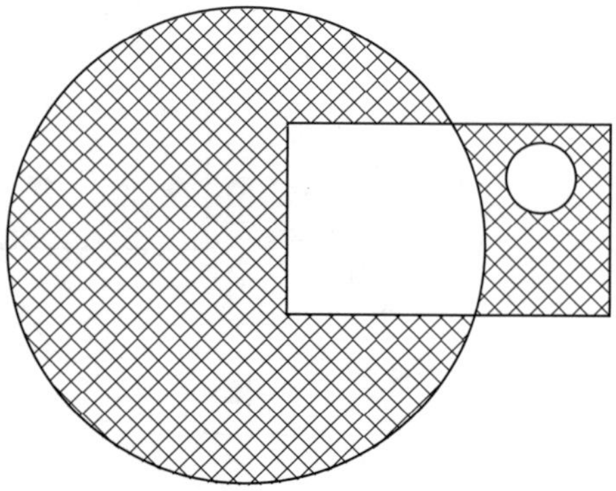

图 3.29　使用【继承特性】的填充效果

命令:BHATCH
拾取内部点或[选择对象(S)/放弃(U)/设置(T)]:正在选择所有对象…
正在选择所有可见对象…
正在分析所选数据…
正在分析内部孤岛…
拾取内部点或[选择对象(S)/放弃(U)/设置(T)]:_MA　//选择图中的图案填充对象
选择图案填充对象:
拾取内部点或[选择对象(S)/放弃(U)/设置(T)]:　　//选择大圆内部
正在选择所有对象…
正在选择所有可见对象…
正在分析所选数据…

正在分析内部孤岛 …

拾取内部点或[选择对象(S)/放弃(U)/设置(T)]： //按【Enter】键确认

视 频

创建图块

子任务6 创建图块

为了简化操作，提高制图效率，我们可以把重复出现的一个或多个图形创建为一个图块。在 AutoCAD 2024 中，图块主要分为内部图块和外部图块两种类型，下面分别介绍这两种图块的创建方法。

1. 创建内部图块

所谓内部图块，是指使用“创建”命令创建的图块。内部图块是跟随定义它的图形文件一起保存的，存储在图形文件内部，因此该图块只能在当前图形中使用，不能被其他图形文件调用。在 AutoCAD 2024 软件中，可以通过选择菜单栏中的【绘图】|【块】|【创建】命令，或者选择【插入】选项卡的【创建块】按钮，也可以通过输入“BLOCK”命令进行创建。执行【创建块】命令方式如图 3.30 所示。

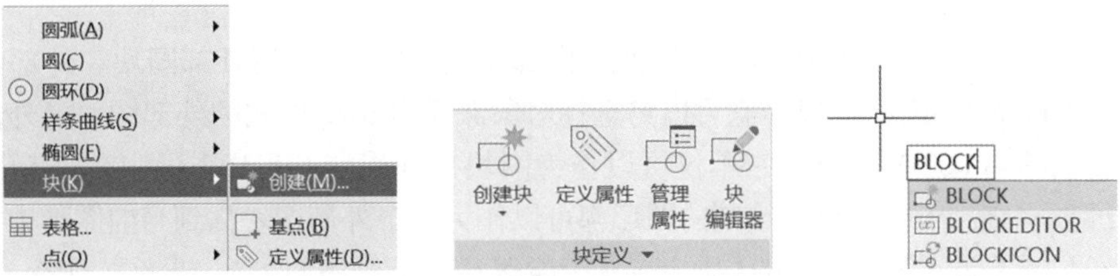

(a) (b) (c)

图 3.30 执行【创建块】命令方式

执行【创建块】命令，随即会打开【块定义】对话框，如图 3.31 所示。

下面对【块定义】对话框中的各选项进行说明。

(1)名称：用于输入块的名称，最多可使用 255 个字符。

(2)基点：该选项区用于指定图块的插入基点。系统默认图块的插入基点值为(0,0,0)，用户可直接在 X、Y 和 Z 数值框中输入坐标相对应的数值，也可以单击【拾取点】按钮，切换到绘图区中指定基点。

(3)对象：用于设置组成块的对象。单击【选择对象】按钮，可以切换到绘图窗口中选择组成块的各对象；也可单击【快速选择】按钮，在弹出的【快速选择】对话框(图 3.32)中设置所选择对象的过滤条件。

(4)保留：选中该单选按钮，表示创建块后仍在绘图窗口中保留组成块的各对象。

(5)转换为块：选中该单选按钮，表示创建块后将组成块的各对象保留并把它们转换成块。

(6)删除：选中该单选按钮，表示创建块后删除绘图窗口中组成块的各对象。

(7)设置：该选项区用于指定图块的设置。

(8)方式：该选项区用于设置插入后的图块是否允许被分解、是否按统一比例缩放等。

(9)说明：该选项区用于指定图块的文字说明，在该文本框中可以输入当前图块说明部分的内容。

(10)超链接：单击该按钮，将弹出“插入超链接”对话框，在其中可以插入超链接文档。

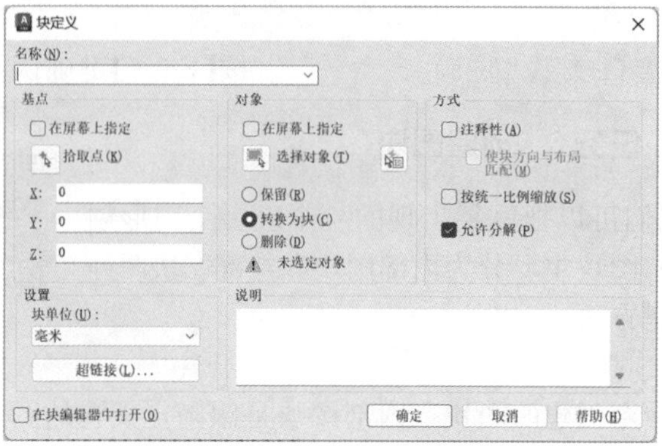

图 3.31 【块定义】对话框

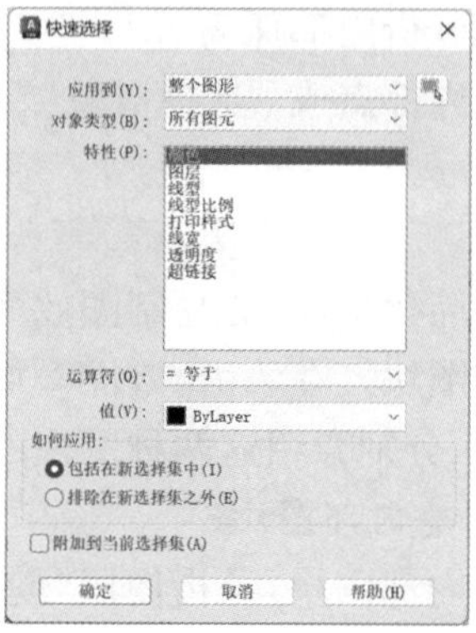

图3.32 【快速选择】对话框

(11)在块编辑器中打开:选中该复选框,在创建图块后,将进入块编辑器窗口中进行“参数”“参数集”等选项的设置。

2. 创建外部图块

在中文版 AutoCAD 2024 中不仅可以使用内部图块,还可以使用外部图块。外部图块是指利用“WBLOCK”命令定义的图块,它可以将选择对象保存为 dwg 格式的外部图块。外部图块相当于一个普通的 AutoCAD 图形,它不仅可以作为图块插到当前图形中,还可以被打开和编辑。实际上,任何一个在 AutoCAD 中绘制的图形都可以作为一个外部图块插到当前图形中。

我们可以在【插入】面板中的【块定义】功能区选择【写块】命令,或者在命令行中输入“WBLOCK”命令,如图 3.33 所示。弹出【写块】对话框,在该对话框中根据需求进行创建,如图 3.34 所示。

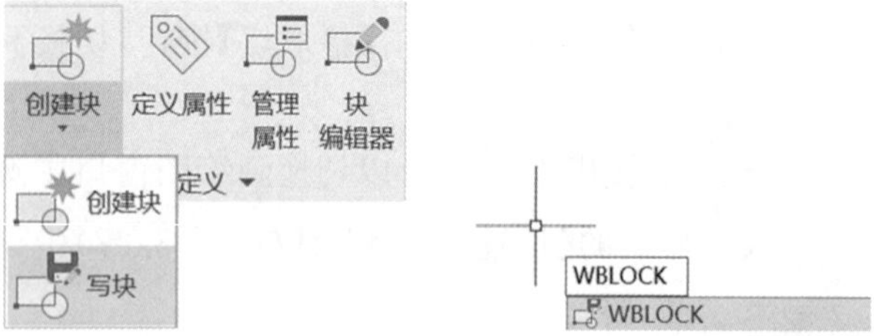

(a) (b)

图 3.33 执行“WBLOCK”命令

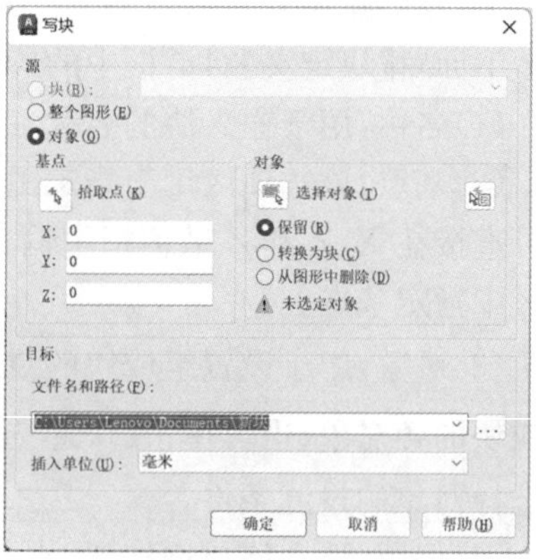

图 3.34 【写块】对话框

【写块】对话框中各选项的说明如下:

(1)块:如果当前图形中含有内部图块,选中该单选按钮,可以在右侧的下拉列表框中选择一个内部图块,系统可以将此内部图块保存为外部图块。

(2)整个图形:选中该单选按钮,可以将当前图形作为一个外部图块进行保存。

(3)对象:选中该单选按钮,可以在当前图形中任意选择若干个图形,并将选择的图形保存为外部图块。

(4)基点：用于指定外部图块的插入基点。

(5)对象：该选项区用于选择保存为外部图块的图形，并决定图形被保存为外部图块后是否删除图形。

(6)目标：主要用于指定生成的外部图块的名称、保存路径和插入单位。

(7)插入单位：用于指定外部图块插到新图形中时使用的单位。

以创建红灯图块为例，操作如下：

命令：Block 指定插入基点：

窗口(W) 套索　按空格键可循环浏览选项找到 1 个　　//指定红灯图形图号的基点

选择对象：

命令：_Block 指定插入基点：

窗交(C) 套索　按空格键可循环浏览选项找到 2 个　　//窗交选择红灯图形图号

选择对象：　　//定义红灯图块如图 3.35 所示

图 3.35　定义红灯图块

子任务 7　插入图块

视频

插入图块

插入图块是指将已定义的内部或外部图块插到当前图形中。在制图过程中，还可以根据需要对插入的图块进行编辑后插入，比如对图块进行“移动”“旋转”“复制”“镜像”“阵列”编辑等。

在 AutoCAD 2024 中，可以通过选择菜单【插入】|【块选项板】命令，或者【块】功能面板，还可以通过“INSERT”命令执行插入图块操作。执行【插入块】命令的方法如图 3.36 所示。

执行【插入】命令，随即会打开【块选项板】面板，如图 3.37所示。

【块选项板】面板中各选项的说明如下：

(1)【当前图形】|【最近使用的项目】|【收藏夹】|【库】选项卡：用于选择块或图形。我们也可以单击【浏览】按钮，在弹出的【选择要插入的文件】对话框(图 3.38)中选择保存的块和

外部图形。

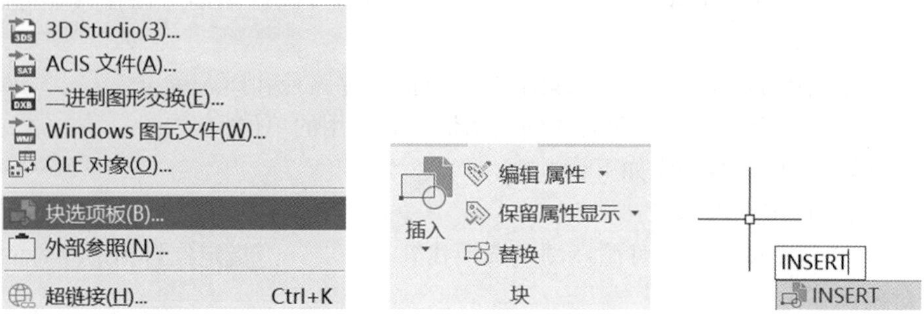

(a)　　(b)　　(c)

图 3.36　执行【插入块】命令的方法

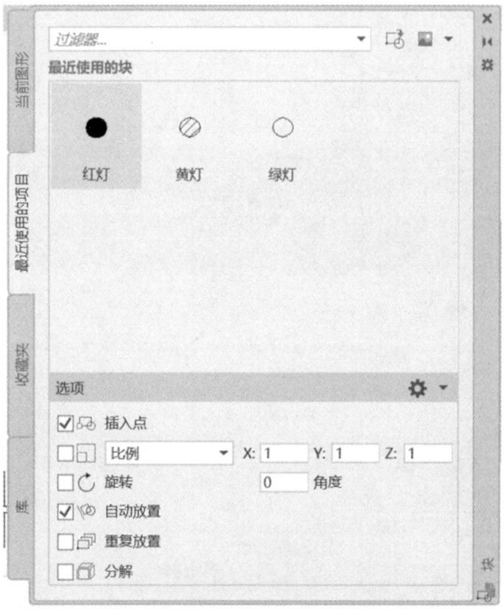

图 3.37　【块选项板】面板

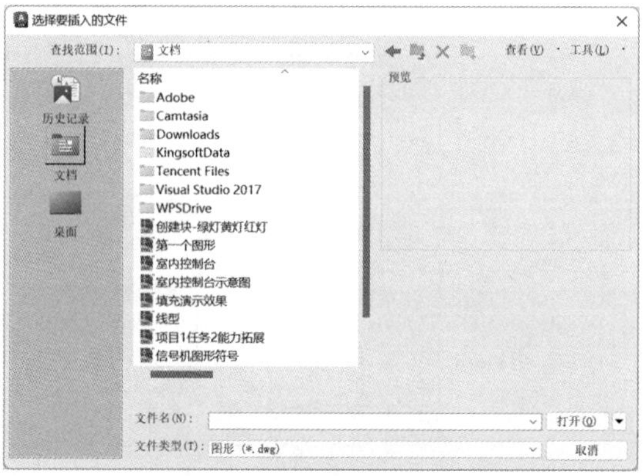

图 3.38　【选择要插入的文件】对话框

(2)插入点:用于设置块的插入点位置。我们可以直接在 X、Y、Z 文本框中输入点的坐标,也可以通过选中“在屏幕上指定”复选框,在屏幕上指定插入点的位置。

(3)比例:用于设置块的插入比例,我们可直接在 X、Y、Z 文本框中输入块在三个方向上的比例,也可以在屏幕上指定。此外,该选项区中的“统一比例”复选框用于确定所插入块在 X、Y、Z 三个方向上的插入比例是否相同,选中时表示比例相同,此时我们只需要在 X 文本框中输入比例值即可。

(4)旋转:用于设置块插入时的旋转角度。我们可以直接在“角度”文本框中输入角度值,也可以选中“在屏幕上指定”复选框,在屏幕上指定旋转角度。

(5)自动放置:控制插入块时是否显示放置建议。

(6)重复放置:控制是否自动重复块插入。如果选中该选项,系统将自动提示其他插入点,直到按【Esc】键取消命令。如果取消选中该选项,将插入指定的块一次。

(7)分解:选中该复选框,可以将插入的块分解成多个基本对象。

视 频

编辑图块

子任务8 编辑图块

若插入的图块不符合我们的需要，可以将该图块进行修改编辑。

选中定义的图块或者插入的图块，然后单击【块定义】功能区的【块编辑器】按钮，或者在图块上双击鼠标，即可弹出【编辑块定义】对话框，如图 3.39 所示。选择要编辑的块后，单击【确定】按钮，即可进入【块编辑器】模式，如图 3.40 所示。

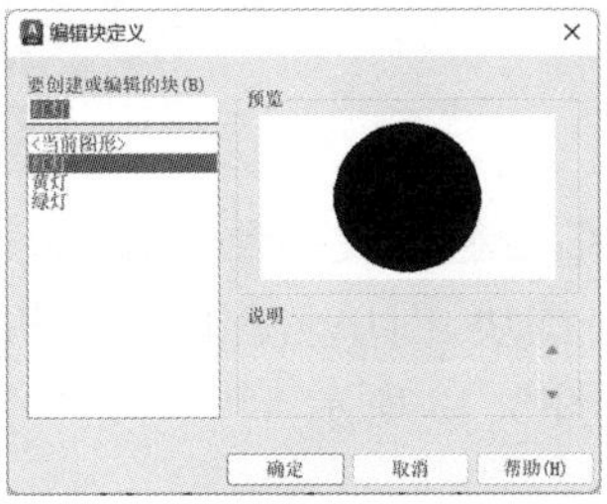

图3.39 【编辑块定义】对话框

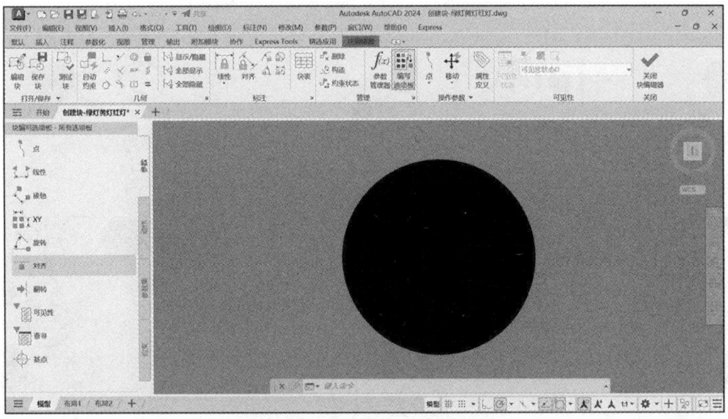

图 3.40 【块编辑器】模式

在【块编辑器】模式中，可以通过右键快捷菜单(图 3.41)对应命令或者夹点编辑方式，进行图形的编辑修改，比如删除、移动、旋转等。

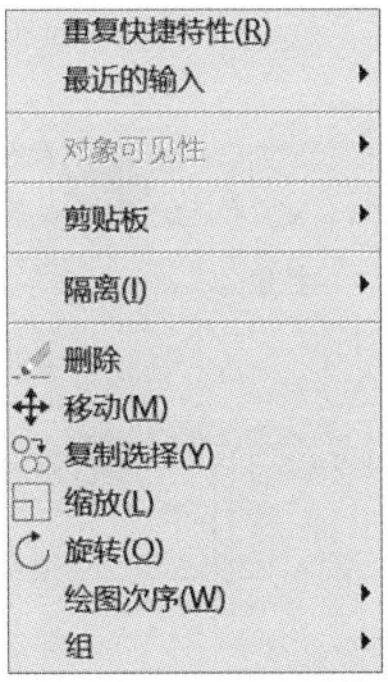

图 3.41 右键快捷菜单

修改完图形后,在【块编辑器】面板(图 3.42)上单击【保存块】按钮,然后单击【关闭块编辑器】按钮。块编辑器提供了在当前图形中修改块的最简单方法。在块编辑器中所做的和保存的更改将替换现有块定义,而且将立即更新此图形中该块的所有参照。

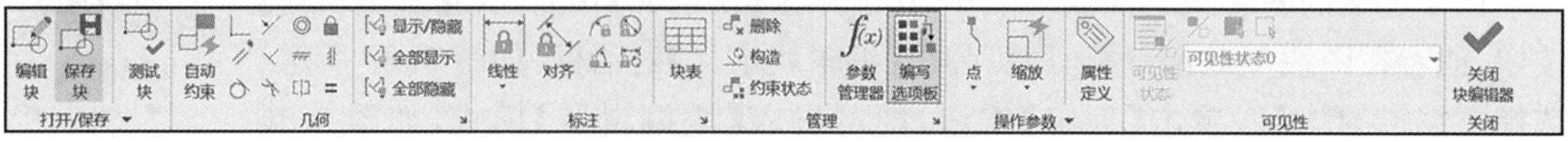

图 3.42 【块编辑器】面板

视 频

绘制车站信号设备平面布置图图框及标题栏

任务实战

由于绝缘节与信号机位置一致,因此为了方便处理,将信号机与绝缘节绘制好后,创建为一个图块,图块名称以信号机型号命名。信号机与绝缘节图形符号及文字标注如图 3.43 所示。

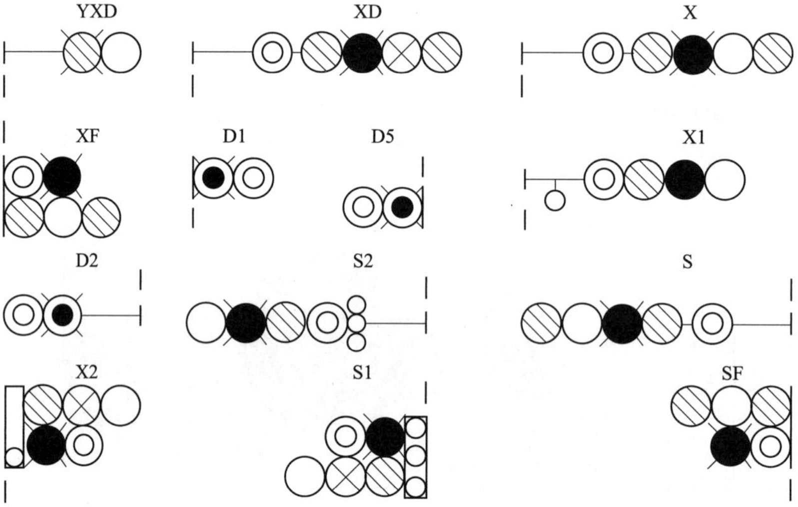

图 3.43 信号机与绝缘节图形符号及文字标注

为了方便学习者绘制图形符号,在这里提供尺寸标注作为参考。绝缘节符号宽为 2 mm,信号机与绝缘节之间距离为 2 mm。信号机及绝缘节图形的尺寸标注如图 3.44 所示。

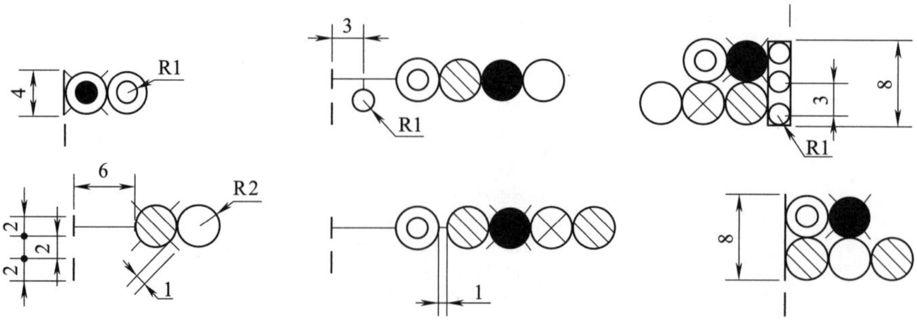

图 3.44 信号机及绝缘节图形的尺寸标注

1. 新建文件

新建文件，选择样板文件“铁路信号专业样板文件”，如图 3.45 所示。

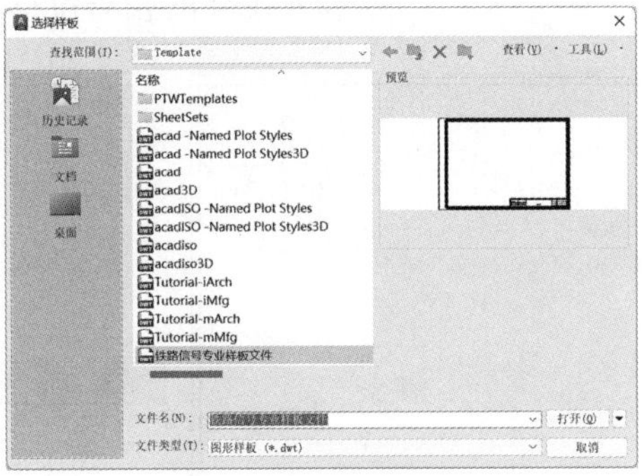

图 3.45　选择样板文件

2. 拉伸图样

将打开的样板文件用【拉伸】工具拉伸为原来的 2 倍，如图 3.46 所示。

图 3.46　拉伸两倍长度的图样

拉伸操作过程如下：

命令：STRETCH

拉伸由最后一个窗口选定的对象... 找到 30 个

//用交叉窗口的方式选择对象，如图 3.47 所示

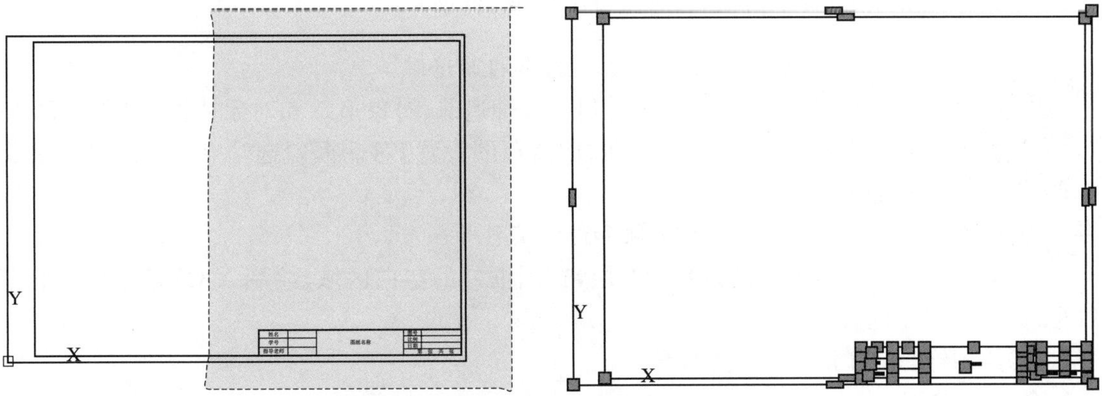

图 3.47　利用交叉窗口选择图形对象

指定基点或[位移(D)]〈位移〉：　　//捕捉到图框外框线右侧线条中点，单击鼠标

指定第二个点或〈使用第一个点作为位移〉:420

//输入拉伸的相对位移，如图 3.48 所示

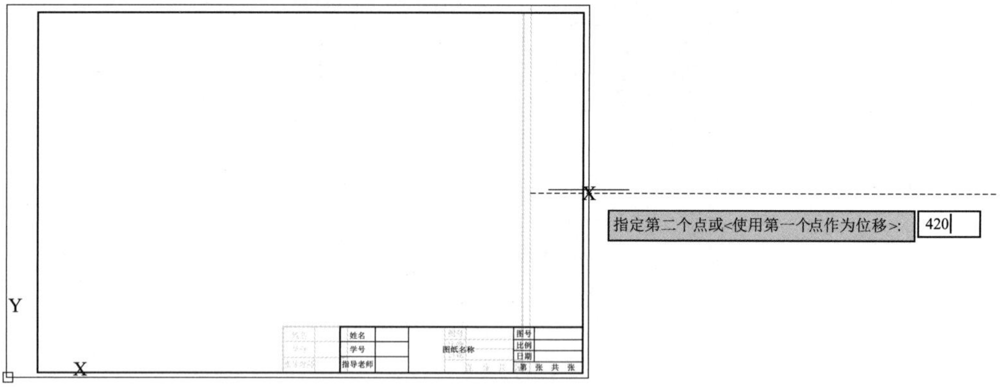

图 3.48　对象捕捉基点并输入数值

3. 保存文件

单击【保存】按钮保存文件，命名为“车站信号设备平面布置图 .dwg”，如图 3.49 所示。

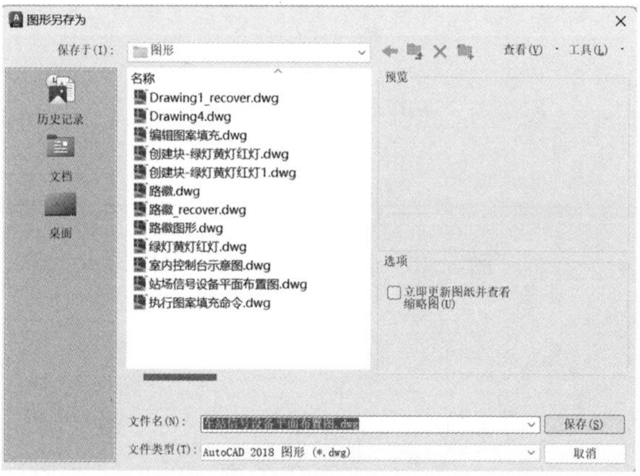

图 3.49　保存图形文件

视频

绘制 YXD 信号机和绝缘节符号

4. 设置对象捕捉、对象追踪和极轴追踪

在状态栏上，单击鼠标启用极轴追踪、对象追踪和对象捕捉，如图 3.50 所示。右击对象捕捉模式，在打开【草图设置】对话框勾选端点、中点、圆心和交点捕捉，如图 3.51 所示。

5. 绘制 YXD 信号机和绝缘节符号

将当前图层设置为 0 层，在图框外的空白区域，绘制 YXD 信号机绝缘节符号，如图 3.43 所示。

(1)绘制绝缘节和信号灯线条部分

命令：LINE

指定第一个点：　　//在空白处单击鼠标

指定下一点或［放弃(U)］：2　　　　　//沿极轴追踪 90°输入位移 2，如图 3.52 所示
指定下一点或［放弃(U)］：　　　　　//按【Enter】键确认，绘制效果如图 3.53 所示

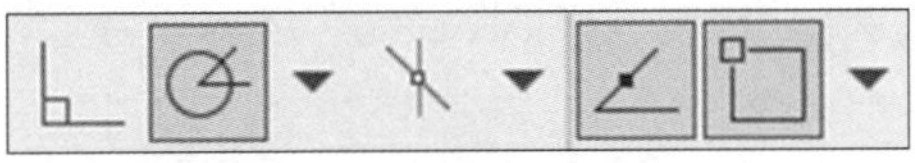

图 3.50　启用极轴追踪、对象追踪和对象捕捉模式

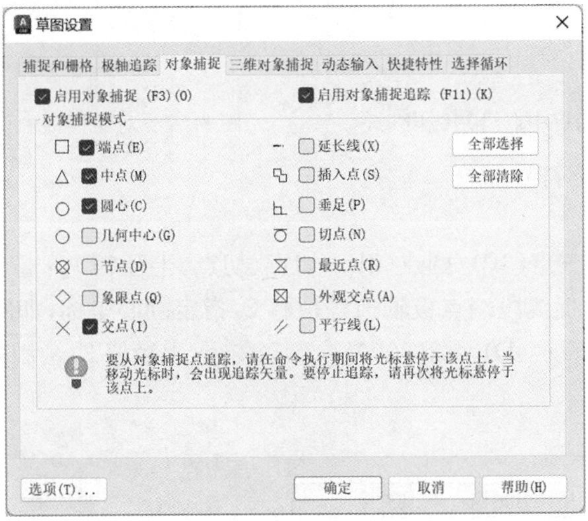

图 3.51　设置对象捕捉模式

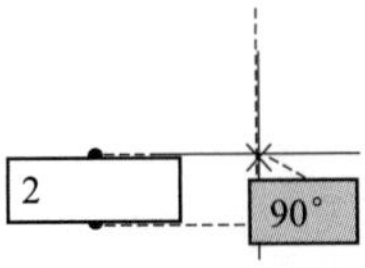

图 3.52　极轴追踪输入位移

图 3.53　极轴追踪输入位移绘制效果

命令：LINE
指定第一个点：2　　　　　//对象捕捉直线段顶端端点沿极轴追踪 90°输入位移 2，确定第一个点，如图 3.54 所示
指定下一点或［放弃(U)］：2　//沿极轴追踪 90°输入位移 2
指定下一点或［放弃(U)］：　//按【Enter】键确认，绘制效果如图 3.55 所示

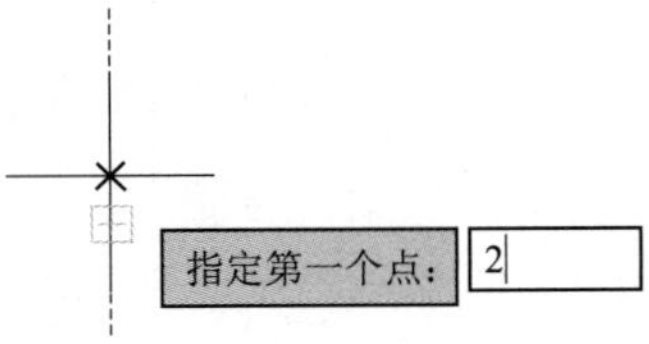

图 3.54　极轴追踪输入数值

图 3.55　极轴追踪输入数值绘制效果

命令：LINE
指定第一个点：　　　　　//对象捕捉直线段中点，单击鼠标指定第一个点

指定下一点或[放弃(U)]:6　//极轴追踪0°输入位移6,绘制线段,如图3.56所示

指定下一点或[放弃(U)]:　//按【Enter】键确认,绘制效果如图3.57所示

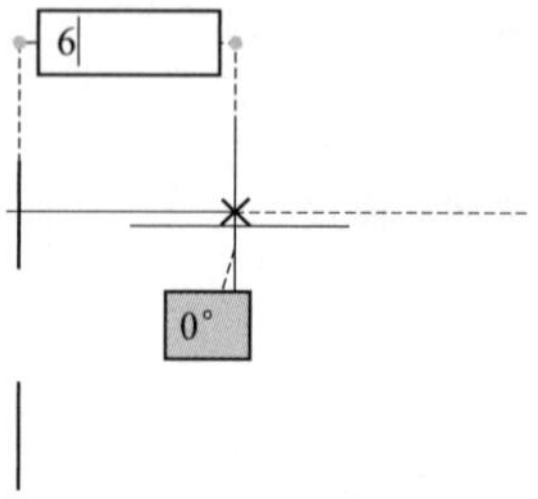

图3.56　对象捕捉中点绘制线段

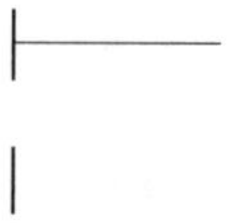

图3.57　对象捕捉中点绘制线段效果

(2)绘制信号灯圆形符号部分

命令:CIRCLE

指定圆的圆心或[三点(3P)/两点(2P)/切点、切点、半径(T)]:2

　　//对象捕捉线段端点极轴追踪位移2,指定圆心坐标,如图3.58所示

指定圆的半径或[直径(D)]〈2.0000〉:2　//输入半径值2,绘制效果如图3.59所示

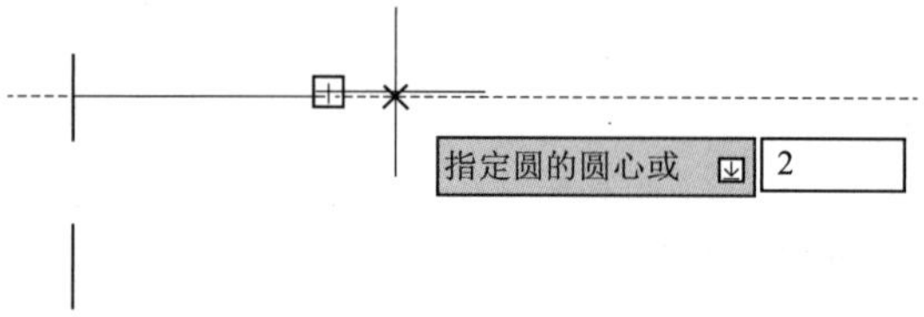

图3.58　极轴追踪绘制圆

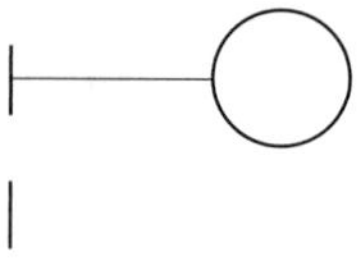

图3.59　极轴追踪绘制圆效果

命令:CIRCLE

指定圆的圆心或[三点(3P)/两点(2P)/切点、切点、半径(T)]:4

　　//对象捕捉圆心极轴追踪位移4,指定第二个圆的圆心坐标,如图3.60所示

指定圆的半径或[直径(D)]〈2.0000〉:2　//输入半径值2,绘制效果如图3.61所示

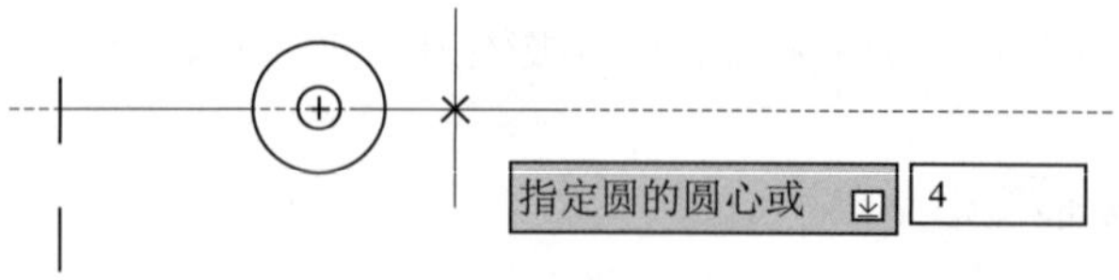

图3.60　极轴追踪确定圆心

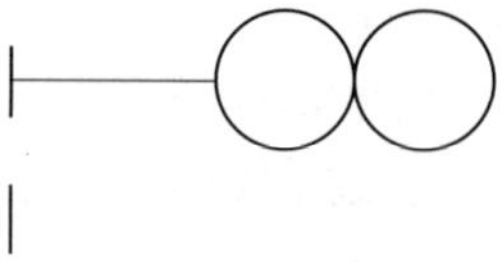

图3.61　极轴追踪确定圆心绘制效果

单击状态栏中的【极轴追踪】按钮,选择“45,90,135,180...”,设置极轴追踪角度,如图3.62所示。

(3)绘制亮稳定灯光符号斜线部分

命令:LINE

指定第一个点:

指定下一点或[放弃(U)]:3

　　//对象捕捉圆心极轴追踪45°,输入位移3,如图3.63所示

指定下一点或［放弃(U)］：　　//按【Enter】键确认，绘制效果如图 3.64 所示

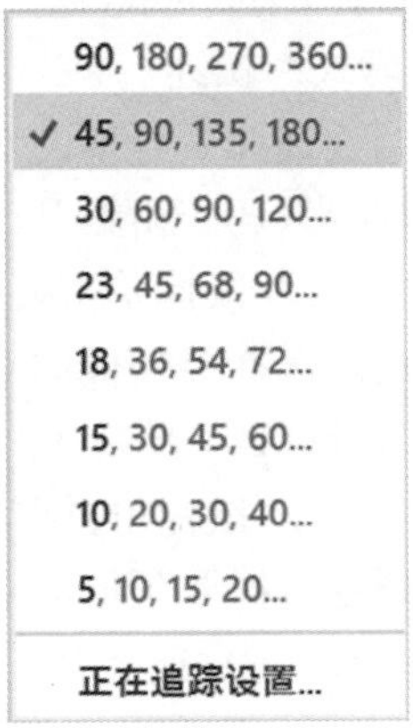

图 3.62　设置极轴追踪角度

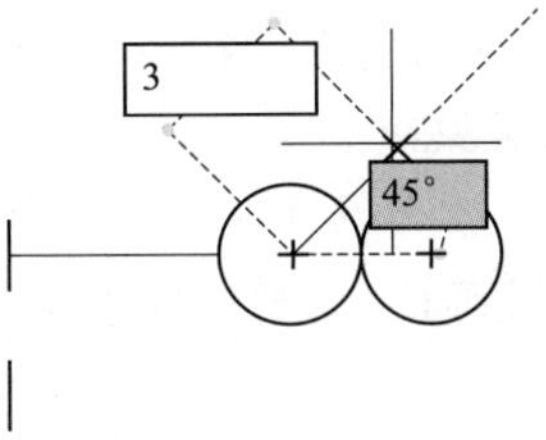

图 3.63　绘制斜线段

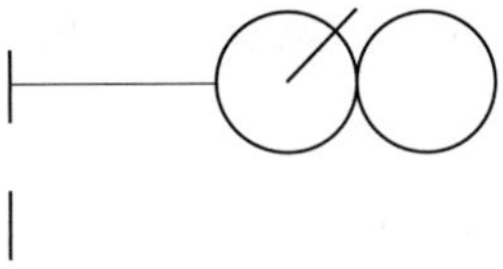

图 3.64　绘制斜线段效果 1

命令：LINE
指定第一个点：
指定下一点或［放弃(U)］：3　　//对象捕捉圆心极轴追踪 135°，输入位移 3
指定下一点或［放弃(U)］：　　//按【Enter】键确认
命令：LINE
指定第一个点：
指定下一点或［放弃(U)］：3　　//对象捕捉圆心极轴追踪 315°，输入位移 3
指定下一点或［放弃(U)］：　　//按【Enter】键确认
命令：LINE
指定第一个点：
指定下一点或［放弃(U)］：3　　//对象捕捉圆心极轴追踪 225°，输入位移 3
指定下一点或［放弃(U)］：　　//按【Enter】键确认，如图 3.65 所示

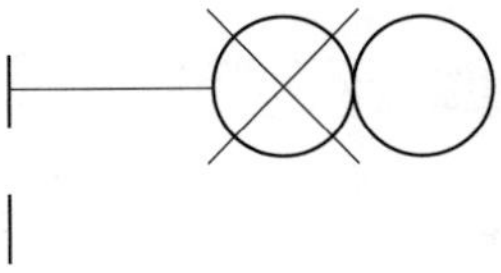

图 3.65　绘制斜线段效果 2

(4)修剪多余斜线线条

命令:TRIM

当前设置:投影=UCS,边=无,模式=快速

选择要修剪的对象,或按住【Shift】键选择要延伸的对象或

[剪切边(T)/窗交(C)/模式(O)/投影(P)/删除(R)]:

//鼠标单击要修剪的多余线条,如图 3.66 所示

选择要修剪的对象,或按住【Shift】键选择要延伸的对象或

[剪切边(T)/窗交(C)/模式(O)/投影(P)/删除(R)/放弃(U)]:

//鼠标单击要修剪的多余线条

选择要修剪的对象,或按住【Shift】键选择要延伸的对象或

[剪切边(T)/窗交(C)/模式(O)/投影(P)/删除(R)/放弃(U)]:

//鼠标单击要修剪的多余线条

选择要修剪的对象,或按住【Shift】键选择要延伸的对象或

[剪切边(T)/窗交(C)/模式(O)/投影(P)/删除(R)/放弃(U)]:

//鼠标单击要修剪的多余线条

选择要修剪的对象,或按住【Shift】键选择要延伸的对象或

[剪切边(T)/窗交(C)/模式(O)/投影(P)/删除(R)/放弃(U)]:

//按【Enter】键确认,修剪后的效果如图 3.67 所示

图 3.66 修剪多余斜线线条

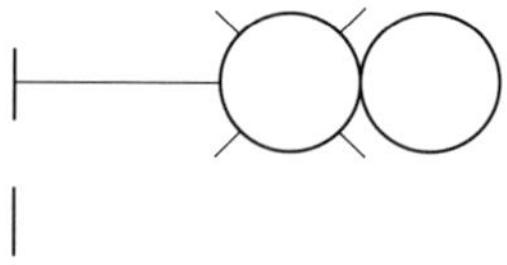

图 3.67 修剪多余斜线效果

(5)填充图案

单击【绘图】功能区的【图案填充】按钮,打开【图案填充】面板,设置图案为“ANSI31”,角度为“90”,比例为“0.36”,如图 3.68 所示。单击【拾取点】按钮,在圆的内部单击鼠标左键进行填充操作,如图 3.69 所示,图案填充效果如图 3.70 所示。

图 3.68 【图案填充】设置

图 3.69 图案填充操作

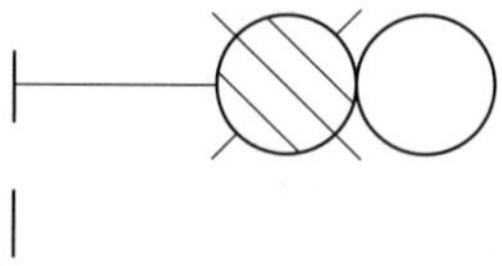

图 3.70 图案填充效果

(6)添加文字标记

为了定义块时方便命名,可利用单行文字为图形添加文字标记,说明如下:

命令：TEXT
当前文字样式："Standard"　文字高度：2.5000　注释性：否　对正：左
指定文字的起点 或 [对正(J)/样式(S)]：
指定高度〈2.5000〉：
指定文字的旋转角度〈0〉：　　//输入结束后，按【Enter】键确认，如图 3.71 所示

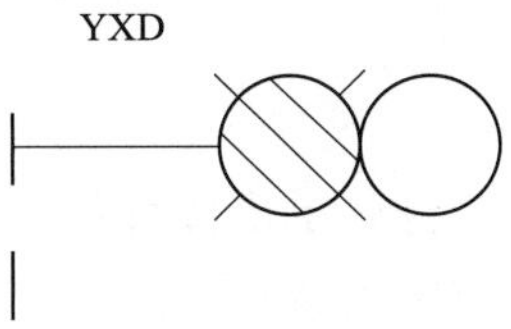

图 3.71　YXD 信号机与绝缘节符号

6. 绘制 XD 信号机和绝缘节符号(图 3.43)

视频
绘制 XD 信号机和绝缘节符号

(1)绘制绝缘节和信号灯线条部分
命令：LINE
指定第一个点：　　//在 YXD 信号灯图形符号右侧的空白处单击鼠标
指定下一点或 [放弃(U)]：2　//沿极轴追踪 90°，输入位移 2
指定下一点或 [放弃(U)]：　//按【Enter】键确认
命令：LINE
指定第一个点：2　　//对象捕捉直线段顶端端点沿极轴追踪 90°，输入位移 2，确定第一个点
指定下一点或 [放弃(U)]：2　//沿极轴追踪 90°，输入位移 2
指定下一点或 [放弃(U)]：　//按【Enter】键确认
命令：LINE
指定第一个点：　　//对象捕捉直线段中点，单击鼠标指定第一个点
指定下一点或 [放弃(U)]：6　//极轴追踪 0°，输入位移 6，绘制线段
指定下一点或 [放弃(U)]：　//按【Enter】键确认
(2)绘制信号灯圆形符号部分
命令：CIRCLE
指定圆的圆心或 [三点(3P)/两点(2P)/切点、切点、半径(T)]：2
　　//对象捕捉线段端点极轴追踪位移 2，指定圆心坐标
指定圆的半径或 [直径(D)]〈2.0000〉：2
　　//输入半径值 2
命令：CIRCLE
指定圆的圆心或 [三点(3P)/两点(2P)/切点、切点、半径(T)]：
　　//对象捕捉圆心，单击鼠标
指定圆的半径或 [直径(D)]〈2.0000〉：1
　　//输入半径值 1，绘制效果如图 3.72 所示

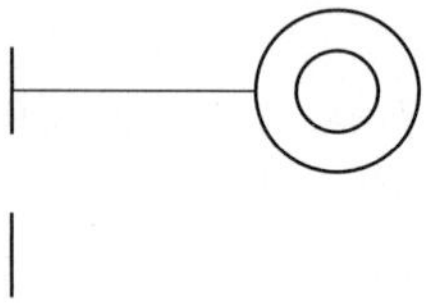

图 3.72　信号灯圆形符号绘制效果

命令：LINE
指定第一个点：
//对象捕捉圆心，出现“交点”提示符后单击鼠标指定第一点，如图 3.73 所示
指定下一点或[放弃(U)]：1　//输入位移 1
指定下一点或[放弃(U)]：　//按【Enter】键确认，绘制效果如图 3.74 所示

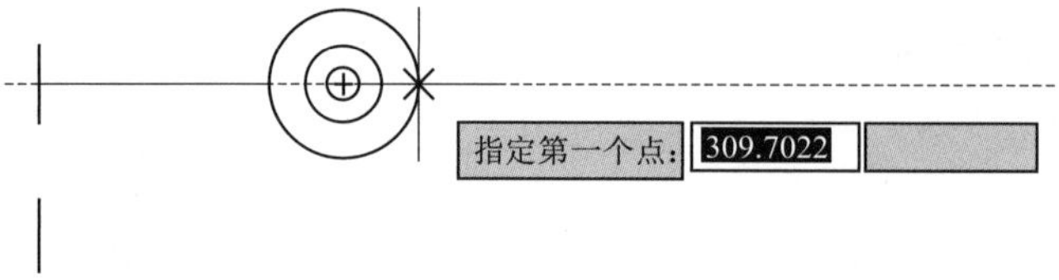

图 3.73　利用极轴追踪和对象捕捉绘制直线段

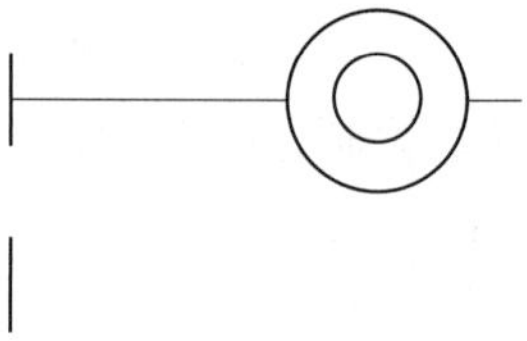

图 3.74　直线段绘制效果

(3)复制信号灯圆形符号部分
命令：COPY
窗口(W) 套索　按空格键可循环浏览选项找到 6 个
　　//闭合框选方式选择 YXD 对应的信号灯图形符号
选择对象：
当前设置：复制模式＝多个
指定基点或[位移(D)/模式(O)]〈位移〉：
　　//选择 YXD 对应的信号灯图形符号水平方向直径左侧端点作为基点
指定第二个点或[阵列(A)]〈使用第一个点作为位移〉：
　　//在 XD 图形符号直线段右侧端点单击鼠标复制图形，如图 3.75 所示
指定第二个点或[阵列(A)/退出(E)/放弃(U)]〈退出〉：
　　//在 XD 图形符号第二个圆形右侧直径端点单击鼠标复制图形
指定第二个点或[阵列(A)/退出(E)/放弃(U)]〈退出〉：
　　//在 XD 图形符号第三个圆形右侧直径端点单击鼠标复制图形
指定第二个点或[阵列(A)/退出(E)/放弃(U)]〈退出〉：
　　//在 XD 图形符号第四个圆形右侧直径端点单击鼠标复制图形，如图 3.76 所示
指定第二个点或[阵列(A)/退出(E)/放弃(U)]〈退出〉：
　　//按【Enter】键确认

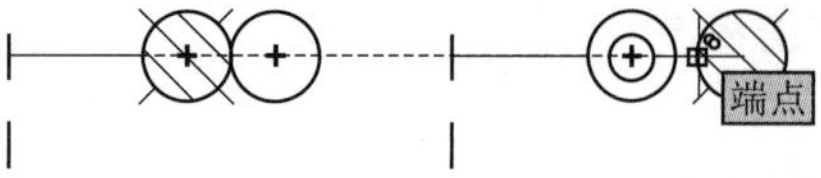

图 3.75　复制第一个图形

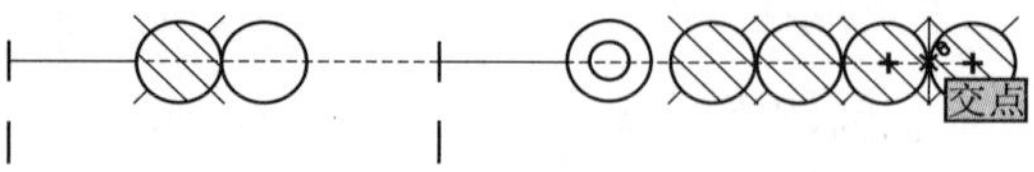

图 3.76　复制多个图形

(4)修改图形

通过单击鼠标方式选中图形中多余线条和填充的图案,如图 3.77 所示。单击【Delete】键进行删除,效果如图 3.78 所示。

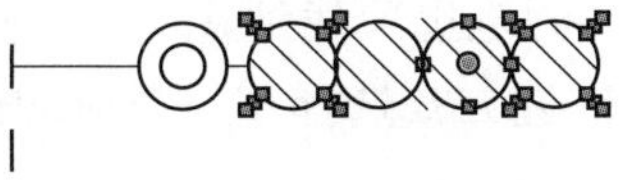

图 3.77　单击选中多余线条和填充

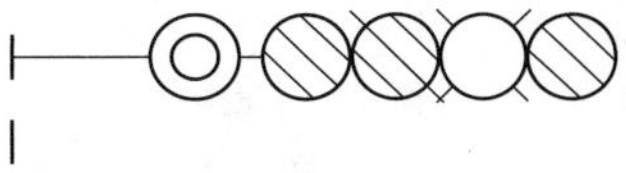

图 3.78　删除后的效果

通过单击鼠标方式选中图形中对应填充的图案,如图 3.79 所示。选择【图案填充编辑器】中的【图案】功能区的【SOLID】图案选项,修改后的填充效果如图 3.80 所示。

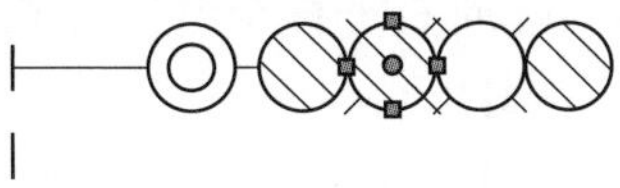

图 3.79　单击选中填充

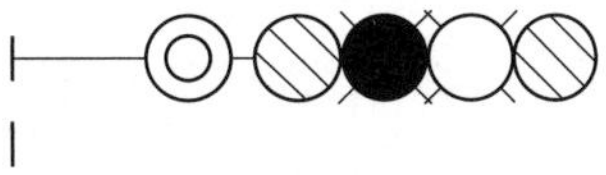

图 3.80　修改后的填充效果

(5)绘制空位灯斜线条。

命令:LINE
指定第一个点:　　　　　　　　　//单击斜线段端点
指定下一点或[放弃(U)]:　　　　//单击斜线段端点
指定下一点或[放弃(U)]:　　　　//按【Enter】键确认
命令:LINE
指定第一个点:　　　　　　　　　//单击斜线段端点
指定下一点或[放弃(U)]:　　　　//单击斜线段端点
指定下一点或[放弃(U)]:　　　　//按【Enter】键确认,效果如图 3.81 所示

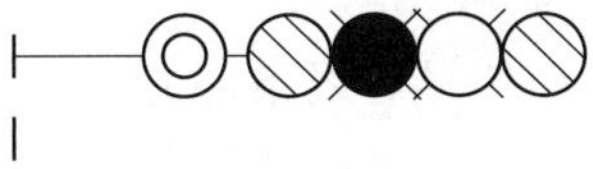

图 3.81　绘制空位灯斜线条

选中空位灯图形符号中多余线条,如图 3.82 所示。单击【Delete】键进行删除,效果如图 3.83所示。

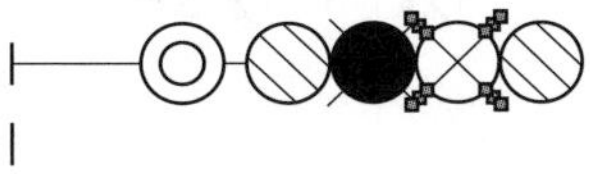

图 3.82　选中空位灯多余线条

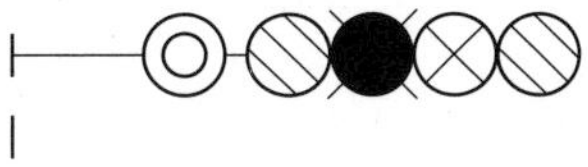

图 3.83　删除多余线条效果

(6)添加文字标记

利用单行文字为图形添加文字标记,XD 信号机与绝缘节符号如图 3.84 所示。

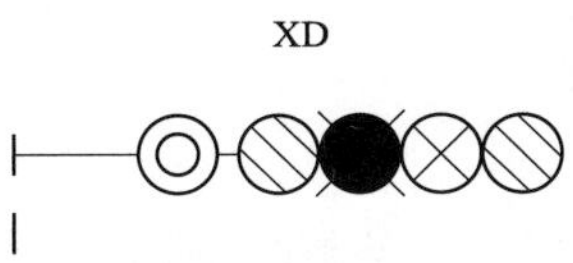

图 3.84　XD 信号机与绝缘节符号

7. 绘制X信号机和绝缘节符号(图3.43)

视 频

绘制X信号机和绝缘节符号

(1)复制图形

命令：COPY

窗口(W) 套索 按空格键可循环浏览选项找到19个

选择对象： //闭合框选方式选择YX对应的信号灯图形符号

当前设置:复制模式=多个

指定基点或[位移(D)/模式(O)]〈位移〉:

//单击YX对应的信号灯图形符号绝缘节线条下方端点

指定第二个点或[阵列(A)]〈使用第一个点作为位移〉:

//极轴追踪向右平移至合适位置

指定第二个点或[阵列(A)/退出(E)/放弃(U)]〈退出〉:

//按【Enter】键确认

(2)删除多余线条

命令：ERASE 找到2个

//选中多余线条,单击【Delete】键删除,效果如图3.85所示。

(3)添加文字标记

利用单行文字为图形添加文字标记,如图3.86所示。

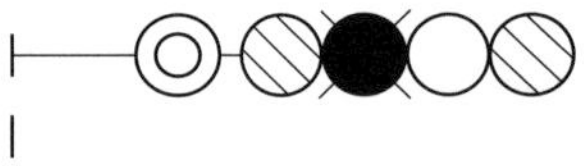

图3.85 删除多余线条效果

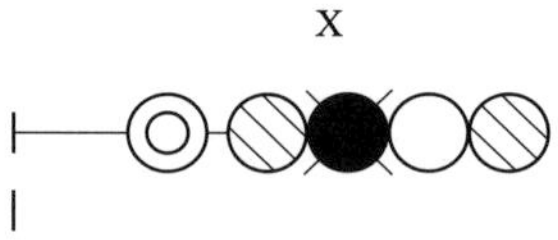

图3.86 添加文字标记

8. 绘制XF信号机和绝缘节符号(图3.43)

视 频

绘制XF信号机和绝缘节符号

(1)绘制绝缘节和信号灯线条部分

命令：LINE

指定第一个点： //端点对象追踪向下指定第一个点,如图3.87所示

指定下一点或[放弃(U)]:2 //输入数据,指定线段长度

指定下一点或[放弃(U)]: //按【Enter】键确认

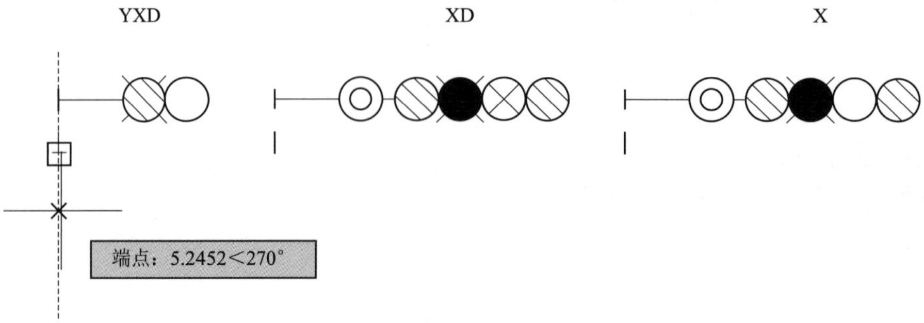

图3.87 绘制直线确定第一点

命令:LINE
指定第一个点：2　　　　　　　　　//端点对象追踪向下指定第一个点,如图 3.88 所示
指定下一点或[放弃(U)]：4　　　　//输入数据,指定线段长度
指定下一点或[放弃(U)]：4　　　　//输入数据,指定线段长度
指定下一点或[闭合(C)/放弃(U)]：//按【Enter】键确认,绘制直线效果如图 3.89 所示

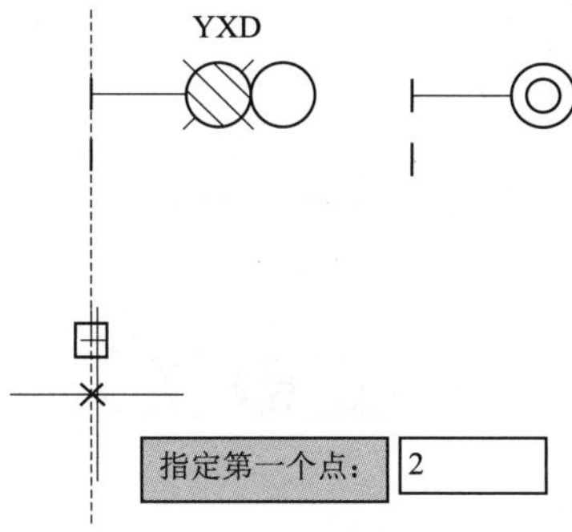

图 3.88　绘制直线确定第一点

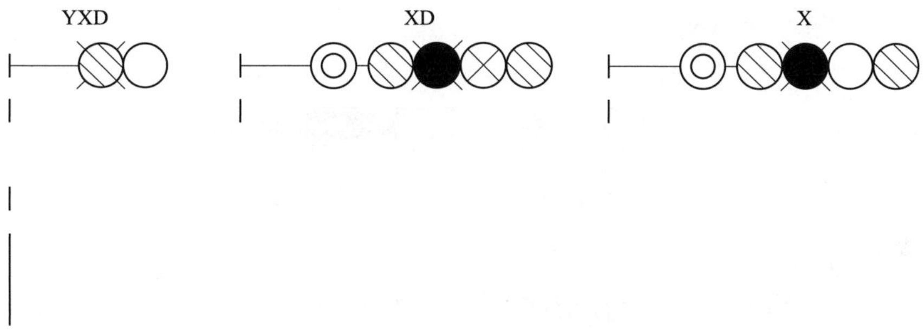

图 3.89　绘制直线

(2)复制信号灯圆形符号部分

命令：COPY
选择对象：找到 1 个
选择对象：找到 1 个,总计 2 个
选择对象：　　　　　　　//选中 XD 同心圆图形符号
当前设置:复制模式=多个
指定基点或[位移(D)/模式(O)]〈位移〉：
　　　　　　　　　　　　//指定同心圆图形符号水平直径左侧端点为基点
指定第二个点或[阵列(A)]〈使用第一个点作为位移〉：
　　　　　　　　　　　　//单击线段中点完成同心圆图形符号复制,如图 3.90 所示
指定第二个点或[阵列(A)/退出(E)/放弃(U)]〈退出〉：
　　　　　　　　　　　　//按【Enter】键确认

同样,参照以上方法完成其他对应图形的复制,复制过程如图 3.91 所示。

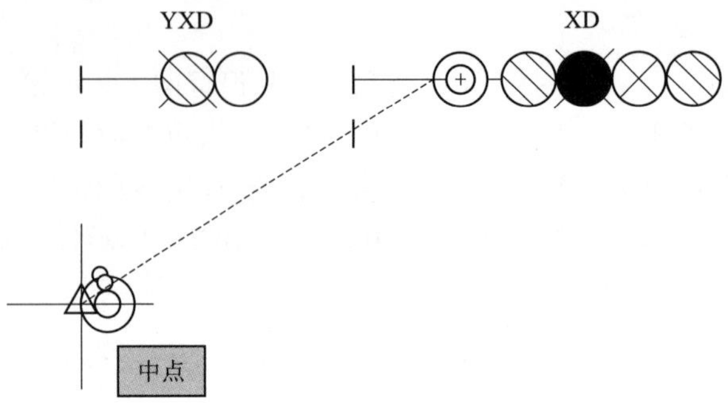

图 3.90　复制月白灯图形符号

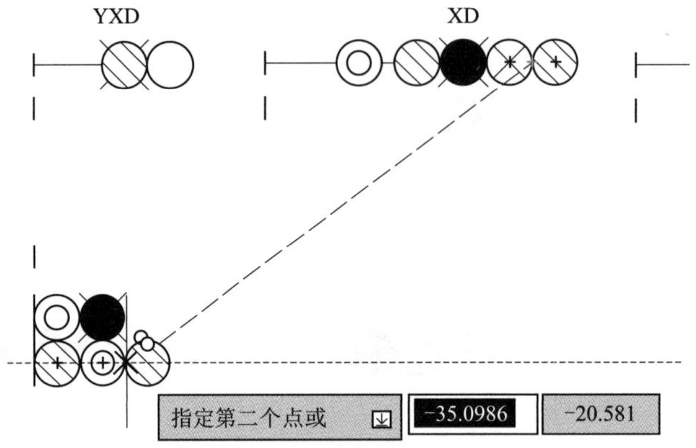

图 3.91　复制其他图形符号

(3)添加文字标记

利用单行文字为图形添加文字标记,如图 3.92 所示。

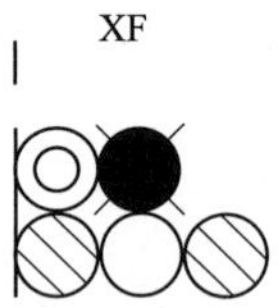

图 3.92　XF 信号机与绝缘节符号

9. 绘制 D1 信号机和绝缘节符号(图 3.43)

视频

绘制 D1 信号机和绝缘节符号

(1)绘制绝缘节和信号灯线条部分

命令:LINE

指定第一个点:2

指定下一点或[放弃(U)]:4

指定下一点或[放弃(U)]:

(2)复制信号灯圆形符号部分

命令:COPY 找到 6 个　　　　//选中 YXD 对应图形

当前设置:复制模式=多个

指定基点或［位移(D)/模式(O)］〈位移〉：　　//在圆形水平直径方向左侧交点单击
指定第二个点或［阵列(A)］〈使用第一个点作为位移〉：
　　//捕捉线条中点，如图 3.93 所示
指定第二个点或［阵列(A)/退出(E)/放弃(U)］〈退出〉：
　　//按【Enter】键确认
命令：ERASE 找到 1 个　　//删除复制好的图形中的填充图案
命令：CIRCLE
指定圆的圆心或［三点(3P)/两点(2P)/切点、切点、半径(T)］：　//捕捉圆心
指定圆的半径或［直径(D)］：1　　//输入半径
命令:COPY 找到 2 个　　//选中左侧同心圆
当前设置:复制模式＝多个
指定基点或［位移(D)/模式(O)］〈位移〉：　　//单击外侧圆水平直径左侧端点
指定第二个点或［阵列(A)］〈使用第一个点作为位移〉：
　　//选中左侧同心圆外侧的直径右端点
指定第二个点或［阵列(A)/退出(E)/放弃(U)］〈退出〉：
　　//按【Enter】键确认，效果如图 3.94 所示

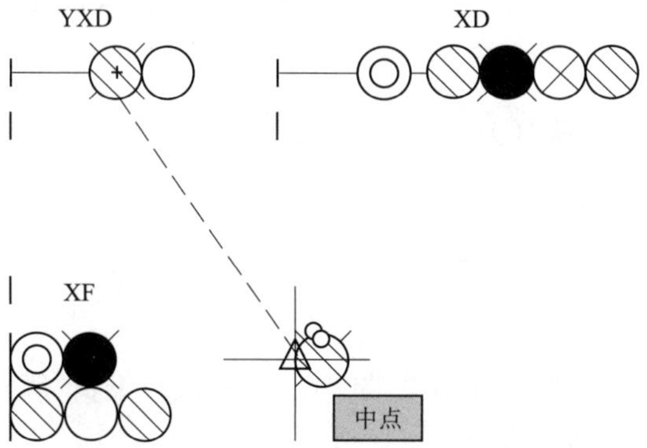

图 3.93　复制亮稳定黄灯图形符号

图 3.94　复制同心圆图形

(3)图案填充

在【绘图】功能区，选择【图案填充】按钮，打开【图案填充创建】选项卡，选择图案为“SOLID”，填充图案效果如图 3.95 所示。

命令：HATCH
拾取内部点或［选择对象(S)/放弃(U)/设置(T)］：正在选择所有对象…
正在选择所有可见对象…
正在分析所选数据…
正在分析内部孤岛…
拾取内部点或［选择对象(S)/放弃(U)/设置(T)］：
//在同心圆小圆内部单击鼠标进行填充

(4)添加文字标记

我们利用单行文字为图形添加文字标记，如图 3.96 所示。

图 3.95 填充图案效果

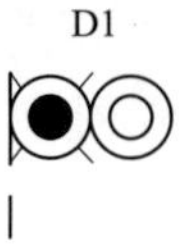

图 3.96 添加文字标记

视 频

绘制 D5 信号机和绝缘节符号

10. 绘制 D5 信号机和绝缘节符号(图 3.43)

(1)复制 D1 信号机与绝缘节符号

命令:COPY

窗交(C) 套索 按空格键可循环浏览选项找到 11 个 //选中 D1 整个图形

选择对象:

当前设置:复制模式=多个

指定基点或[位移(D)/模式(O)]〈位移〉: //指定绝缘节下端端点为基点

指定第二个点或[阵列(A)]〈使用第一个点作为位移〉: //向右移动至合适位置

指定第二个点或[阵列(A)/退出(E)/放弃(U)]〈退出〉: //按【Enter】键确认,如图 3.97 所示

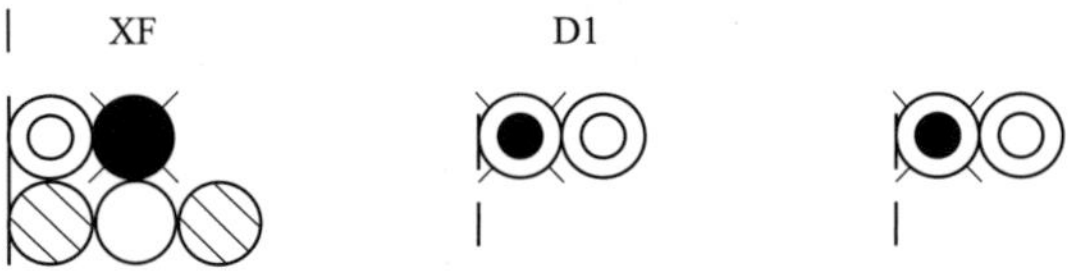

图 3.97 复制 D1 信号机与绝缘节符号

(2)旋转并移动图形

选中复制后的图形,然后单击复制后的图形绝缘节下端端点,利用夹点编辑,旋转图形,如图 3.98 所示。再次利用夹点编辑移动图形到合适位置。

(3)添加文字标记

利用单行文字为图形添加文字标记,如图 3.99 所示。

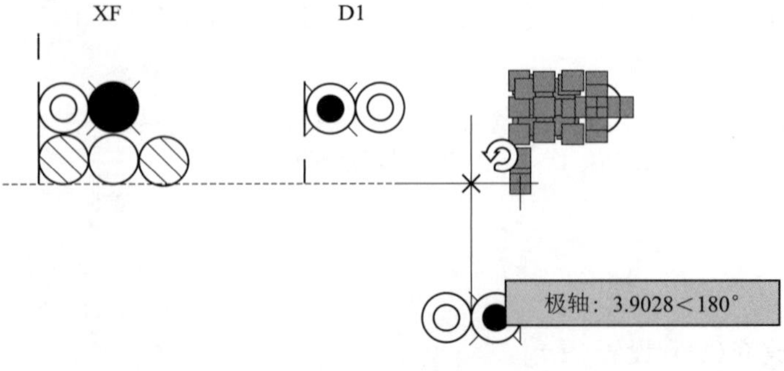

图 3.98 利用夹点编辑旋转图形

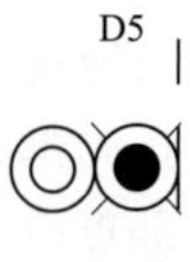

图 3.99 D5 信号机与绝缘节符号

11. 创建信号机和绝缘节图块

为了提高通用性,在这里,用写块命令创建信号机绝缘节图块。命令行输入“WBLOCK”,

随即弹出【写块】对话框，输入新的图块名称并指定保存位置，如图3.100所示。单击选择【对象】按钮，在工作区将YXD信号机绝缘节符号全部选中，按【Enter】键确认。继续单击【拾取点】按钮，捕捉工作区单击YXD绝缘节线段中点后单击鼠标，设置基点，方便后续制图插入块的操作。拾取点操作如图3.101所示。设置好后，在【写块】对话框中单击【确定】按钮，完成创建YXD图块操作。

视频
创建信号机和绝缘节符号图块

重复上面的操作，陆续完成XD、X、XF、D1、D5图块的创建。

单击【插入】面板中【块】功能区的【插入块】按钮，打开【块选项板】面板，可以看到刚才定义好的YXD、XD、X、XF、D1和D5图块，如图3.102所示。

图3.100　输入新的图块名称

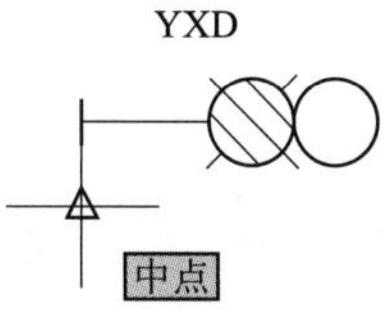

图3.101　拾取点

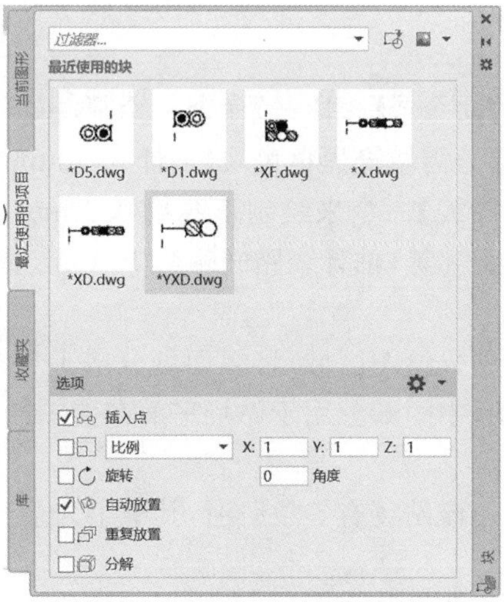

图3.102　查看【块选项板】面板

12. 保存文件

单击【保存】按钮保存文件。

任务巩固

依据信号机与绝缘节图形符号及文字标注(图 3.43)和信号机及绝缘节图形的尺寸标注(图 3.44),完成其余 X1、D2、S2、S、X2、S1、SF 图形符号的绘制及图块的创建。

> **创新意识**
>
> 具有创新意识能够让我们主动发现问题,并找到与众不同的解决方案。比如在绘图过程中,我们可以探索不同的方案,以便将来有创造力的迎接各种制图挑战。

任务 2　绘制车站信号设备平面布置图样

任务描述

车站信号设备平面布置图这一类的铁路信号专业图纸没有详细的标注尺寸。绘制前,要先根据相关标准估计每个对象的尺寸及其所占据的位置。站场部分图形元素除了信号机符号和绝缘节符号以外,还有道岔符号、表示线路的线段、侵限绝缘符号、文字标注、引线标注和图形注释。在绘制过程中,要贯彻执行国家标准。车站信号设备平面布置图样见书末附图 1。

任务分析

子任务 1　分析图样绘制过程

1. 绘图布局安排

车站信号设备平面布置图由 4 部分组成。该图纸的核心区域是站场平面图;上方为坐标标注;左下方是股道有效长度表和道岔类型表;右下方是标题栏。这 4 个部分分别占据了整个幅面的 4 个区域。考虑到美观及图中每个对象绘制过程的灵活性,图纸应该从中间向两边、上下进行绘制。

2. 图形绘制要点

道岔图形可以利用【直线】命令或【多段线】命令来绘制,也可以制作成道岔图块,再进行插入。集中联锁道岔符号尖端部分需填充黑色色块(估计 0.5 mm×1.5 mm)。

线路的绘制可以采用【多段线】命令来绘制正线粗 0.5 mm,其他线路为 0.2 mm,考虑到信号机符号的宽度、绝缘节的距离等,估计线路间距为 15 mm 左右。

3. 绘制步骤

(1)根据需要建立图层。划分绘图区域,将幅面划分成上、中、下等分。最上面用于道岔、信号机及图形注释坐标的绘制,中间部分用于站场平面布置图的绘制,下面部分用于注释及标题栏的绘制。

(2)绘制股道及运行方向。该站场有 5 条股道,其中 ⅠG 位于图纸水平中心线上。股道编号位于图纸垂直中心线上。

(3)绘制道岔。道岔绘制方法是从垂直中心两侧向外绘制。由于车站信号设备平面布置图并不需要按实际线路尺寸来绘制,只需按坐标估算其左右的位置即可。

(4)插入信号机与绝缘节图块。

(5)绘制警冲标。

(6)绘制信号楼符号并标出线间距及中心线位置。

(7)标注文字及引线标注。

(8)绘制信号机坐标。

视 频

执行绘制点命令

子任务2　执行绘制点命令

在 AutoCAD 2024 中,可以使用【定数等分】命令绘制点。我们可以借助点命令完成辅助线的绘制,对图幅进行区域划分。

选择【绘图】|【点】|【定数等分】,或者在【绘图】选项板中单击【定数等分】按钮,也可以在命令行输入命令"DIVIDE",完成绘制点,如图 3.103 所示。

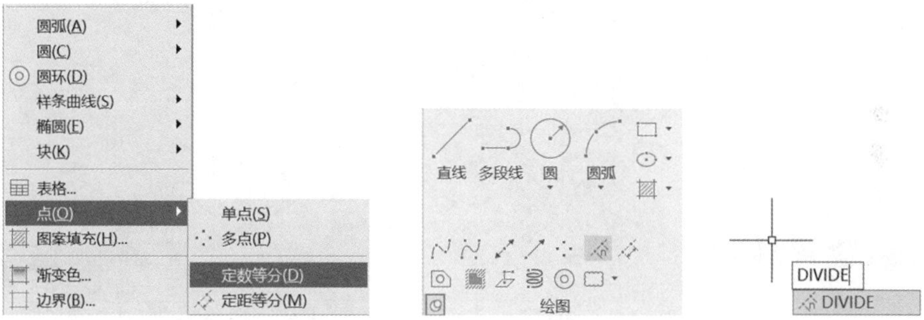

(a)　(b)　(c)

图 3.103　【定数等分】命令执行方式

【定数等分】命令操作过程如下:

命令:DIVIDE

选择要定数等分的对象:

输入线段数目或[块(B)]:　　//表示在等分处绘制点

参数说明如下:

【块(B)】选项:表示在等分处插入指定的块。

注意:定数等分绘制的点在图形对象上不容易识别,可以通过【格式】菜单【点样式】命令(图 3.104),设置点的样式(图 3.105),让点显示出来。以一条定数等分的线段为例,呈现点样式设置后的效果,如图 3.106 所示。

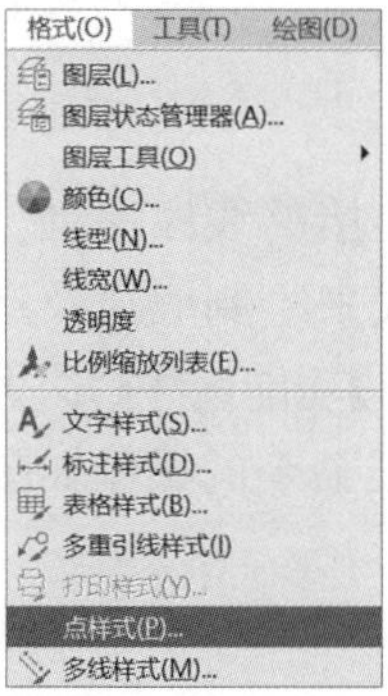

图 3.104　【点样式】命令

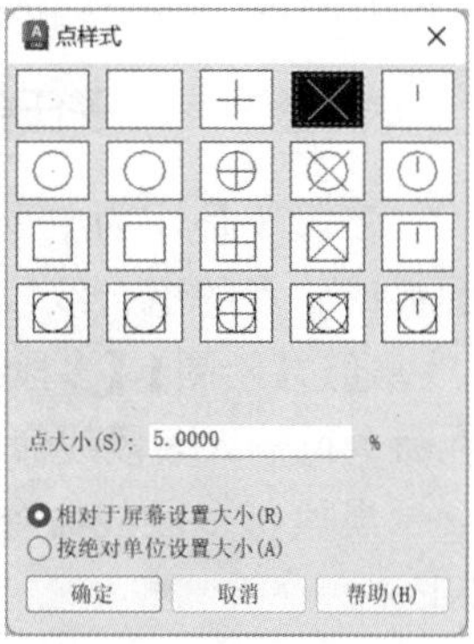

图 3.105　【点样式】对话框

图 3.106　点样式设置后的效果

视频
执行构造线命令

子任务 3　执行构造线命令

在 AutoCAD 2024 中，构造线是一条两端无限延伸的直线。我们可以利用构造线来绘制辅助线，方便布置图形的位置，实现站场信号布置平面图的布局。

通过【绘图】|【构造线】命令，或者单击【绘图】功能区中【构造线】按钮，也可以在命令行输入构造线命令 “XLINE”，完成构造线。【构造线】命令执行方式如图 3.107 所示。

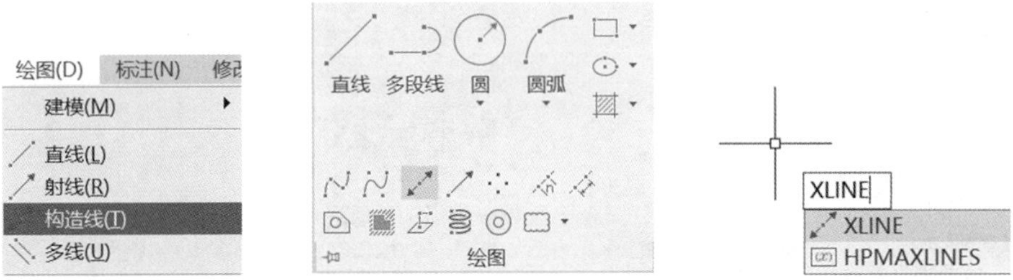

(a)　　(b)　　(c)

图 3.107　【构造线】命令执行方式

【构造线】命令操作过程如下：

命令：XLINE

指定点或［水平(H)/垂直(V)/角度(A)/二等分(B)/偏移(O)］：

参数说明如下：

【水平(H)】：绘制出水平线。

【垂直(V)】：绘制出垂直线。

【角度(A)】：提示输入构造线的角度，构造线将要偏转的角度。

【二等分(B)】：在视图中指定角的顶点，然后分别指定两段线上的起点，得到了一根平分该角的构造线。

【偏移(O)】：指定偏移距离实现构造线绘制。

视频
执行多段线命令

子任务 4　执行多段线命令

多段线是作为单个平面对象追寻的相互连接的线段序列。可以创建直线、圆弧或两者的组合线段。我们可以利用多段线来绘制股道及运行方向。

通过【绘图】|【多段线】命令，或者单击【绘图】功能区中【多段线】按钮，也可以在命令行输入多段线命令 “PLINE”，执行多段线命令的操作如图 3.108 所示。

当执行多段线命令后，操作过程如下：

命令：PLINE

指定起点：

当前线宽为 0.0000　　　　//显示目前的线宽为 0

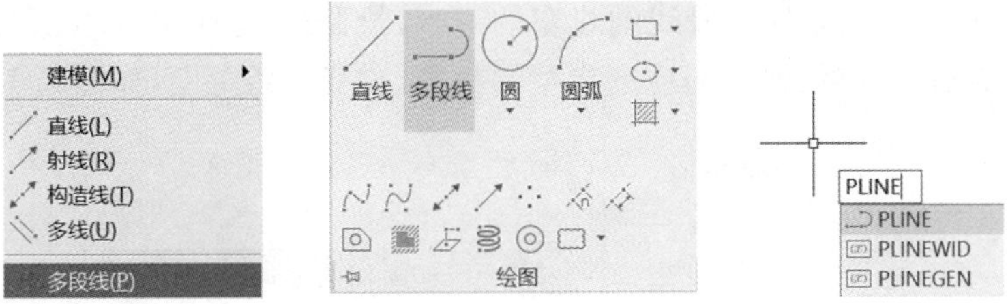

(a)　　(b)　　(c)

图 3.108　执行多段线命令的方式

指定下一个点或［圆弧(A)/半宽(H)/长度(L)/放弃(U)/宽度(W)］://继续指定下一点可以绘制一根直线,若继续指定下一点,可以实现绘制折线段,与直线命令绘制的折线段类似,如图 3.109 所示。区别是多段线绘制的折线段是一个实体对象,而利用直线绘制的折线段是多个对象。

(a) 用多段线绘制的图形　　(b) 用直线绘制的图形

图 3.109　多段线与直线

当选择多段线时,整个多段线都选择了,这说明多段线是一个实体对象的,一个实体对象,方便选择,方便填充。如果选择的是直线,可以发现它不是一个实体对象,而是由 3 个直线对象构成,如图 3.110 所示。

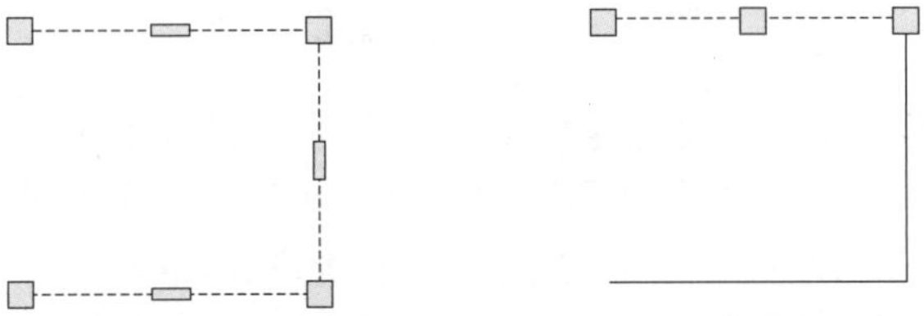

(a) 选择多段线绘制的图形　　(b) 选择直线绘制的图形

图 3.110　选择多段线与直线

参数说明如下:

【圆弧(A)】:选择此项表示要绘制圆弧,如图 3.111 所示。

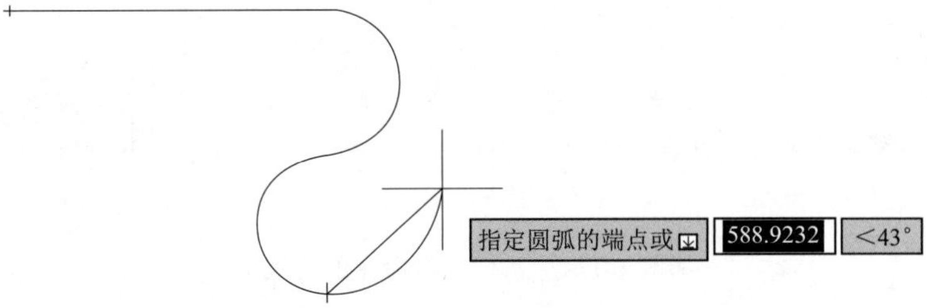

图 3.111　多段线圆弧

【半宽(H)】:指定所绘制的多段线的线宽的一半,绘制过程中,不同位置可以设置不同的线宽。输入该参数后,要继续输入对应的半宽的数值,改变线条宽度,如图 3.112 所示。

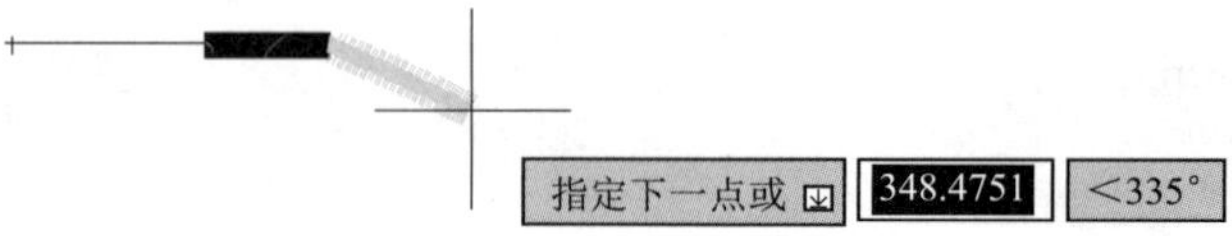

图 3.112　多段线半宽

【长度(L)】:用来指定直线的长度,一般和极轴追踪或正交结合使用。比如前面绘制的圆弧现在改为直线段线型,可对应输入该参数,则进入绘制直线的操作,如图 3.113 所示。

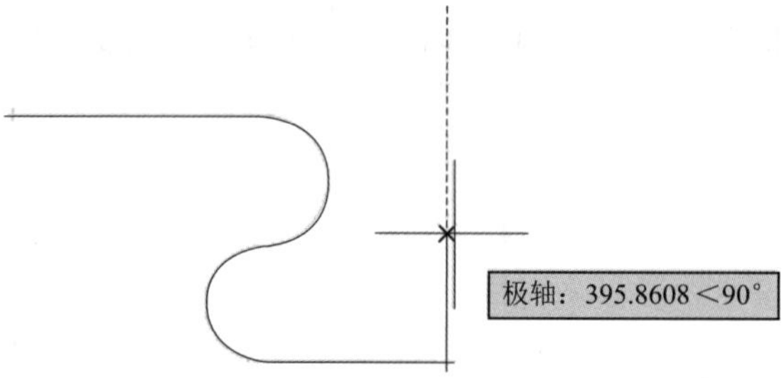

图 3.113　多段线直线

【放弃(U)】:相当于撤销一步。

【宽度(W)】:指定多段线的线宽,与【半宽(H)】类似。

注意:在 AutoCAD 2024 里面,直线的宽度为"0",打印时,默认的宽度是"0.1"。直线在绘制时,不能改变宽度,而多段线可以改变宽度,设置起点宽度和终点宽度即可。

视频

执行镜像命令

子任务 5　执行镜像命令

镜像命令可以将选定的对象进行水平或垂直对称变换,生成一个镜像副本。绘制站场信号设备平面布置图时,可以根据需要使用该命令将图形进行水平或垂直对称变换,以节省绘图时间,提高绘图效率。

通过【修改】|【镜像】命令,或者单击【修改】功能区中【镜像】按钮,也可以在命令行输入多段线命令 "MIRROR",执行镜像命令的操作,如图 3.114 所示。

(a)　(b)　(c)

图 3.114　执行镜像命令的方式

当执行镜像命令后,操作过程如下:

命令：MIRROR
选择对象：找到 1 个　　　　　　　　　　　　//选择对象
选择对象：
指定镜像线的第一点：
指定镜像线的第二点：
要删除源对象吗？[是(Y)/否(N)]〈否〉：N　　　//输入参数 N，保留源对象

视 频

设置文字样式

子任务 6　设置文字样式

车站信号设备平面布置图中有大量的文字标注内容，通常进行文字标注的时候，首先需要确定文字的样式。在 AutoCAD 2024 中，所有文字都有与之相关联的文字样式。在创建文字注释和尺寸标注时，AutoCAD 2024 通常使用当前的文字样式，也可以根据具体要求重新设置文字样式或创建新的样式。AutoCAD 2024 为用户提供了默认文字样式“Standard”。创建文字时，如果系统提供的文字样式不能满足国家制图标准或用户的要求，则应首先定义文字样式。

文字样式包括文字【字体】【字型】【高度】【宽度系数】【倾斜角】【反向】【倒置】，以及【垂直】等参数。

通过选择【格式】|【文字样式】命令，或者单击【注释】选项板中【文字样式】按钮，也可以在命令行输入“STYLE”，来执行文字样式设置的操作，如图 3.115 所示。

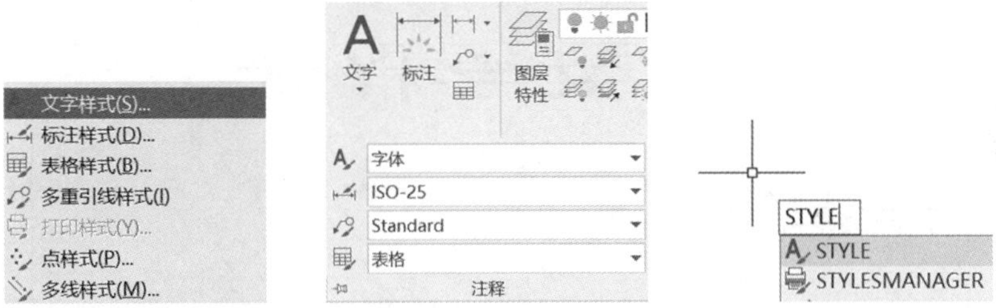

(a)　　　　(b)　　　　(c)

图 3.115　执行文字样式命令的方式

执行【STYLE】命令，会打开图 3.116 所示的【文字样式】对话框。

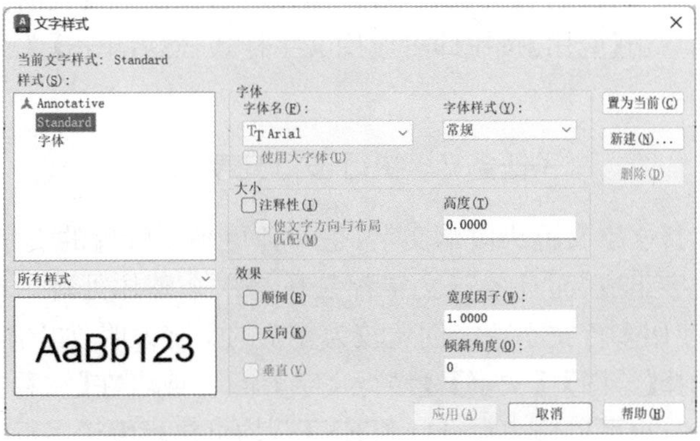

图 3.116　【文字样式】对话框

【文字样式】对话框中可以显示文字样式的名称、创建新的文字样式、为已有的文字样式重命名,以及删除文字样式。该对话框中部分选项含义如下:

【样式】列表:列出了当前可以使用的文字样式,默认文字样式为“Standard”(标准)。

【置为当前】按钮:单击该按钮,可将选择的文字样式设置为当前的文字样式。

【新建】按钮:单击该按钮,将打开【新建文字样式】对话框,如图 3.117 所示。在该对话框的【样式名】文本框中输入新建文字样式名称后,单击【确定】按钮,可以创建新的文字样式。新建文字样式将显示在【样式】列表框中。

【文字样式】对话框的【字体】选项区域用于设置文字样式使用的字体属性。其中,【字体名】下拉列表框用于选择字体;【字体样式】下拉列表框用于选择字体格式,如斜体、粗体和常规字体等。选中【使用大字体】复选框,【字体样式】下拉列表框变为【大字体】下拉列表框,用于选择大字体文件。

图 3.117 【新建文字样式】对话框

【大小】选项区域用于设置文字样式使用的字高属性。【高度】文本框用于设置文字的高度。如果将文字的高度设为“0”,在使用“TEXT”命令标注文字时,命令行将显示【指定高度:】提示,要求指定文字的高度。如果在【高度】文本框中输入了文字高度,AutoCAD 2024 将按此高度标注文字,而不再提示指定高度。选中【注释性】复选框,文字将被定义成可注释性的对象。

在【文字样式】对话框中的【效果】选项区域中,可以设置文字的显示效果,如图 3.118 所示。

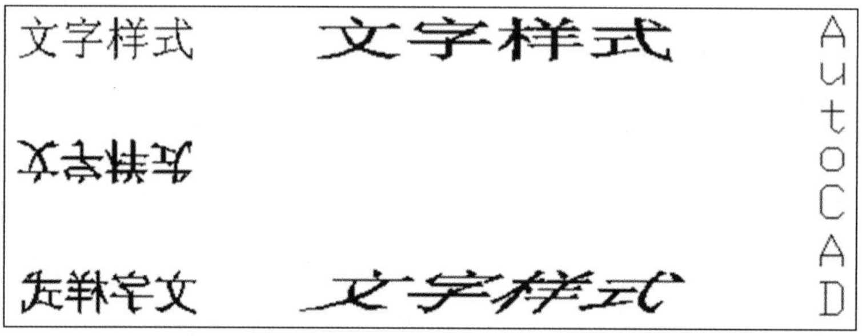

图 3.118 文字的显示效果

在【文字样式】对话框的【预览】区域中,可以预览所选择或所设置的文字样式效果。

设置文字样式后,单击【应用】按钮即可应用文字样式,然后单击【关闭】按钮,关闭【文字样式】对话框。

视频

执行多行文字命令

子任务 7 执行多行文字命令

多行文字又称为段落文字,是一种更易于管理的文字对象,可以由两行以上的文字组成,而且各行文字都是作为一个整体处理。在铁路信号专业图纸中,常使用多行文字功能创建较为复杂的文字说明,如图样的技术要求等。

选择【绘图】|【文字】|【多行文字】命令,或者在【注释】选项板单击【多行文字】按钮,也可以输入命令“MTEXT”,均可执行编辑多行文字操作,如图 3.119 所示。

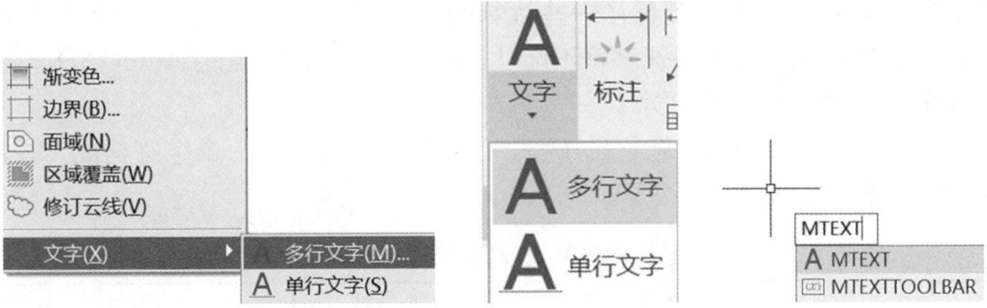

(a)　　(b)　　(c)

图 3.119　执行多行文字命令的方式

执行【多行文字】命令操作过程如下：

命令：MTEXT

指定第一角点：　　　　　　　　//指定一角点作为第一行文本顶线的起点

指定对角点或［高度(H)/对正(J)/行距(L)/旋转(R)/样式(S)/宽度(W)/栏(C)］：

　　　　　　　　　　　　　　　//指定对角点构成一个矩形多行文本输入区域

参数说明如下：

【高度(H)】选项：用于确定多行文本文字高度。

【对正(J)】选项：用于确定多行文本的对齐方式。

【行距(L)】选项：用于确定多行文本的行间距。

【旋转(R)】选项：用于确定文本行的倾斜角度。

【样式(S)】选项：用于当前文本的文字样式。

【宽度(W)】选项：用于指定多行文本的宽度。

【栏(C)】选项：用于指定栏的类型为“动态”、“静态”或“不分栏”。

执行【多行文字】命令后，AutoCAD 2024 打开图 3.120 所示的【文字编辑器】面板，然后在绘图窗口中指定一个用来放置多行文字的矩形区域，打开文字输入窗口，如图 3.121 所示。利用文字编辑器可以设置多行文字的样式、字体及大小等属性，设置完成后单击【文字编辑器】的【关闭】按钮，保存并返回绘图区域。

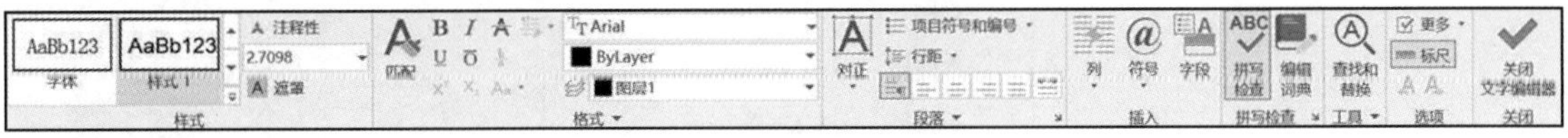

图 3.120　文字编辑器

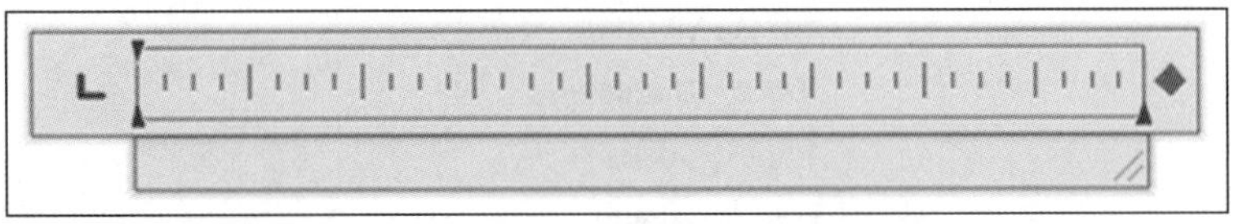

图 3.121　文字输入窗口

文字编辑器由【文字编辑器】面板和水平标尺等组成，面板上有一些下拉列表框、按钮等，用户可通过该编辑器输入文字，并进行相关文字设置。

在实际设计绘图中,往往需要标注一些特殊的字符。例如,在文字上方或下方添加划线、标注度(°)、±、ϕ 等符号。这些特殊字符不能从键盘上直接输入,因此 AutoCAD 2024 提供了相应的控制符,以实现这些标注要求。

AutoCAD 2024 的控制符由两个百分号(%%)及在后面紧接一个字符构成。控制码及其对应的特殊字符见表 3.3。

表 3.3　特殊字符控制码

控制码	相应特殊字符及功能	控制码	相应特殊字符及功能
%%O	打开或关闭文字上划线功能	%%P	标注正负号“±”
%%U	打开或关闭文字下划线功能	%%C	标注直径“ϕ”
%%D	标注度符号“°”	%%%	百分号“%”

除了直接输入控制码实现特殊字符的插入,也可以单击【文字编辑器】的【插入】功能区中【符号】按钮,打开图 3.122 所示的菜单,进行特殊符号的插入。在实际的绘图过程中如果要用到更多的特殊字符,也可以在图 3.122 所示菜单中单击【其他 … 】,在【字符映射表】对话框中找到所需字符。【字符映射表】对话框如图 3.123 所示。

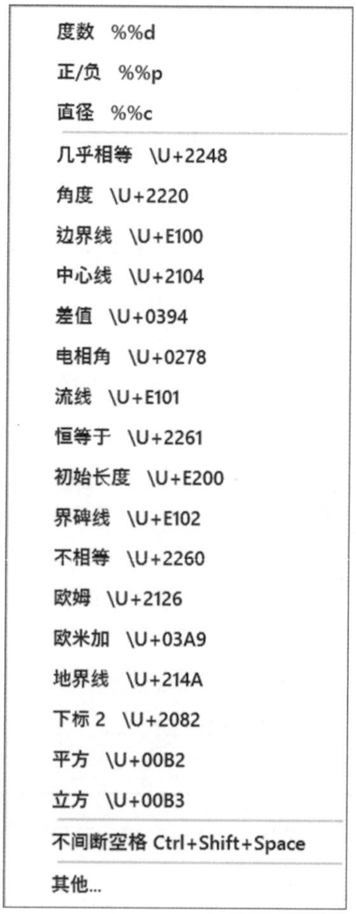

图 3.122　插入【符号】菜单

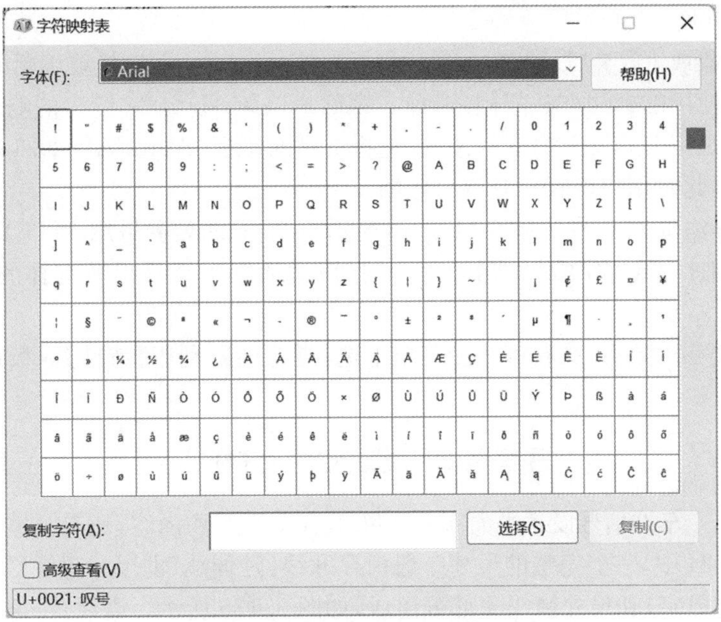

图 3.123　【字符映射表】对话框

在铁路信号专业图纸中，除了特殊字符外，还常常用到堆叠文字。堆叠文字是指应用于多行文字对象和多重引线中的垂直对齐字符的分数或文字。例如要输入文字“X_1”，我们可以输入“X1”，然后将“1”选中，在文字编辑器中单击【下标】命令按钮，即可实现。也可以在多行文字命令中输入“X^1”，选中需要堆叠的文字“^1”，在面板中选择【堆叠】命令按钮或右键快捷菜单中选择【堆叠】命令即可。

注意：在多行文字中可以插入特殊字符，可以创建堆叠字符。特殊字符的插入方法同单行文字命令，而堆叠字符只能在多行文字命令中使用。

子任务8　编辑文字

编辑单行文字包括编辑文字的内容、对正方式及缩放比例。可以通过选择菜单【修改】|【对象】|【文字】|【编辑】，或者双击文字对象，也可以输入“DDEDIT”编辑命令，进行文字编辑的操作，如图 3.124 所示。

视频

编辑文字

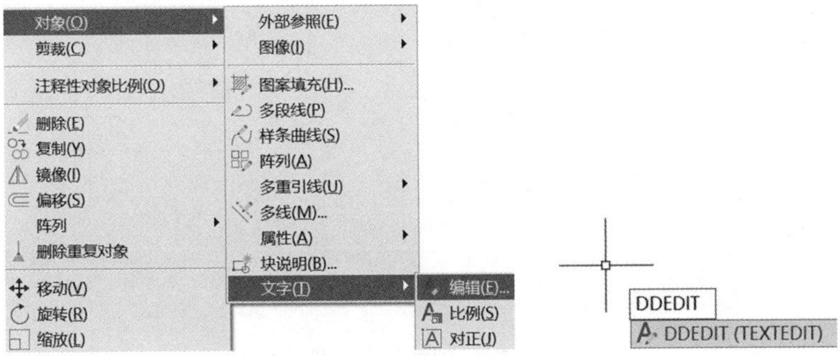

(a)　　　　　　(b)

图 3.124　文字编辑命令执行方法

命令:DDEDIT

选择注释对象或[放弃(U)]:　　　　　　　　　　//选择要编辑的文字

标注文字时使用的标注方法不同,选择文字后 AutoCAD 2024 给出的响应也不相同。如果所选择的文字是用 DTEXT 命令标注的,选择文字对象后,AutoCAD 2024 会在该文字四周显示出一个方框,此时用户可直接修改对应的文字。

如果在“选择注释对象或[放弃(U)]:”提示下选择的文字是用 MTEXT 命令标注的,AutoCAD 2024 则打开【文字编辑器】面板,并在该对话框中显示出所选择的文字,供用户编辑、修改。

注意:选择文字对象后,在右键快捷菜单中选择【特性】,利用【特性】面板也可以达到文字编辑修改的目的。

视 频

设置标注样式

子任务 9　设置尺寸标注样式

车站信号设备平面布置图除了有文字标注内容,还有尺寸标注。AutoCAD 2024 中,一个完整的尺寸一般由尺寸线、延伸线(即尺寸界线)、尺寸文字(即尺寸数字)和尺寸箭头 4 部分组成,如图 3.125 所示。需注意:这里的“箭头”是一个广义的概念,也可以用短划线、点或其他标记代替尺寸箭头。

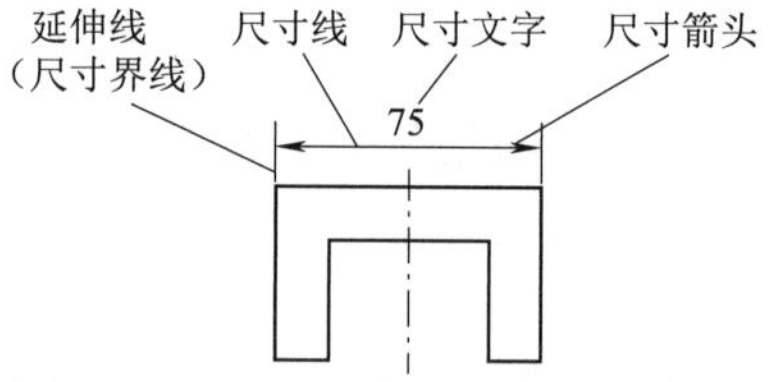

图 3.125　一个完整的尺寸

AutoCAD 2024 将尺寸标注分为线性标注、对齐标注、半径标注、直径标注、弧长标注、折弯标注、角度标注、引线标注、基线标注、连续标注等多种类型,而线性标注又分水平标注、垂直标注和旋转标注。但是不论使用哪种标注的命令,都应该先设置标注的样式。

尺寸标注样式(简称标注样式)用于设置尺寸标注的具体格式,如尺寸文字采用的样式;尺寸线、尺寸界线以及尺寸箭头的标注设置等,以满足不同行业或不同国家的尺寸标注要求。选择菜单【格式】|【标注样式】,AutoCAD 2024 弹出【标注样式管理器】对话框,如图 3.126 所示。

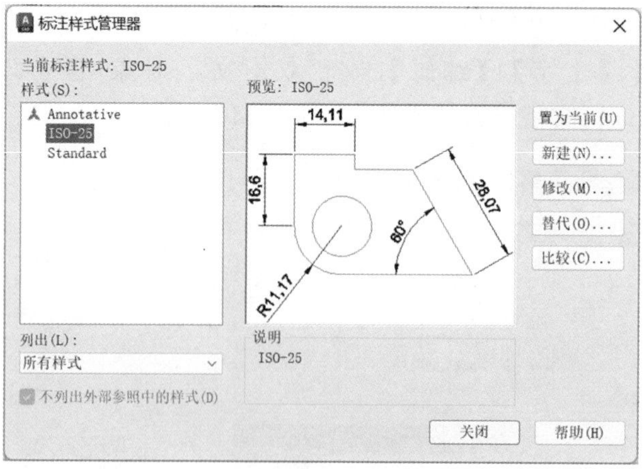

图 3.126　【标注样式管理器】对话框

其中,【当前标注样式】标签显示当前标注样式的名称。【样式】列表框用于列出已有标注样式的名称。【列出】下拉列表框确定要在【样式】列表框中列出哪些标注样式。【预览】图片框用于预览在【样式】列表框中所选中标注样式的标注效果。【说明】标签框用于显示在【样式】列表框中所选定标注样式的说明。【置为当前】把指定的标注样式置为当前样式。【新建】用于创建新标注样式。【修改】则用于修改已有标注样式。【替代】用于设置当前样式的替代样式。【比较】用于对两个标注样式进行比较，或了解某一样式的全部特性。在【标注样式管理器】对话框中单击【新建】按钮，AutoCAD 2024 弹出图 3.127 所示的【创建新标注样式】对话框。

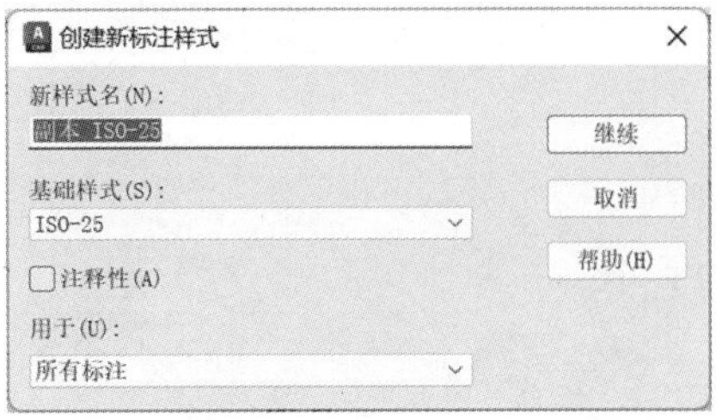

图 3.127　【创建新标注样式】对话框

可通过该对话框中的【新样式名】文本框指定新样式的名称；通过【基础样式】下拉列表框确定基础用来创建新样式的基础样式；通过【用于】下拉列表框，可确定新建标注样式的适用范围。下拉列表中有“所有标注”“线性标注”“角度标注”“半径标注”“直径标注”“坐标标注”和“引线和公差”等选择项，分别用于使新样式适于对应的标注。确定新样式的名称和有关设置后，单击【继续】按钮，AutoCAD 2024 中弹出【新建标注样式】对话框，如图 3.128 所示。

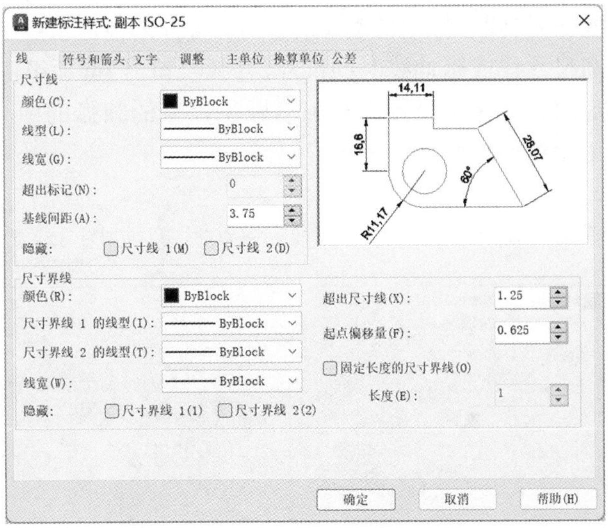

图 3.128　【新建标注样式】对话框

对话框中有【线】【符号和箭头】【文字】【调整】【主单位】【换算单位】和【公差】7 个选项卡，下面分别给予介绍。

(1)【线】选项卡

该选项卡用于设置尺寸线和尺寸界线的格式与属性。前面给出的图为与【直线】选项卡对应的对话框。选项卡中，【尺寸线】选项组用于设置尺寸线的样式。【延伸线】选项组用于设置尺寸界线的样式。预览窗口可根据当前的样式设置显示对应的标注效果示例。

(2)【符号和箭头】选项卡

该选项卡用于设置尺寸箭头、圆心标记、弧长符号及半径标注折弯方面的格式，如图 3.129 所示。

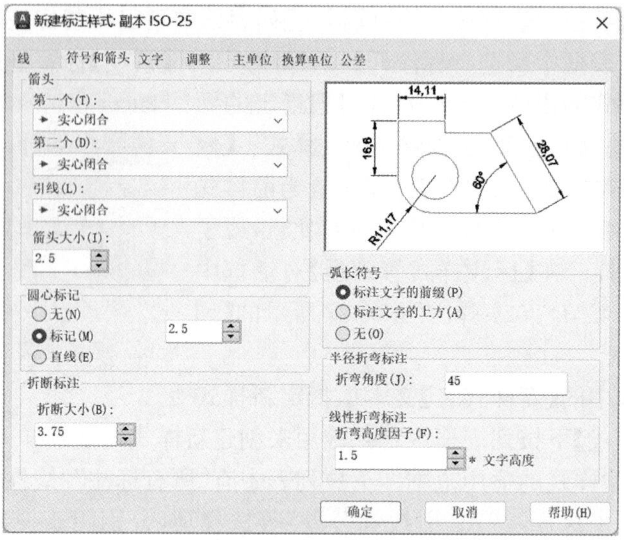

图 3.129 【符号和箭头】选项卡

【箭头】选项组用于确定尺寸线两端的箭头样式。【圆心标记】选项组用于确定当对圆或圆弧执行标注圆心标记操作时,圆心标记的类型与大小。【折断标注】选项确定在尺寸线或延伸线与其他线重叠处打断尺寸线或延伸线时的尺寸。【弧长符号】选项组用于为圆弧标注长度尺寸时的设置。【半径标注折弯】选项设置通常用于标注尺寸的圆弧的中心点位于较远位置时。【线性折弯标注】选项用于线性折弯标注设置。

(3)【文字】选项卡

该选项卡用于设置尺寸文字的外观、位置及对齐方式等,如图 3.130 所示。

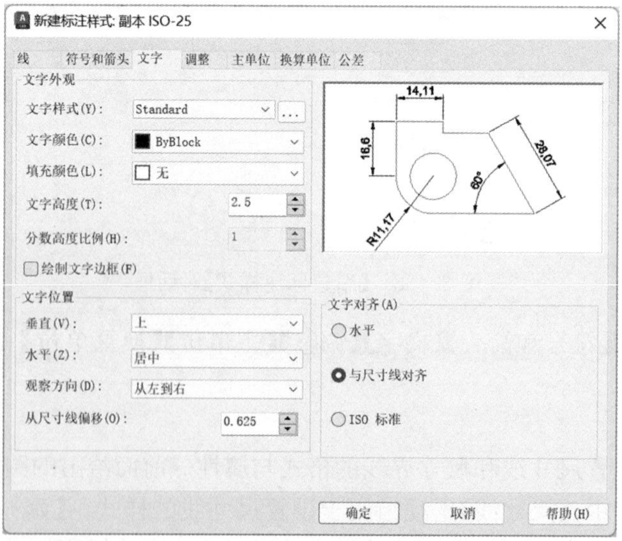

图 3.130 【文字】选项卡

【文字】选项卡中,【文字外观】选项组用于设置尺寸文字的样式等。【文字位置】选项组用于设置尺寸文字的位置。【文字对齐】选项组用于确定尺寸文字的对齐方式。

(4)【调整】选项卡

该选项卡用于控制尺寸文字、尺寸线及尺寸箭头等的位置和其他一些特征，如图 3.131 所示。【调整】选项卡中，【调整选项】选项组确定当尺寸界线之间没有足够的空间同时放置尺寸文字和箭头时，应首先从尺寸界线之间移出尺寸文字和箭头的哪一部分，用户可通过该选项组中的各单选按钮进行选择。【文字位置】选项组确定当尺寸文字不在默认位置时，应将其放在何处。【标注特征比例】选项组用于设置所标注尺寸的缩放关系。【优化】选项组用于设置标注尺寸时是否进行附加调整。

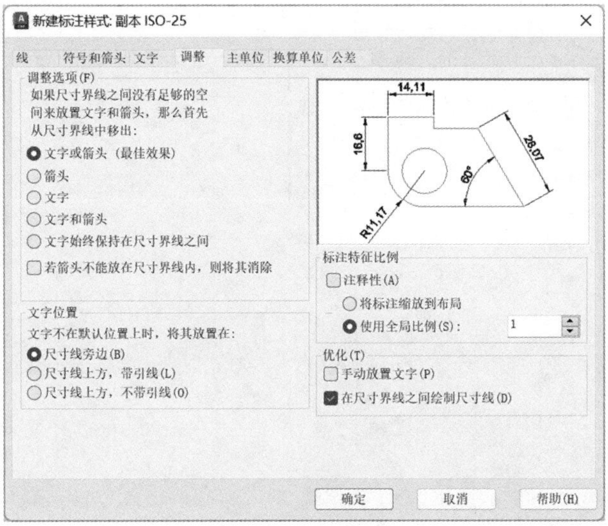

图 3.131 【调整】选项卡

(5)【主单位】选项卡

该选项卡用于设置主单位的格式、精度以及尺寸文字的前缀和后缀。对话框如图 3.132 所示。【主单位】选项卡中，“线性标注”选项组用于设置线性标注的格式与精度。“角度标注”选项组确定标注角度尺寸时的单位、精度以及消零否。

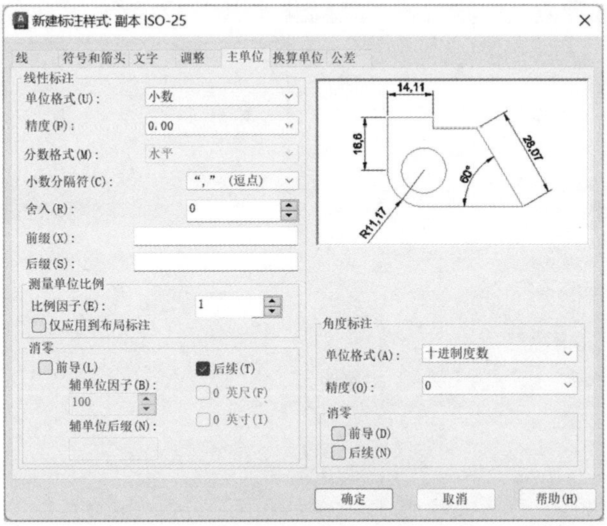

图 3.132 【主单位】选项卡

(6)【换算单位】选项卡

该选项卡用于确定是否使用换算单位及换算单位的格式,如图 3.133 所示。【替换单位】选项卡中,【显示换算单位】复选框用于确定是否在标注的尺寸中显示换算单位。【换算单位】选项组用于确定换算单位的单位格式、精度等。【消零】选项组用于确定是否消除换算单位的前导或后续零。【位置】选项组则用于确定换算单位的位置。我们可在“主值后”与“主值下”之间选择。

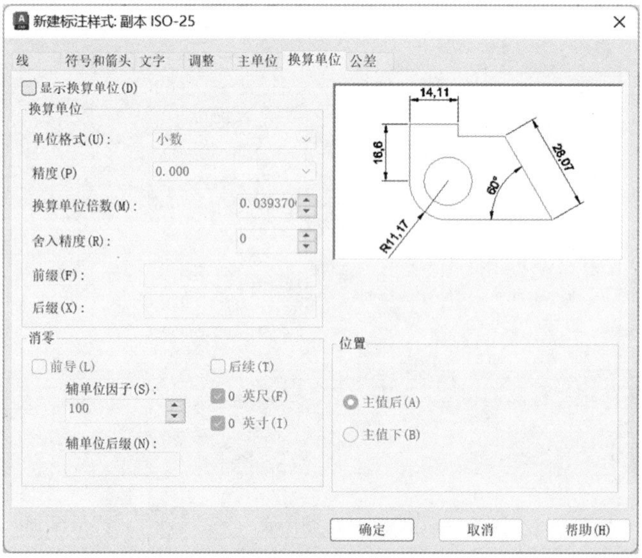

图 3.133 【换算单位】选项卡

(7)【公差】选项卡

该选项卡用于确定是否标注公差,如果标注公差,以何种方式进行标注,如图 3.134 所示。

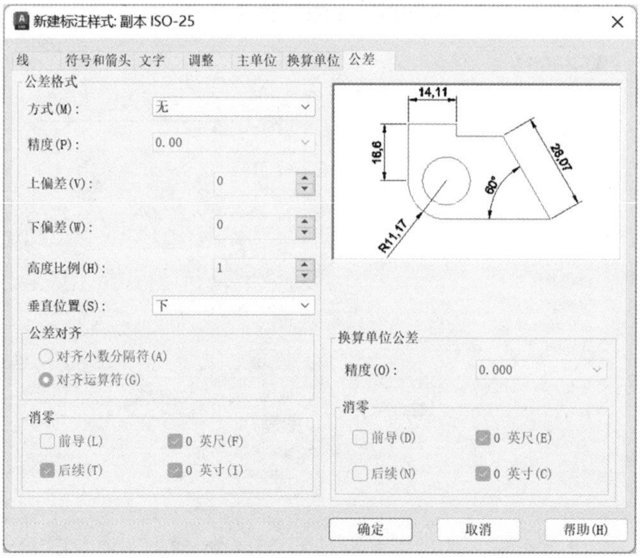

图 3.134 【公差】选项卡

【公差】选项卡中，【公差格式】选项组用于确定公差的标注格式。【换算单位公差】选项组用于确定当标注换算单位时，换算单位公差的精度与消零。

利用【新建标注样式】对话框设置样式后，单击对话框中的【确定】按钮，完成样式的设置，AutoCAD 2024 返回到【标注样式管理器】对话框，单击对话框中的【关闭】按钮关闭对话框，完成尺寸标注样式的设置。

子任务 10　执行尺寸标注相关命令

视 频

执行标注相关命令

通过选择【标注】菜单（图 3.135）中的各个标注命令，或者单击【注释】选项卡，在【标注】功能区（图 3.136）上对应的标注按钮，可以实现图形的标注操作。

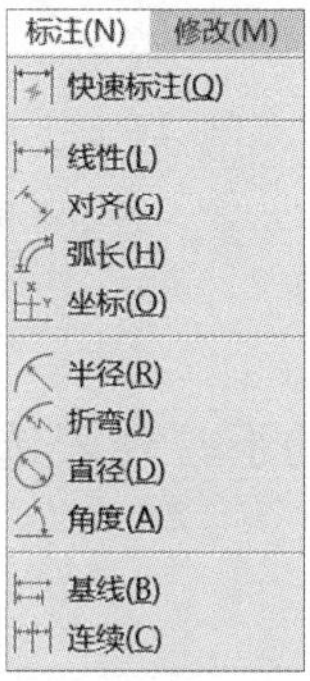

图 3.135　部分【标注】菜单

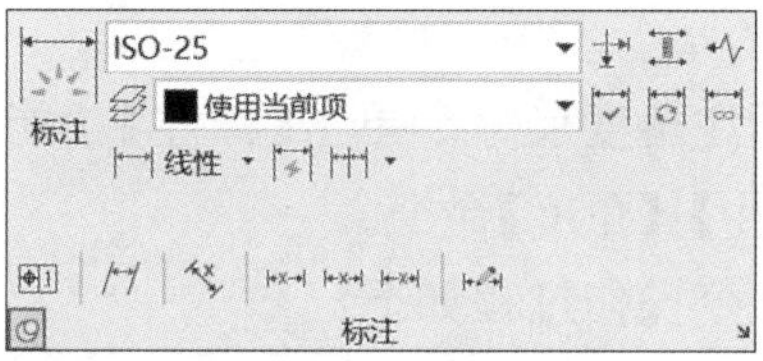

图 3.136　【标注】功能区

1. 线性标注

线性标注指标注图形对象在水平方向、垂直方向或指定方向的尺寸，又分为水平标注、垂直标注和旋转标注三种类型。水平标注用于标注对象在水平方向的尺寸，即尺寸线沿水平方向放置；垂直标注用于标注对象在垂直方向的尺寸，即尺寸线沿垂直方向放置；旋转标注则标注对象沿指定方向的尺寸。

单击【标注】功能区上的（线性）按钮，或选择【标注】|【线性】命令，执行线性标注操作。

执行线性标注命令操作如下：

命令：DIMLINEAR

指定第一个尺寸界线原点或〈选择对象〉：

指定第二条尺寸界线原点：

指定尺寸线位置或

[多行文字(M)/文字(T)/角度(A)/水平(H)/垂直(V)/旋转(R)]：

参数说明如下：

【多行文字】选项：用于根据文字编辑器输入尺寸文字。

【文字】选项：用于输入尺寸文字。

【角度】选项：用于确定尺寸文字的旋转角度。

【水平】选项：用于标注水平尺寸，即沿水平方向的尺寸。

【垂直】选项：用于标注垂直尺寸，即沿垂直方向的尺寸。

【旋转】选项：用于旋转标注，即标注沿指定方向的尺寸。

2. 对齐标注

对齐标注指所标注尺寸的尺寸线与两条尺寸界线起始点间的连线平行。单击【标注】功能区【线型】按钮的下拉列表选择 (已对齐)按钮,或选择菜单【标注】|【对齐】命令。执行对齐标注命令操作过程如下:

命令:DIMALIGNED

指定第一条尺寸界线原点或〈选择对象〉:

指定第二条尺寸界线原点:

指定尺寸线位置或

[多行文字(M)/文字(T)/角度(A)]:

参数说明如下:

【多行文字】选项:用于根据文字编辑器输入尺寸文字。

【文字】选项:用于输入尺寸文字。

【角度】选项:用于确定尺寸文字的旋转角度。

3. 角度标注

角度标注用于标注角度尺寸。单击【标注】功能区【线型】按钮的下拉列表选择的 (角度)按钮,或选择【标注】|【角度】命令。

执行角度标注命令操作过程如下:

命令:DIMANGULAR

选择圆弧、圆、直线或〈指定顶点〉:

指定标注弧线位置或[多行文字(M)/文字(T)/角度(A)/象限点(Q)]:

参数说明如下:

【象限点】选项:用于确定尺寸文字的象限点位置。

4. 直径标注

直径标注用于为圆或圆弧标注直径尺寸。单击【标注】功能区【线型】按钮的下拉列表的 (直径)按钮,或选择【标注】|【直径】命令。

执行直径标注操作过程如下:

命令:DIMDIAMETER

选择圆弧或圆:

指定尺寸线位置或[多行文字(M)/文字(T)/角度(A)]:

如果在该提示下直接确定尺寸线的位置,AutoCAD 2024 按实际测量值标注出圆或圆弧的直径。

5. 半径标注

半径标注用于为圆或圆弧标注半径尺寸。单击【标注】功能区【线型】按钮下拉列表的 (半径)按钮,或选择【标注】|【半径】命令。

执行半径标注操作过程如下:

命令:DIMRADIUS

选择圆弧或圆: //选择要标注半径的圆弧或圆

指定尺寸线位置或[多行文字(M)/文字(T)/角度(A)]:

根据需要响应即可。

6. 弧长标注

弧长标注用于为圆弧标注长度尺寸。单击【标注】功能区【线型】按钮下拉列表的（弧长）按钮，或选择【标注】|【弧长】命令。

执行弧长标注操作过程如下：

命令：DIMARC

选择弧线段或多段线圆弧段：

指定弧长标注位置或［多行文字(M)/文字(T)/角度(A)/部分(P)/］：

根据需要响应即可。

7. 折弯标注

折弯标注用于为圆或圆弧创建折弯标注。单击【标注】功能区【线型】按钮下拉列表的（折弯）按钮，或选择【标注】|【折弯】命令。

执行折弯标注操作过程如下：

命令：DIMJOGLINE

选择要添加折弯的标注或［删除(R)］：　　　　　　　　//选择标注对象

指定折弯位置（或按【Enter】键）：

根据需要响应即可。

8. 连续标注

连续标注指在标注出的尺寸中，相邻两尺寸线共用同一条尺寸界线，如图3.137所示。

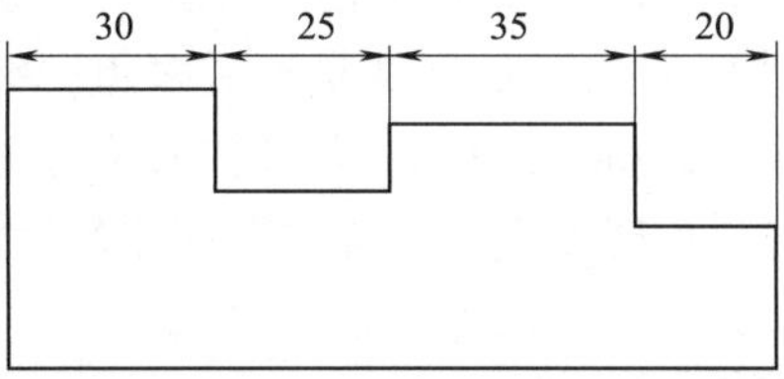

图3.137　连续标注

单击【标注】功能区的（连续）按钮，或选择【标注】|【连续】命令。

执行连续标注操作过程如下：

命令：DIMCONTINUE

指定第二条尺寸界线原点或［放弃(U)/选择(S)］〈选择〉：

指定第二条尺寸界线原点，确定下一个尺寸的第二条尺寸界线的起始点。用户响应后，AutoCAD 2024按连续标注方式标注出尺寸，即把上一个尺寸的第二条尺寸界线作为新尺寸标注的第一条尺寸界线标注尺寸，而后AutoCAD 2024继续提示：

指定第二条尺寸界线原点或［放弃(U)/选择(S)］〈选择〉：

此时可再确定下一个尺寸的第二条尺寸界线的起点位置。当用此方式标注出全部尺寸后，在上述同样的提示下按【Enter】键或【Space】键，结束命令的执行。

【选择】该选项用于指定连续标注将从哪一个尺寸的尺寸界线引出。执行该选项，AutoCAD 2024提示：

选择连续标注：

在该提示下选择尺寸界线后，AutoCAD 2024 会继续提示：

指定第二条尺寸界线原点或［放弃(U)/选择(S)］〈选择〉：

在该提示下标注出的下一个尺寸会以指定的尺寸界线作为其第一条尺寸界线。执行连续尺寸标注时，有时需要先执行【选择(S)】选项来指定引出连续尺寸的尺寸界线。

9. 基线标注

基线标注指各尺寸线从同一条尺寸界线处引出。单击【标注】功能区的（基线）按钮，或选择【标注】|【基线】命令。

执行基线标注命令操作过程如下：

命令：DIMBASELINE

选择基准标注：

指定第二条尺寸界线原点或［放弃(U)/选择(S)］〈选择〉：

指定第二条尺寸界线原点，确定下一个尺寸的第二条尺寸界线的起始点。确定后 AutoCAD 2024 按基线标注方式标注出尺寸，而后继续提示：

指定第二条尺寸界线原点或［放弃(U)/选择(S)］〈选择〉：

此时，可再确定下一个尺寸的第二条尺寸界线起点位置。用此方式标注出全部尺寸后，在同样的提示下按【Enter】键或【Space】键，结束命令的执行。

视频

设置多重引线样式

子任务 11　设置多重引线样式

利用多重引线标注，可以标注(标记)注释、说明等。比如，车站信号设备平面布置图中警冲标的位置数据就是通过多重引线标注实现的。

在绘制多重引线标注之前，通常要先设置多重引线样式。选择菜单【格式】|【多重引线样式】，打开【多重引线样式管理器】对话框，如图 3.138 所示。

图 3.138　【多重引线样式管理器】对话框

对话框中，【当前多重引线样式】用于显示当前多重引线样式的名称。【样式】列表框用于列出已有的多重引线样式的名称。【列出】下拉列表框用于确定要在【样式】列表框中列出哪些多重引线样式。【预览】图像框用于预览在【样式】列表框中所选中的多重引线样式的标注效果。【置为当前】按钮用于将指定的多重引线样式设为当前样式。【新建】按钮用于创建新多重引线样式。单击【新建】按钮，AutoCAD 2024 打开图 3.139 所示的【创建新多重引线样式】对话框。用户可以通过对话框中的【新样式名】文本框指定新样式的名称；通过【基础样式】下拉列表框确定用于创建新样式的基础样式。确定新样式的名称和相关设置后，单击【继续】按钮，AutoCAD 2024 打开对应的对话框，如图 3.140 所示。对话框中有【引线格式】【引线结构】和【内容】3 个选项卡，下面分别介绍这些选项卡。

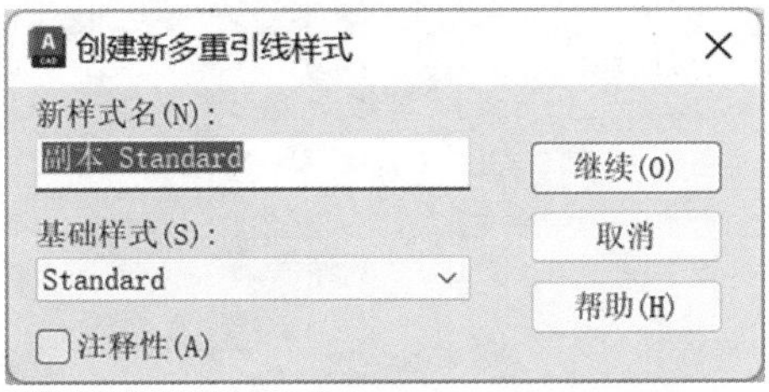

图 3.139　【创建新多重引线样式】对话框

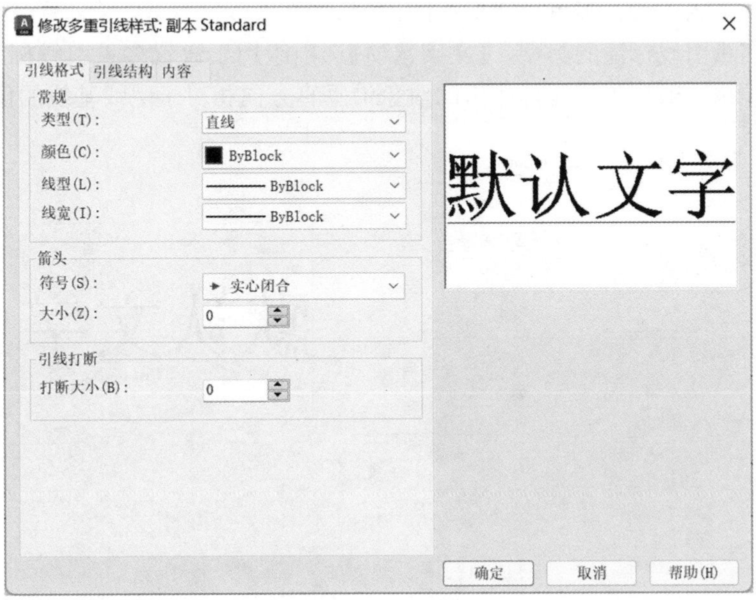

图 3.140　【修改多重引线样式】对话框

【引线格式】选项卡用于设置引线的格式。【常规】选项组用于设置引线的外观。【箭头】选项组用于设置箭头的样式与大小。【引线打断】选项组用于设置引线打断时的距离值。预览框用于预览对应的引线样式。

【引线结构】选项卡用于设置引线的结构，如图 3.141 所示。【约束】选项组用于控制多重引线的结构。【基线设置】选项组用于设置多重引线中的基线。【比例】选项组用于设置多重引线标注的缩放关系。

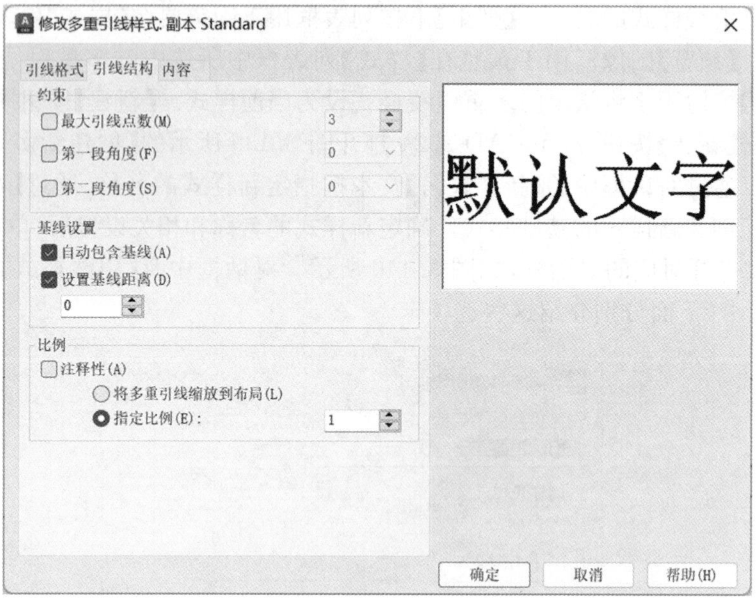

图 3.141 【引线结构】选项卡

【内容】选项卡用于设置多重引线标注的内容,如图 3.142 所示。【多重引线类型】下拉列表框用于设置多重引线标注的类型。【文字选项】选项组用于设置多重引线标注的文字内容。【引线连接】选项组一般用于设置标注出的对象沿垂直方向相对于引线基线的位置。

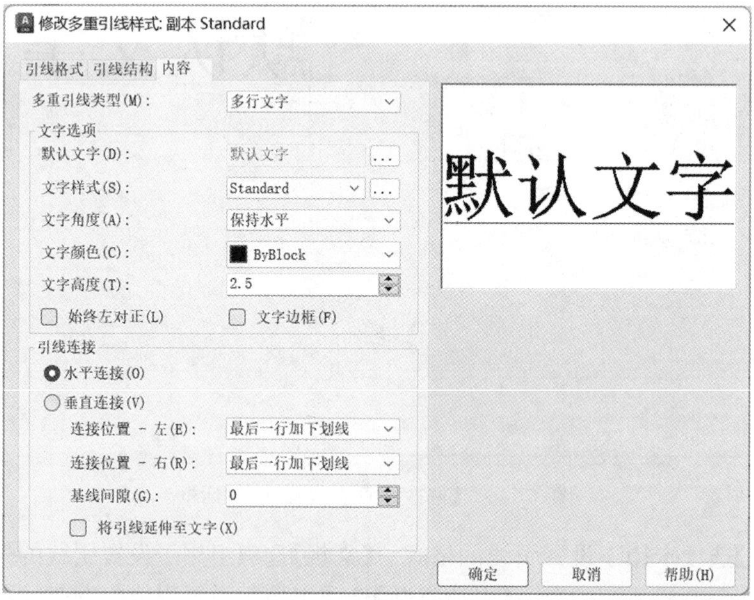

图 3.142 【内容】选项卡

视 频

执行多重引线标注命令

子任务 12 执行多重引线命令

选择菜单【标注】|【多重引线】,执行多重引线标注操作过程如下:

命令：MLEADER

指定引线箭头的位置或［预输入文字(T)/引线基线优先(L)/内容优先(C)/选项(O)］〈选项〉：

参数说明如下：

【预输入文字(T)】选项：用于预输入文字内容。

【引线基线优先(L)】选项：用于首先确定引线基线的位置，用户根据需要选择即可。

【内容优先(C)】选项：用于首先确定标注内容，用户根据需要选择即可。

【选项(O)】选项：用于多重引线标注的设置。

在工作区中多行文字输入框区域(图 3.143)输入对应的多行文字后，单击文字编辑器的【关闭】按钮(图 3.144)，即可完成引线标注。

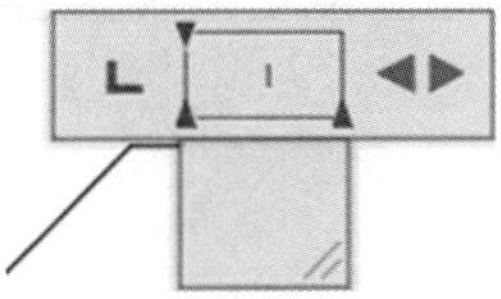

图 3.143　多行文字输入框

图 3.144　文字编辑器

任务实战

1. 打开“车站信号设备平面布置图 .dwg”文件

2. 修改图纸名称

双击标题栏“图纸名称”，编辑文字，修改为“举例站场信号设备平面布置图”，如图 3.145 所示。

姓名		举例站场信号设备平面布置图	图号	
学号			比例	
指导老师			日期	
			第　张　　共　张	

图 3.145　修改图纸名称

3. 创建图层

新建图层并将其分别命名为“辅助线”“线路”“信号机与绝缘节”“道岔”“警冲标”“文字标注”“信号楼”“坐标”和“图形注释”，其中“辅助线”图层线条颜色为“红色”，线型为“ACAD_ISO02W100”，如图 3.146 所示。

4. 绘制辅助线

切换图层到“辅助线”层，根据站场信号设备平面布置图的布局原则和绘图顺序，首先利用“构造线”命令绘制图框的水平与垂直中心线，如图 3.147 所示。

视频

绘制车站信号设备平面布置图辅助线

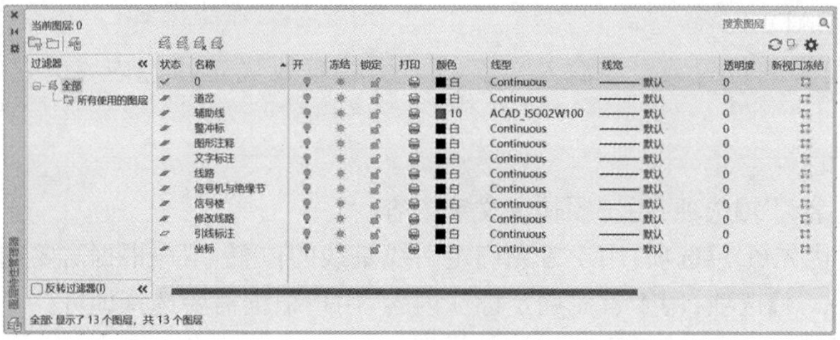

图 3.146　新建图层

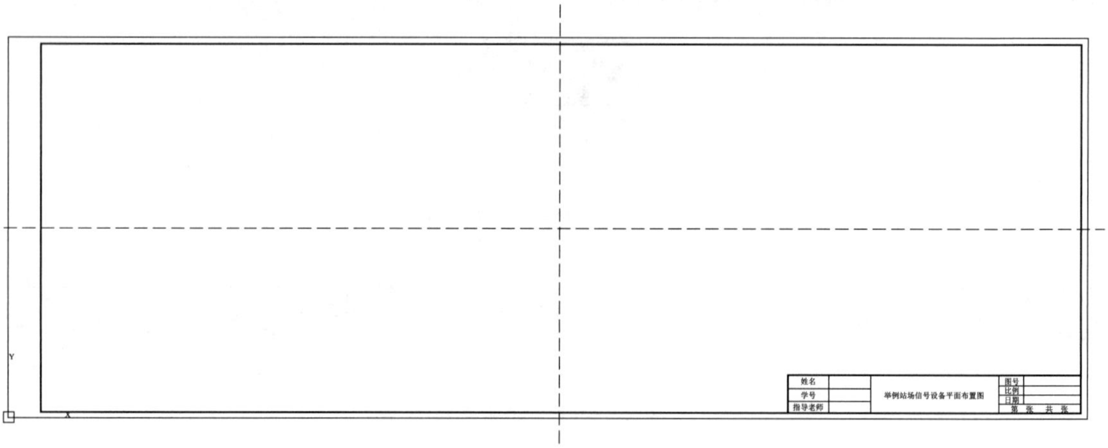

图 3.147　绘制水平与垂直中心线

根据图幅的尺寸和布局要求，将图幅分为三部分，股道线路绘制在中心部分，上面部分绘制道岔及信号机坐标数据注释，下面部分绘制股道有效长度表和道岔类型表等。选择【绘制】|【点】|【定数等分】命令，将图框左侧直线段等分为三段。单击状态栏【对象捕捉】模式，启用【节点】捕捉，关闭【交点】捕捉。利用【构造线】命令捕捉绘制的等分点，再绘制两根水平线，如图 3.148所示。

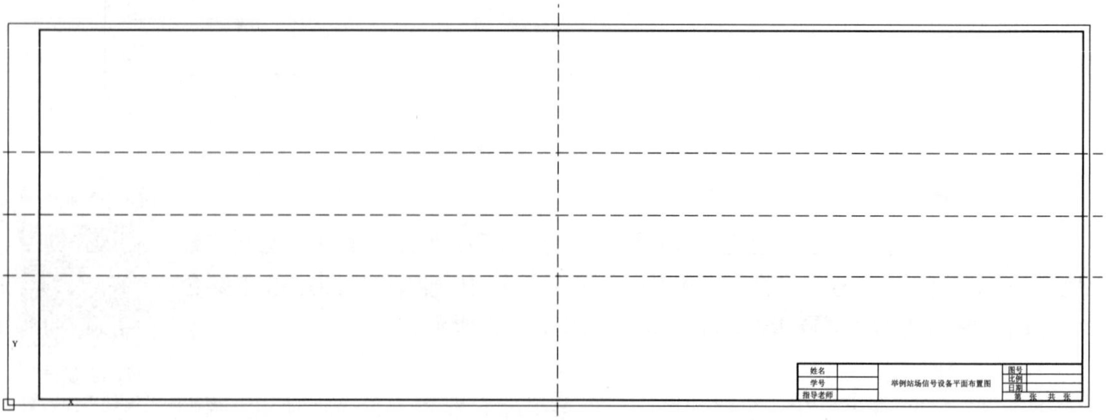

图 3.148　绘制水平辅助线

接下来，进行线路尽头线的位置布局。利用【构造线】命令在左侧距离内框线距离为“30”的位置处绘制垂直的辅助线，利用【镜像】命令生成右侧对称的辅助线，如图 3.149 所示。

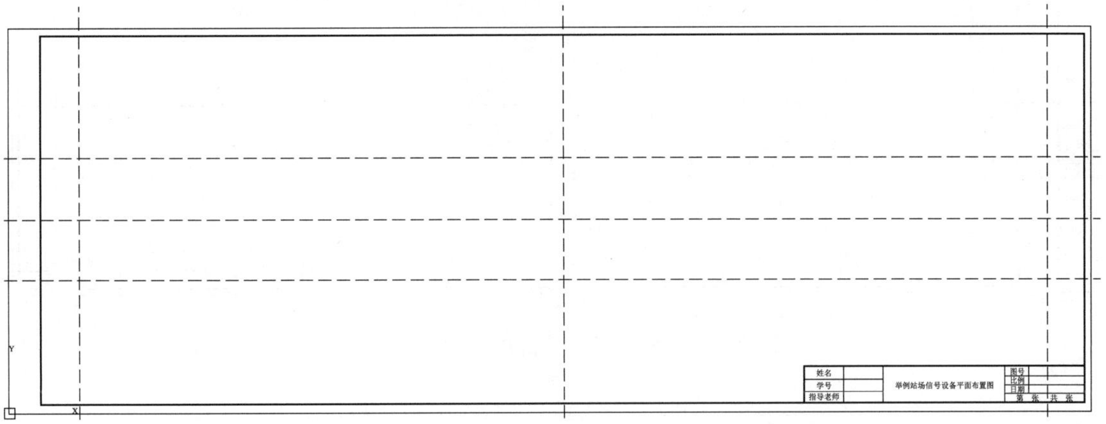

图 3.149　绘制垂直辅助线

最后将垂直中心线向左侧、右侧各偏移一根，偏移距离为“10”，为绘制线路运行方向做准备，如图 3.150 所示。

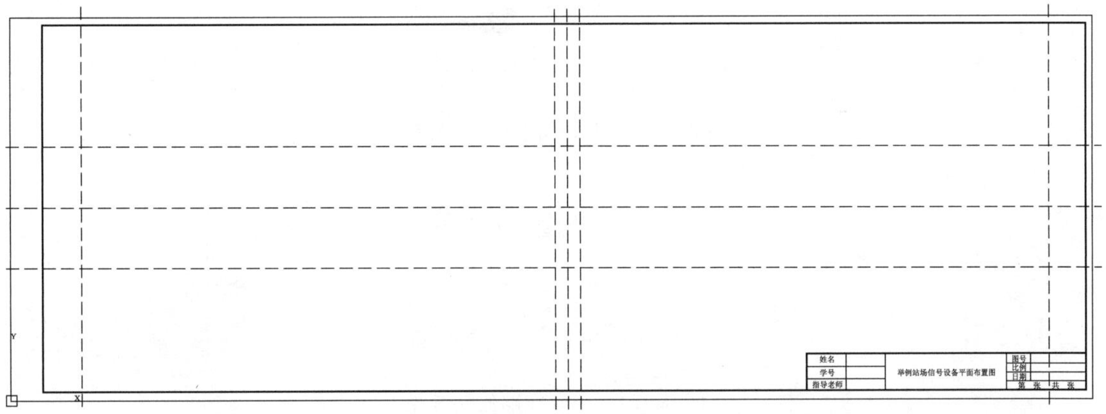

图 3.150　绘制垂直辅助线

将垂直的最左侧辅助线向右绘制偏移距离为“20”的辅助线，将垂直的最右侧辅助线向左绘制偏移距离为“20”的辅助线，如图 3.151 所示。

5. 绘制线路及运行方向

线路及列车运行方向绘制效果如图 3.152 所示。

首先，切换图层至【线路】图层，利用【多段线】命令绘制下行咽喉 IG 线路，双线单向运行符号尺寸如图 3.153 所示。IG 线路绘制效果如图 3.154 所示。

视频

绘制车站信号平面布置图中线路

操作过程如下：

命令：PLINE

指定起点：

当前线宽为 0.0000

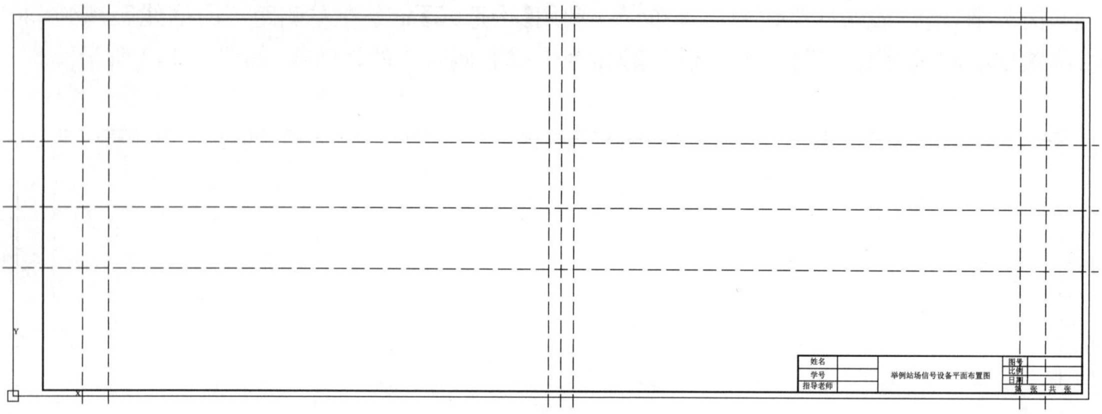

图 3.151　绘制辅助线

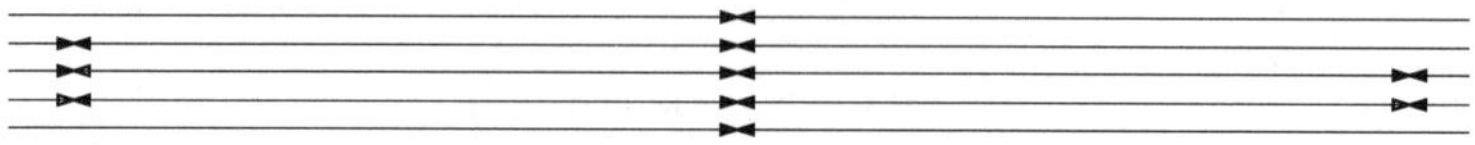

图 3.152　绘制线路及列车运行方向

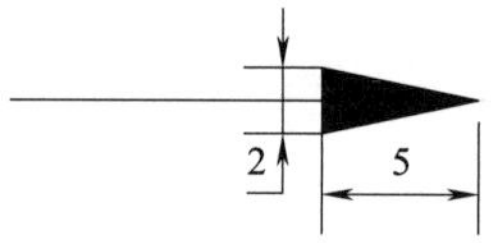

图 3.153　双线单向运行符号尺寸

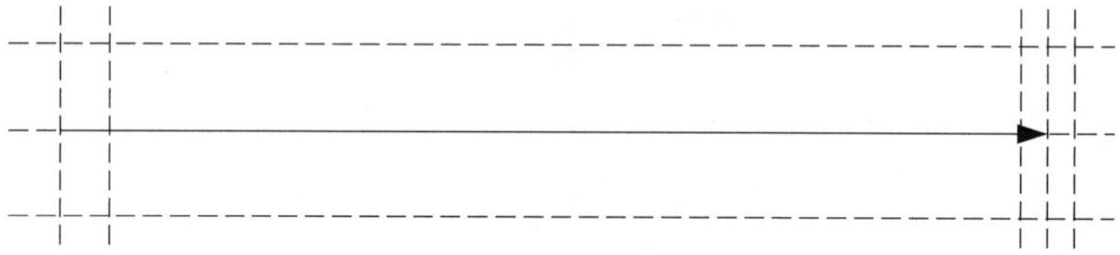

图 3.154　ⅠG线路绘制效果

指定下一个点或［圆弧(A)/半宽(H)/长度(L)/放弃(U)/宽度(W)］：

//单击最左侧辅助线交点

指定下一点或［圆弧(A)/闭合(C)/半宽(H)/长度(L)/放弃(U)/宽度(W)］：w

指定起点宽度〈0.0000〉：2

指定端点宽度〈2.0000〉：0

//拾取垂直中心线左侧的辅助线交点

指定下一点或［圆弧(A)/闭合(C)/半宽(H)/长度(L)/放弃(U)/宽度(W)］：5

指定下一点或［圆弧(A)/闭合(C)/半宽(H)/长度(L)/放弃(U)/宽度(W)］：

//按【Enter】键确认

根据图幅的上、中、下三部分，估算每个股道图形的间距为“15”，利用【偏移】命令，绘制下行咽喉ⅡG、ⅢG线路。ⅡG、ⅢG线路绘制效果如图3.155所示。

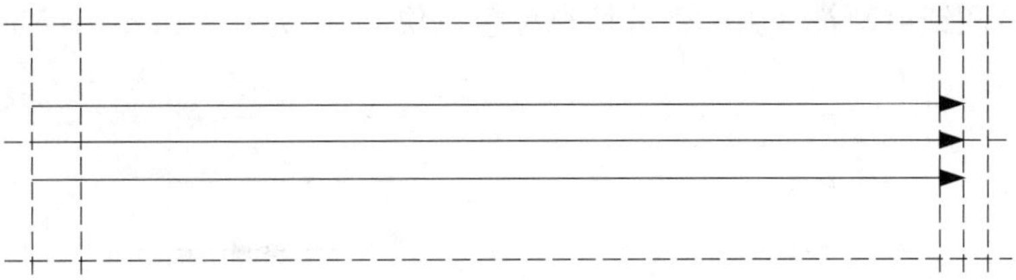

图 3.155　ⅡG、ⅢG 线路绘制效果

继续利用【偏移】命令绘制下行咽喉 5G 和 4G 线路，如图 3.156 所示。

图 3.156　5G 和 4G 线路绘制效果

利用【镜像】命令绘制上行咽喉股道线路，如图 3.157 所示。

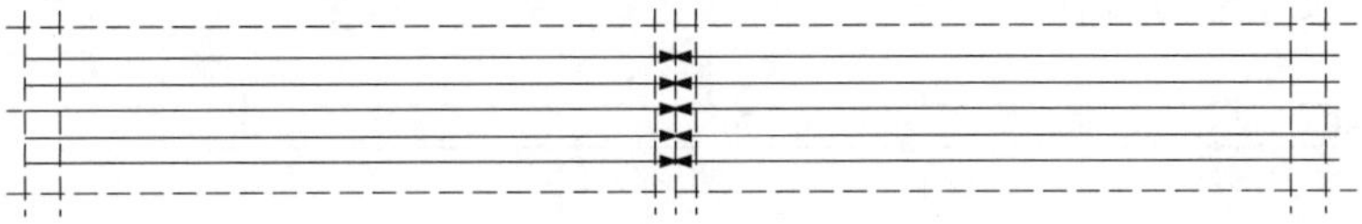

图 3.157　上行咽喉股道线路绘制效果

在图形空白处，利用【直线】命令和【图案填充】命令绘制线路运行方向双线双向符号和单向双向符号，符号及尺寸如图 3.158 所示。

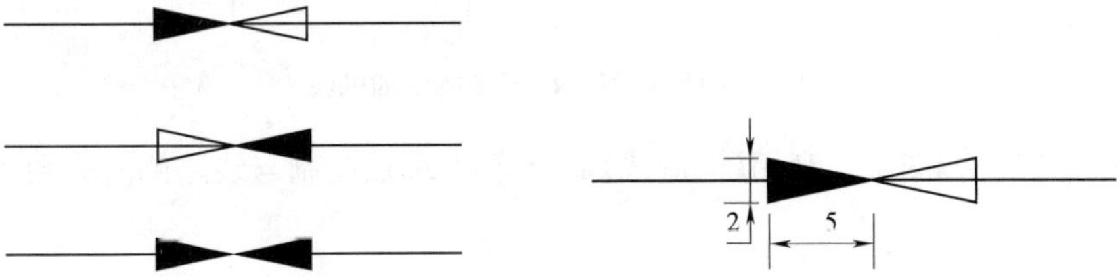

(a) 方向符号　(b) 尺寸标注

图 3.158　列车运行方向符号及尺寸标注

利用【复制】命令将绘制好的列车运行方向符号复制到合适位置，如图 3.159 所示。

视频

创建道岔符号图块

6. 绘制道岔

根据《铁路信号符号》(TB/T 1122—2019)标准，道岔图形符号有单开联锁道岔、渡线、交叉渡线、单式交分道岔、复式交分道岔等。绘制好的道岔图形如图 3.160 所示。

注意：道岔侧向夹角不一致，但为了方便处理，这里统一为 30°夹角。详细的说明在道岔类型表中。集中联锁道岔符号尖端部分填充黑色色块,大小为 0.5 mm×1.5 mm。

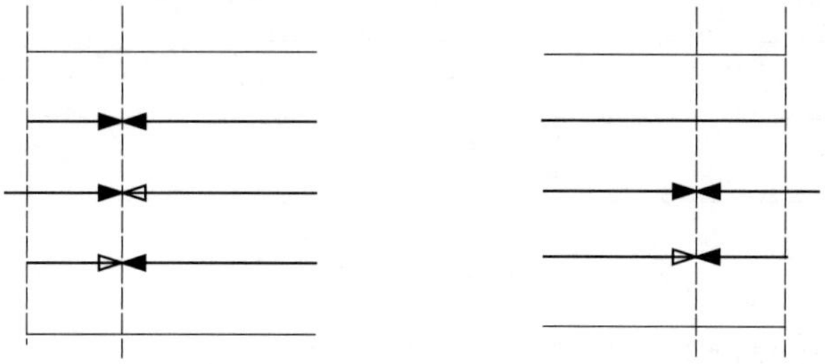

(a)下行咽喉运行方向符号　　(b)上行咽喉运行方向符号

图 3.159　复制列车运行方向符号

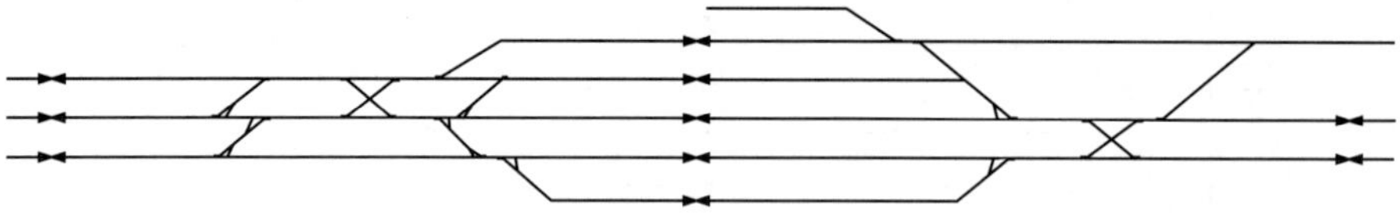

图 3.160　绘制道岔

切换图层至“辅助线”图层。估算辅助线的位置,利用【偏移】命令将左侧辅助线按图 3.161所示的尺寸进行偏移。

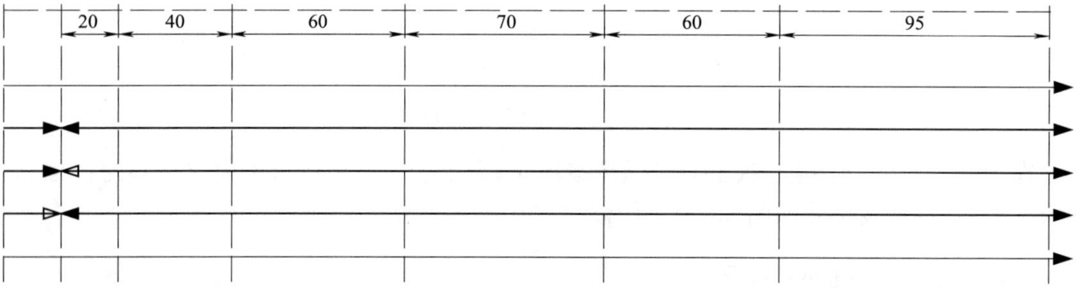

图 3.161　绘制下行咽喉道岔辅助线

切换图层至【道岔】图层。利用【构造线】命令通过 A 点绘制与线路侧向夹角为 30°的构造线,如图 3.162 所示。

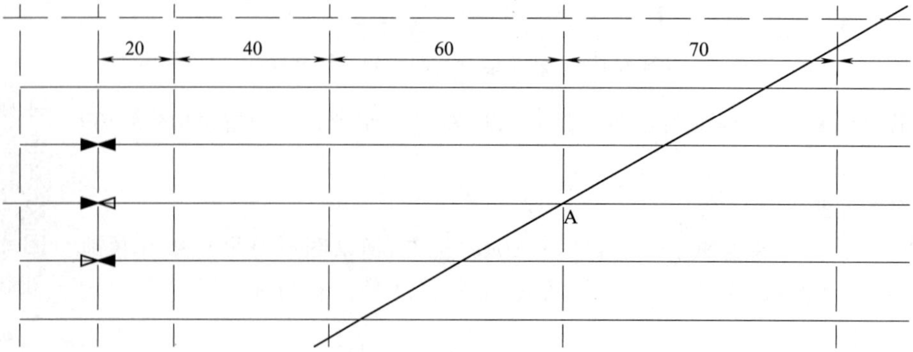

图 3.162　绘制构造线

利用【修剪】命令和【删除】命令将构造线进行修剪，如图 3.163 所示。

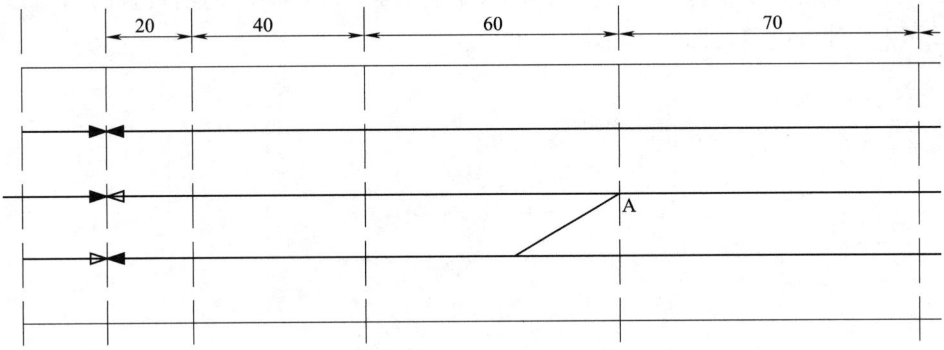

图 3.163 修剪构造线

选择【绘图】|【点】|【定数等分】命令，将通过 A 点的斜线段分为 3 份，设置对象捕捉模式、捕捉节点。利用【直线】命令，绘制两条通过节点的与水平方向夹角为 60°的直线段，如图 3.164 所示。

利用【修剪】命令将岔尖线条进行修剪，如图 3.165 所示。

绘制道岔符号尖端部分。在空白处绘制矩形并填充为黑色，如图 3.166 所示。

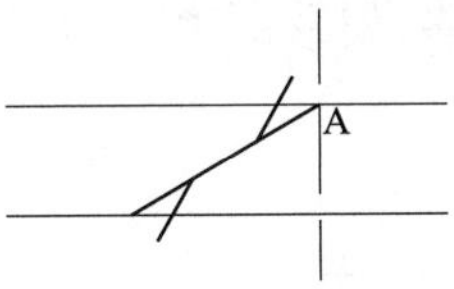

图 3.164 绘制交分道岔线条

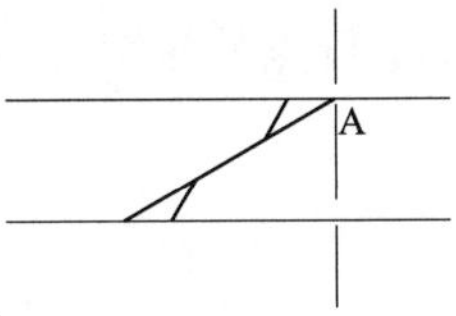

图 3.165 修剪交分道岔线条

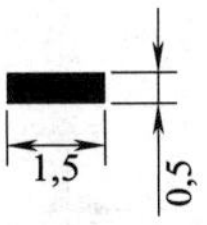

图 3.166 绘制道岔尖端部分

将黑色填充块移至道岔岔尖位置。道岔尖端部分绘制效果如图 3.167 所示。

利用【复制】命令绘制交分道岔其他岔尖部分。若有复制的图形位置不准确的，可以通过【移动】命令移至合适位置。其他岔尖部分绘制效果如图 3.168 所示。

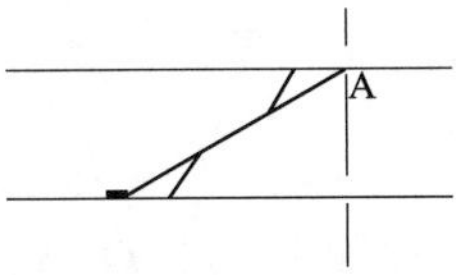

图 3.167 道岔尖端部分绘制效果

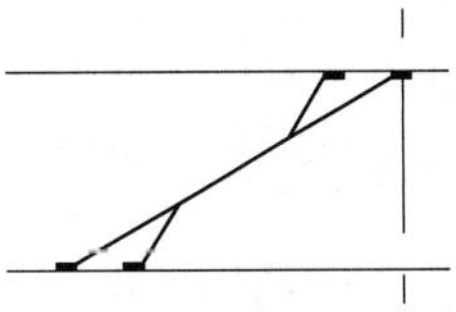

图 3.168 其他岔尖部分绘制效果

利用【写块】命令将绘制好的道岔创建成图块。

利用【删除】【镜像】和【复制】命令在绘制好的道岔图形上进行编辑修改，生成其他道岔符号图形。各类型道岔图形符号如图 3.169 所示。

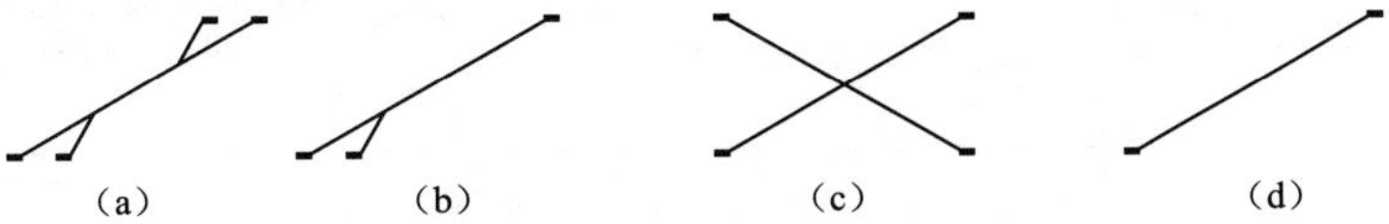

图 3.169 各类型道岔图形符号

视频

绘制车站信号设备平面布置图中道岔（一）

利用【写块】命令将绘制好的各类型道岔创建成图块。在【插入块】命令的列表中单击【插入最近使用的块】，打开【最近的使用的项目】面板，可以看到创建好的道岔图块，如图 3.170 所示。

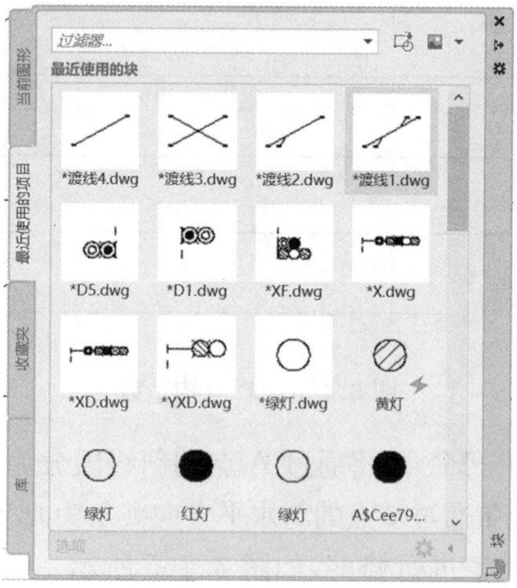

图 3.170　创建好的道岔图块

切换图层至【辅助线】图层。将通过 D 点的垂直辅助线向左侧偏移，偏移距离为“10”。辅助线绘制效果如图 3.171 所示。

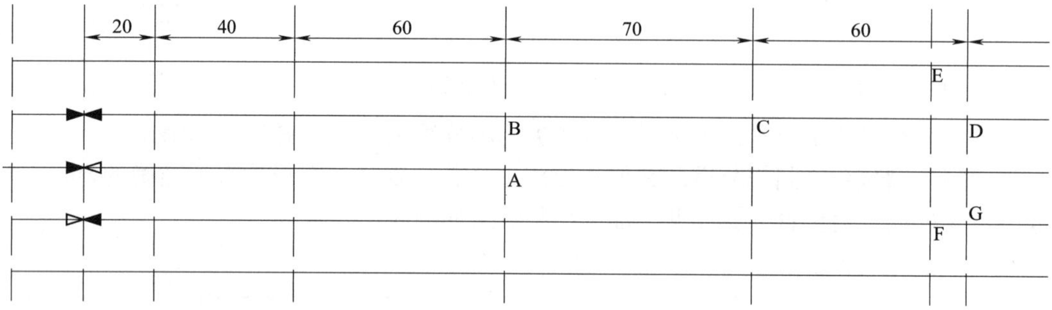

图 3.171　辅助线绘制效果

切换图层至【道岔】图层，单击【插入块】命令，在线路和辅助线交点 A、B、C、D、E、F、G 处插入绘制好的道岔图块。插入道岔图块后的效果如图 3.172 所示。

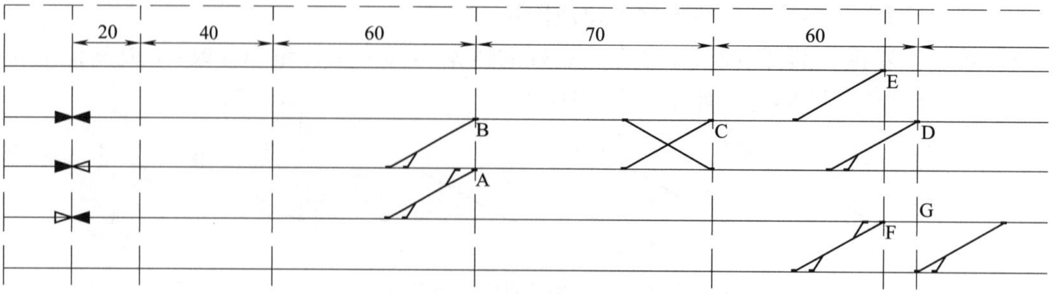

图 3.172　插入道岔图块后的效果

利用【镜像】命令修改 F 处的道岔和 G 处道岔。

注意:如果【镜像】操作执行后,道岔图块位置不合适,可以利用【移动】命令进行调整。编辑后的道岔图形如图 3.173 所示。

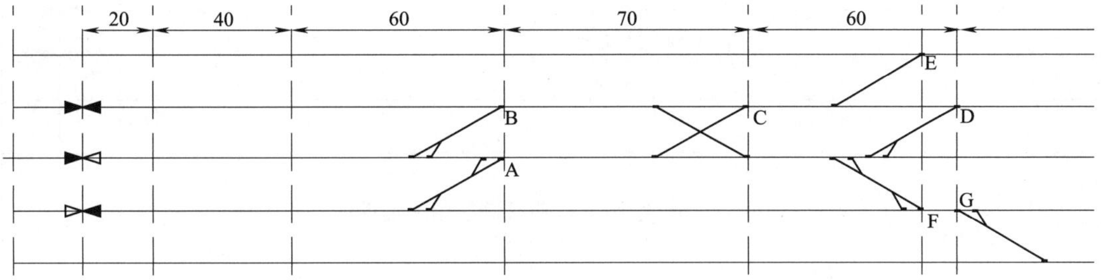

图 3.173　编辑后的道岔图形

继续修改 E 处和 G 处的道岔图形,利用【修改】区的【分解】命令对图块进行打散,然后利用【删除】命令删除多余的道岔尖端的黑色填充。修改前和修改后的道岔图形如图 3.174 所示。

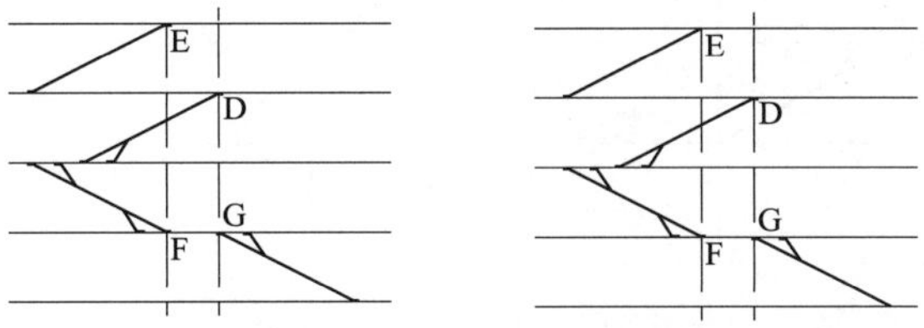

(a) 修改前的道岔图形　　(b) 修改后的道岔图形

图 3.174　修改前和修改后的道岔图形

在【图层】下拉列表中关闭【辅助线】图层,利用【修剪】命令将多余线路线条清除,如图 3.175所示。至此,下行咽喉的道岔及线路绘制完毕。

注意:如果【修剪】命令不能进行部分线段的删除,则说明线路线条未与道岔图形相交,可继续修改道岔图形让其与线路进行相交后再修剪。

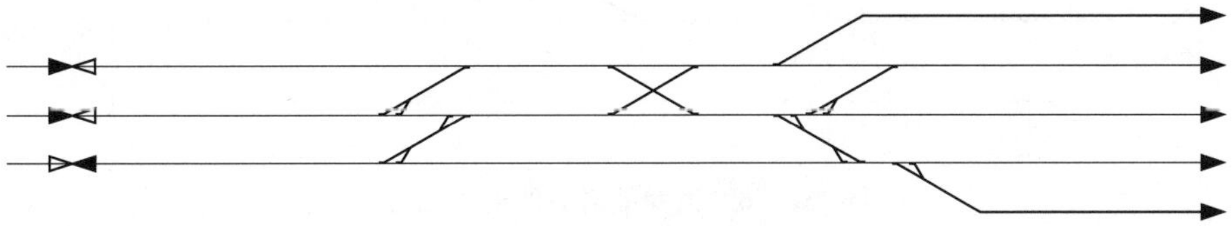

图 3.175　修剪多余线路线条

在【图层】下拉列表中开启【辅助线】图层,并将图层切换至【辅助线】图层,估算道岔的位置,利用【偏移】命令绘制上行咽喉道岔辅助线,如图 3.176 所示。

切换图层至【道岔】图层,利用【复制】命令将下行咽喉道岔图形复制到上行咽喉辅助线对应位置处,如图 3.177 所示。

同样,利用【镜像】命令调整道岔图形方向。编辑后的道岔图形如图 3.178 所示。

视频

绘制车站信号设备平面布置图中道岔（二）

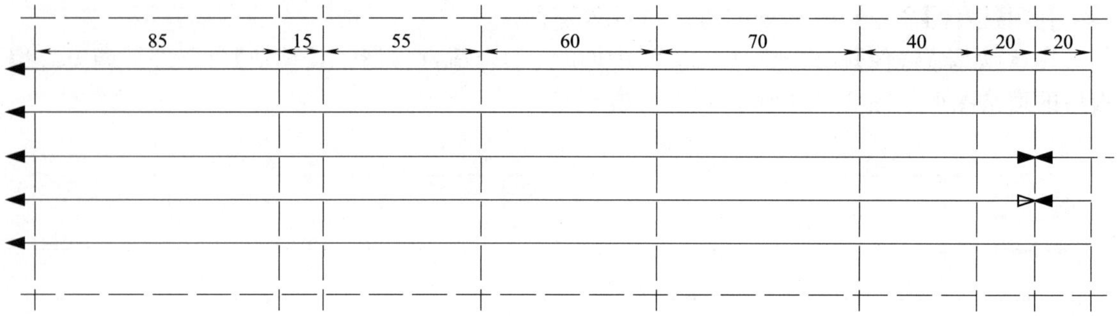

图 3.176　绘制上行咽喉道岔相关辅助线

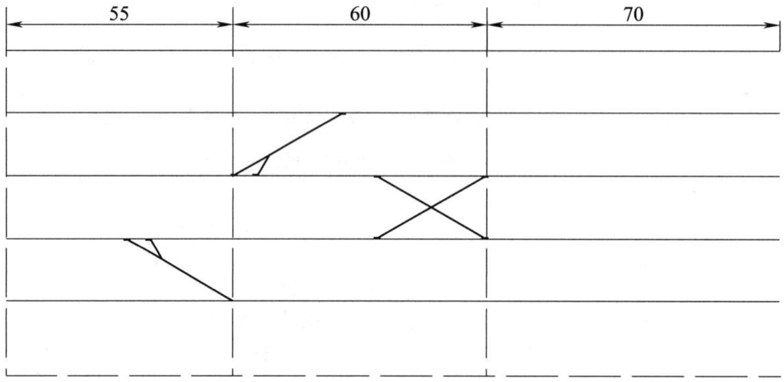

图 3.177　复制部分道岔图形

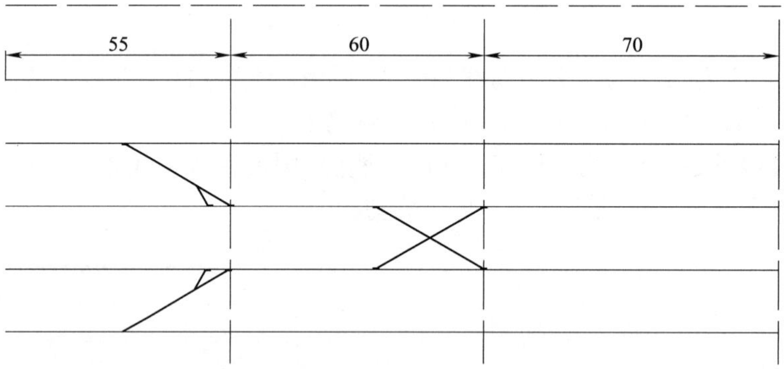

图 3.178　镜像编辑后的道岔图形

同样,利用【复制】【镜像】和【移动】等命令等,完成其他道岔图形绘制。上行咽喉道岔图形绘制效果如图 3.179 所示。

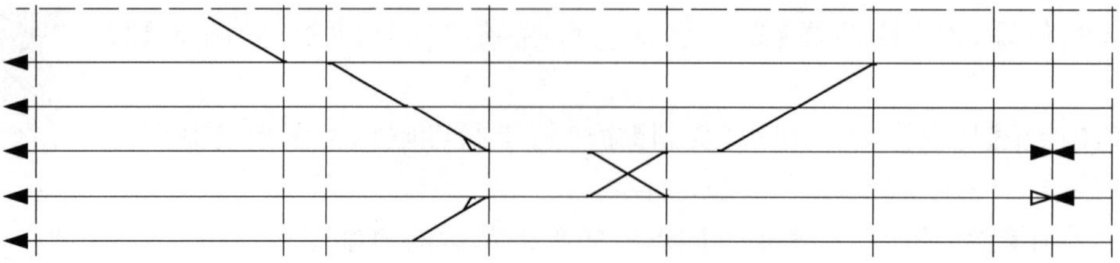

图 3.179　上行咽喉道岔图形绘制效果

在【图层】下拉列表中关闭【辅助线】图层，利用【修剪】命令将多余线路线条清除，如图 3.180所示。

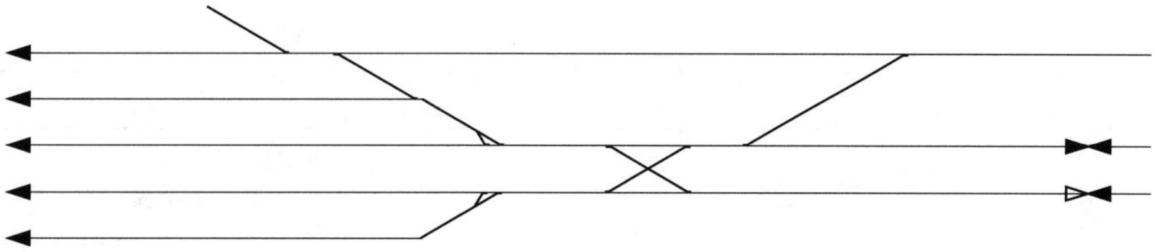

图 3.180　修剪咽喉区多余线路线条

切换图层至【线路】图层，利用【直线】命令绘制编组线，如图 3.181 所示。至此，道岔绘制完毕。

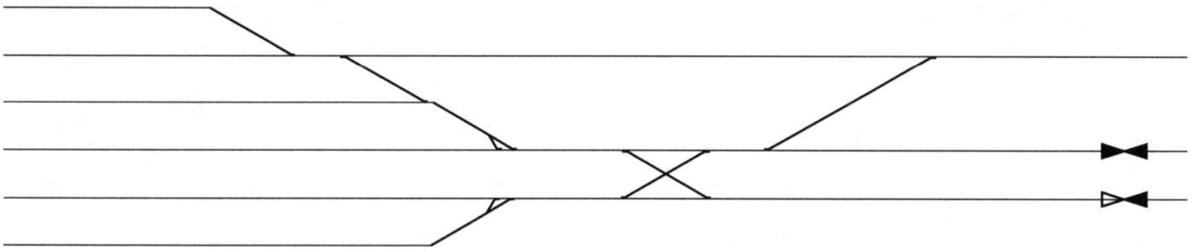

图 3.181　绘制编组线线条

视　频

绘制车站信号平面布置图中信号机绝缘节（一）

7. 插入绝缘节和信号机图块(图 3.182)

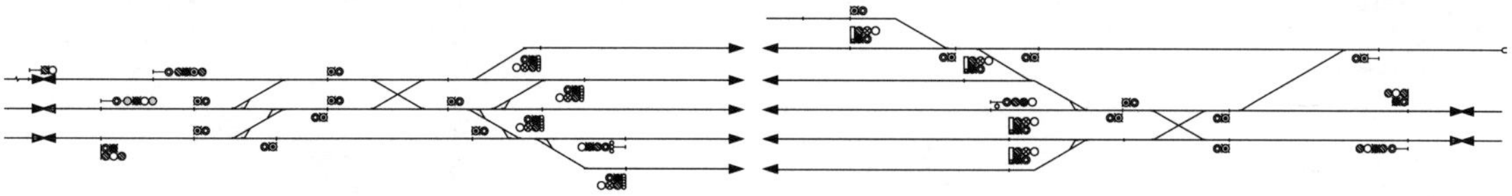

图 3.182　绘制信号机与绝缘节符号

以预告信号机的图形符号为例讲解插入信号机图块过程。首先，关闭【辅助线】图层的显示。将图层切换至【信号机】图层，打开【插入】面板中【块】区域的【插入块】列表，选择【最近使用的项目】。单击【当前图形】选项卡，选择需要的图块文件“YXD. dwg”，如图 3.183 所示。在绘图区域中指定插入位置后，预告信号机的图形符号就绘制完成，如图 3.184 所示。

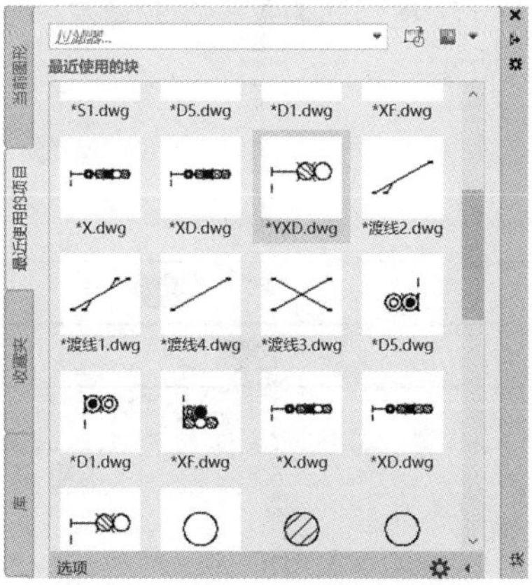

图 3.183　【当前图形】面板

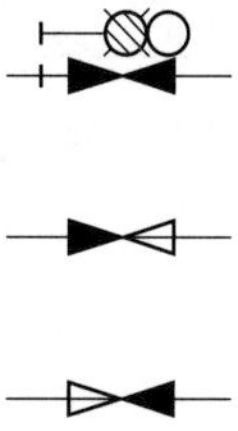

图 3.184　插入信号机图块

将其余多个信号机图块在合适位置插入,如图 3.185 所示。为了方便插入位置的确定,需要设置“最近点”的对象捕捉模式。

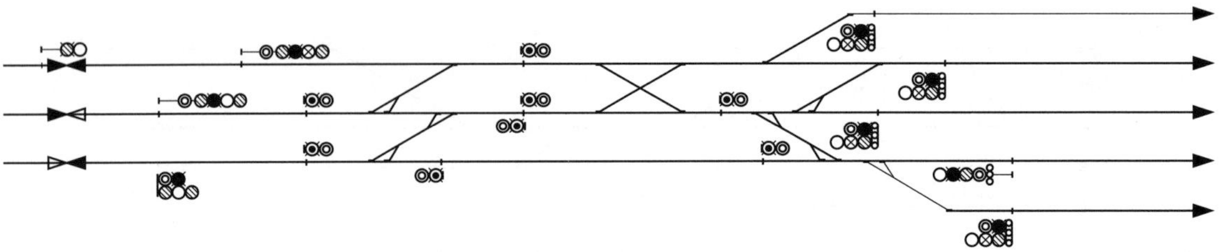

(a) 下行咽喉信号机图形

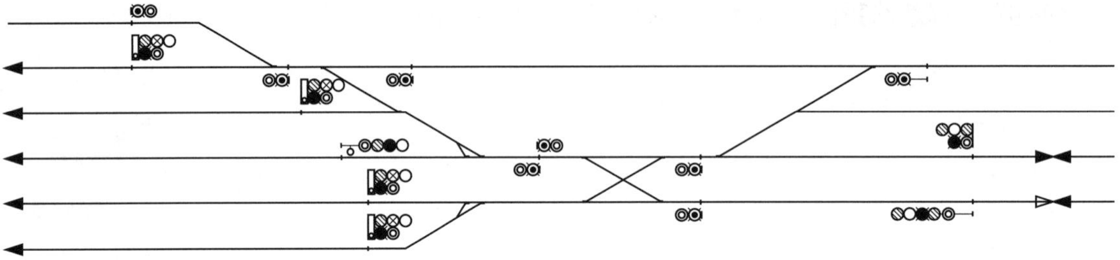

(b) 上行咽喉信号机图形

图 3.185 绘制信号机图形

视 频

绘制车站信号平面布置图中信号机绝缘节(二)

在空白处绘制其余绝缘节符号、终端绝缘节符号和尽头线符号,各图形符号尺寸如图 3.186 所示。

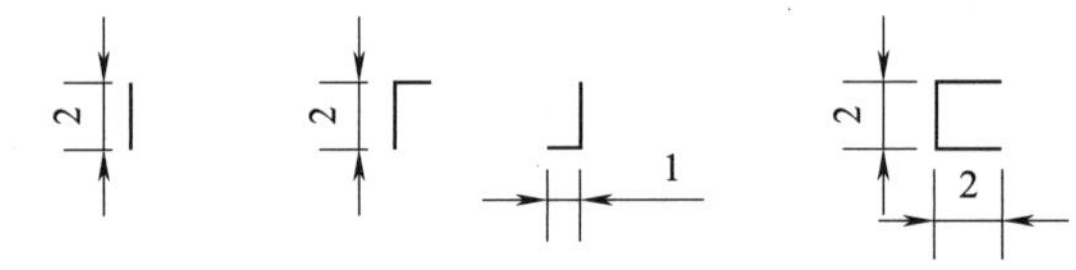

(a) 绝缘节 (b) 终端绝缘节 (c) 尽头线

图 3.186 绝缘节、终端绝缘节符号和尽头线符号尺寸

视 频

绘制车站信号平面布置图中信号机绝缘节(三)

利用【复制】命令和【移动】命令将绘制好的图形符号放到合适位置。

注意:道岔上的绝缘节符号可以利用【旋转】命令将垂直方向的绝缘节符号以中点为基点旋转 30°,如图 3.187 所示。

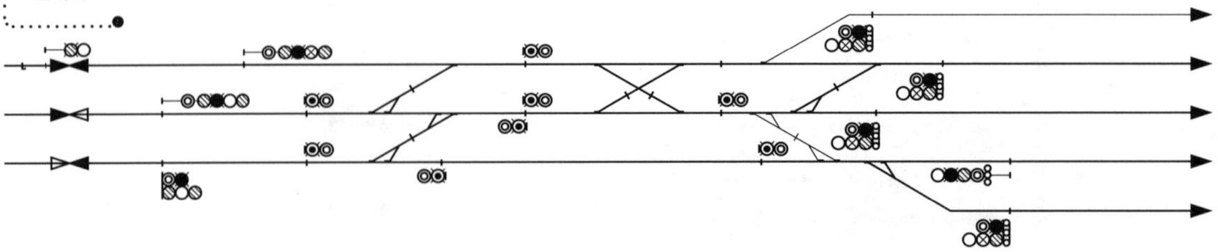

(a) 下行咽喉图形

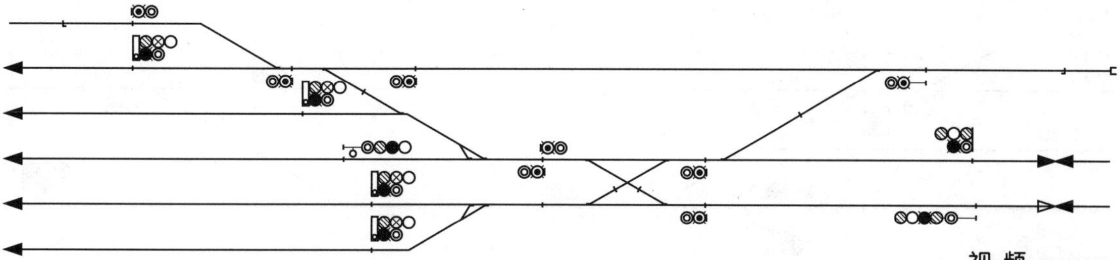

（b）上行咽喉图形

图 3.187　绘制绝缘节、尽头线等符号

8. 绘制警冲标

切换图层至【警冲标】图层，绘制站场中警冲标符号图形，如图 3.188 所示。

视频

绘制车站信号平面布置图中警冲标

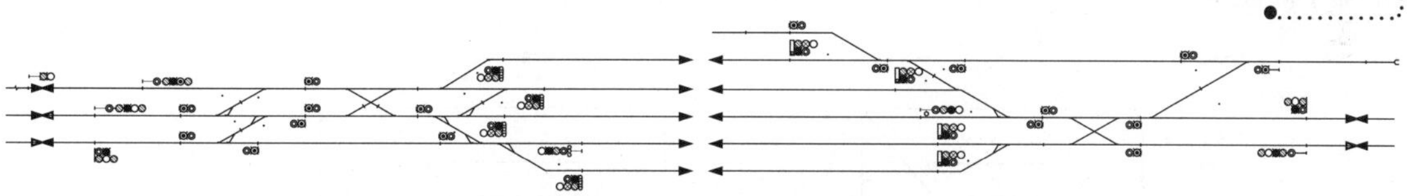

图 3.188　绘制站场中警冲标

在空白处利用【圆】命令和【图案填充】命令绘制半径为“0.3”的圆，并填充为黑色，绘制警冲标符号图形，如图 3.189 所示。

图 3.189　警冲标符号图形

利用【复制】命令，选择绘制好的警冲标图形，复制多个放在图形合适位置处，如图 3.190 所示。

9. 绘制信号楼符号

切换图层至【信号楼】图层，绘制信号楼的符号。

视频

绘制车站信号平面布置图中信号楼

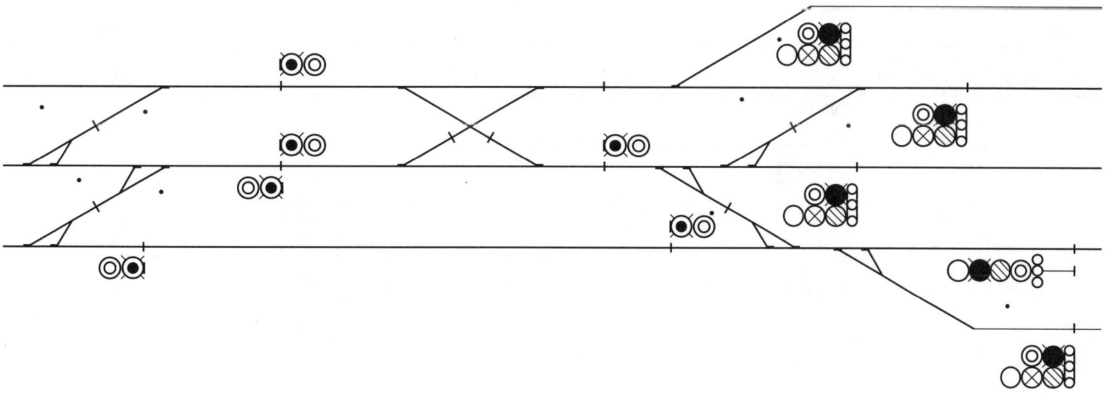

（a）下行咽喉警冲标图形

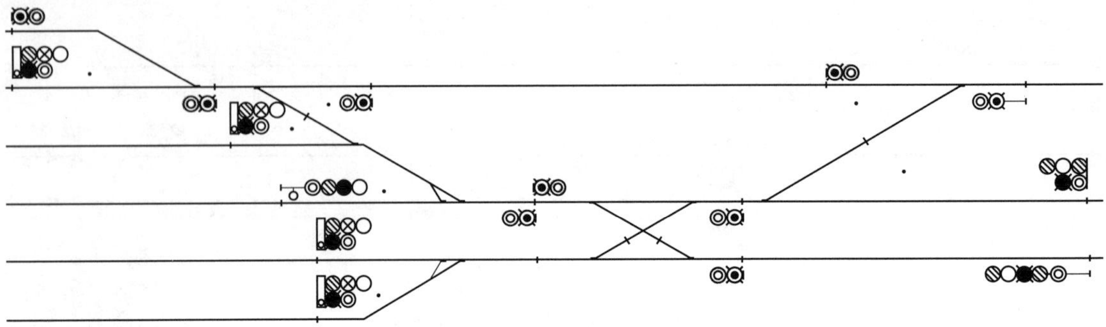

(b) 上行咽喉警冲标图形

图 3.190 绘制上下行咽喉警冲标图形

利用【直线】命令、【圆】命令和【图案填充】命令，按照标准在空白处绘制信号楼符号，图形及尺寸标注如图 3.191 所示。

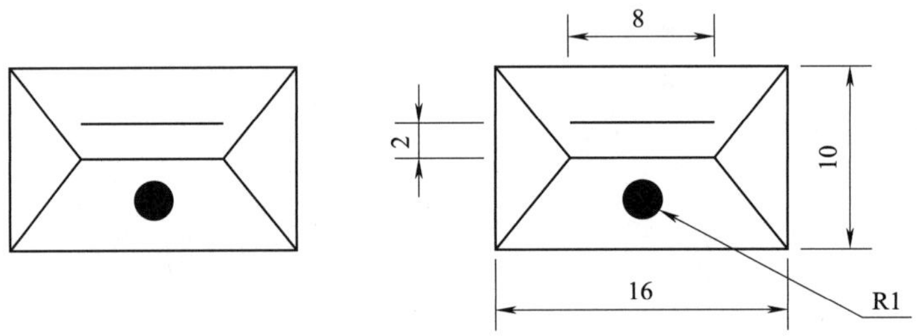

(a) (b)

图 3.191 信号楼符号及其尺寸标注

显示【辅助线】图层，并切换到该图层，利用【偏移】命令，将最下沿的水平辅助线向下偏移"25"，绘制出一条信号楼辅助线，如图 3.192 所示。

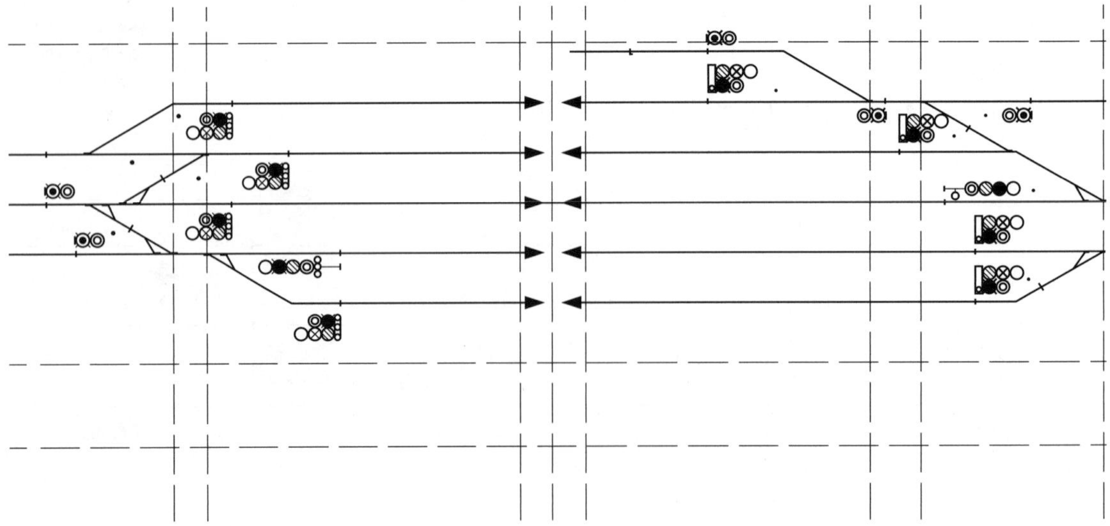

图 3.192 绘制信号楼辅助线

利用【移动】命令，将信号楼图形移到合适位置，如图 3.193 所示。

利用【直线】命令，在距离信号楼下沿“25”处绘制一条长度为“40”的水平方向线段和一条长度为“10”的垂直方向线，如图 3.194 所示。

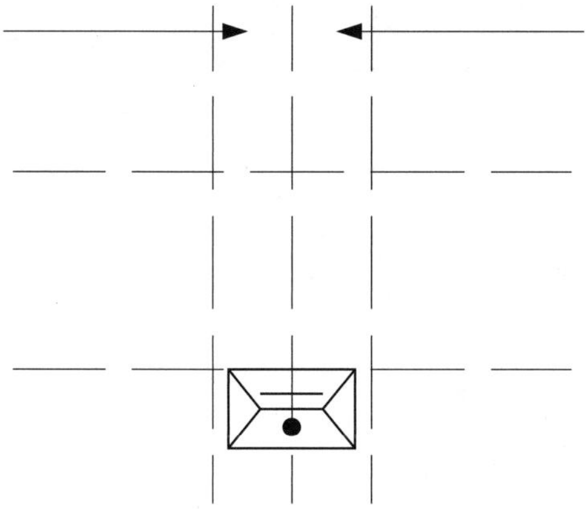

图 3.193　绘制信号楼

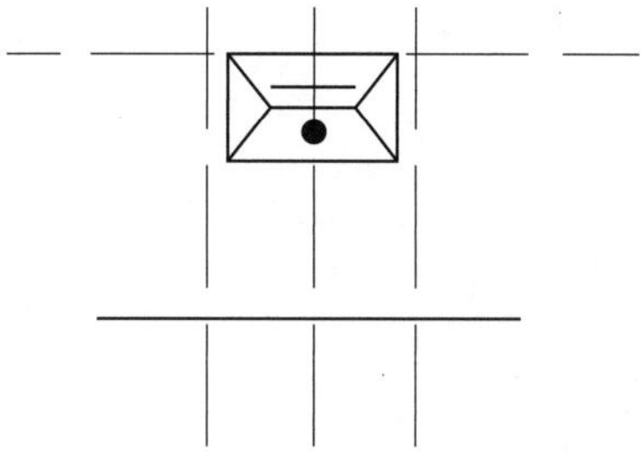

图 3.194　绘制线段

10. 标注线路

视 频

绘制车站信号平面布置图中线路标注

设置标注样式，为线路等进行标注。

选择【标注】|【标注样式】命令，打开【标注样式管理器】，如图 3.195 所示。样式选择为“ISO”，单击【修改】按钮，设置“箭头大小”为“2.5”，如图 3.196 所示。设置“文字高度”为“2.5”，如图 3.197 所示。

启用【最近点】和【垂足】对象捕捉模式，选择【注释】区域的【线性】标注命令，为线路进行标注，如图 3.198 所示。

因为标注的数据和现场实际不符，因此，需要修改标注的数据。选中“15”对应的标注，右键菜单选择【特性】命令，打开【特性】面板，输入【文字替代】的内容“5.0”，如图 3.199 所示。

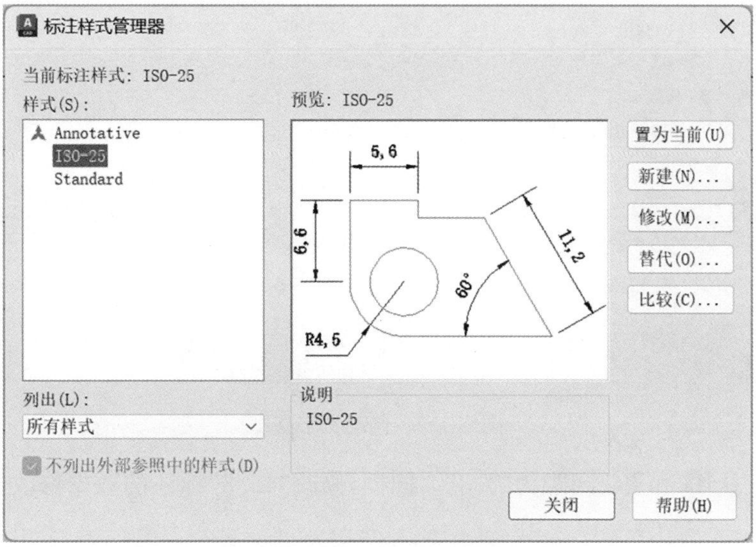

图 3.195　【标注样式管理器】对话框

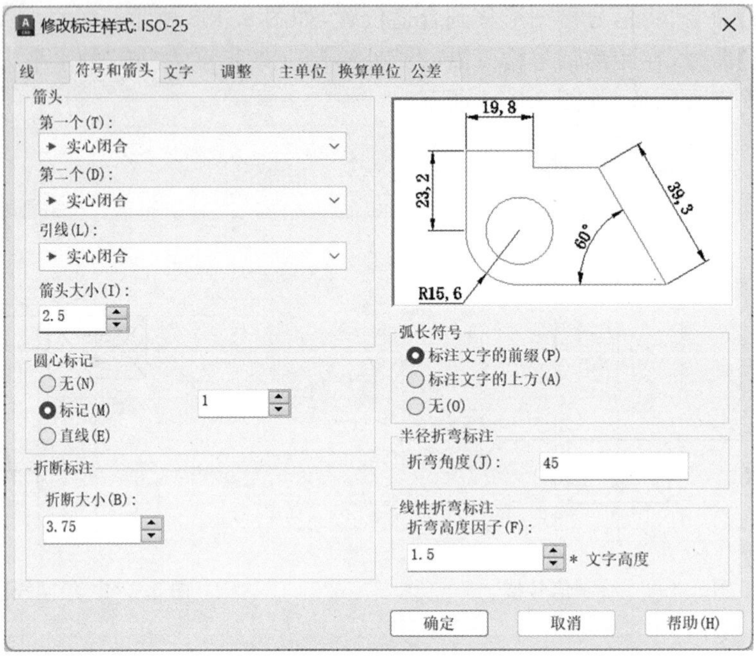

图 3.196 修改箭头大小

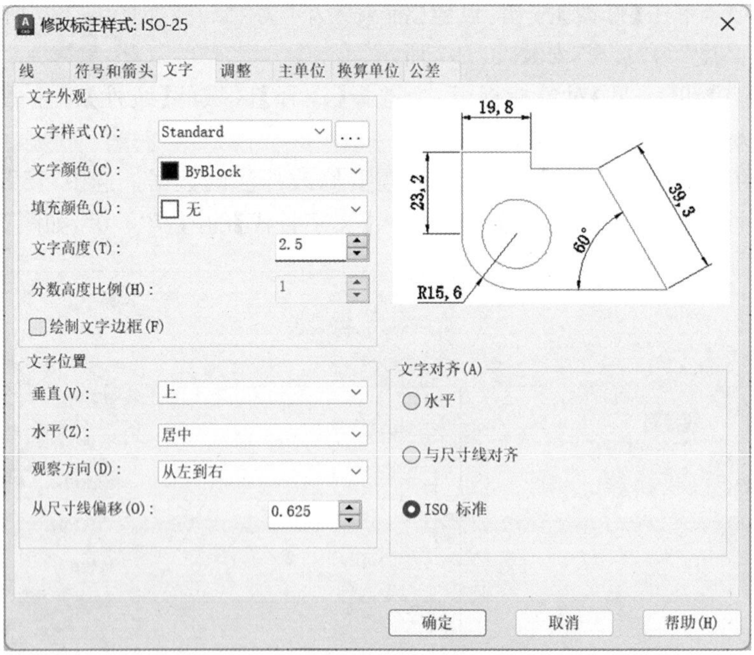

图 3.197 修改文字高度

注意:线路中ⅠG 和ⅢG 间距为“5.3”。同样,修改“42.8”标注的数据修改为“10 m”,修改后的结果如图 3.200 所示。

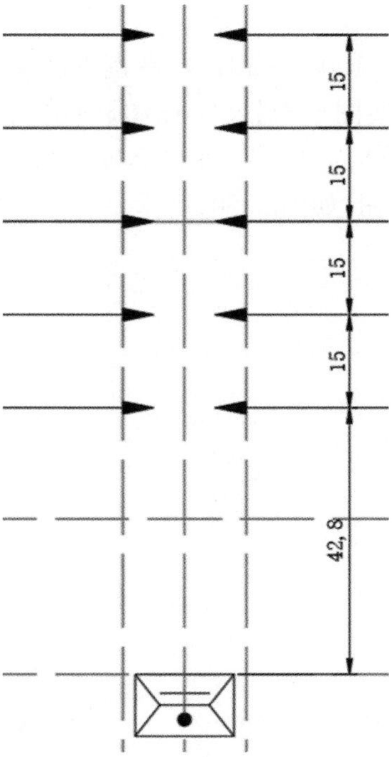

图 3.198　标注尺寸

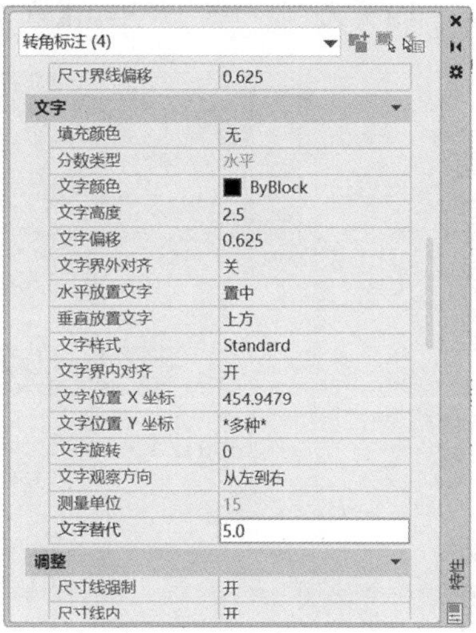

图 3.199　【特性】面板

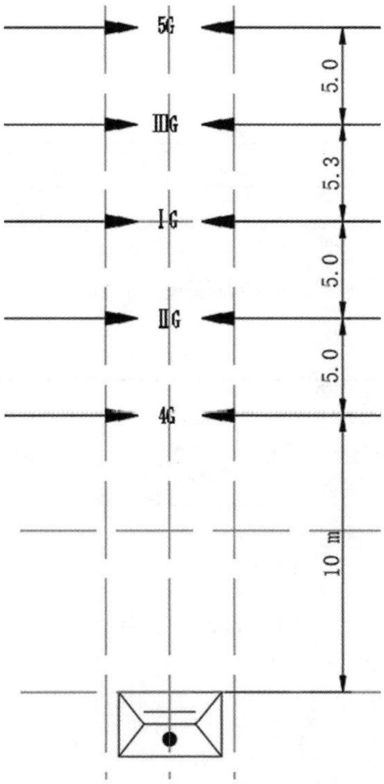

图 3.200　修改后的结果

视 频

绘制车站信号平面布置图中文字标注（一）

视 频

绘制车站信号平面布置图中文字标注（二）

视 频

绘制车站信号平面布置图中文字标注（三）

11. 标注文字及引线标注

依据《铁路工程制图标准》(TB/T 10058—2015)，图例中的文字应为仿宋字体，宽度比例因子为“0.7100”。切换图层至【文字标注】图层，选择【格式】|【文字样式】命令，新建“字体”样式，字体为“仿宋”，字体高度为“2.5”，宽度比例因子为“0.7100”并单击【置为当前】按钮，如图 3.201所示。

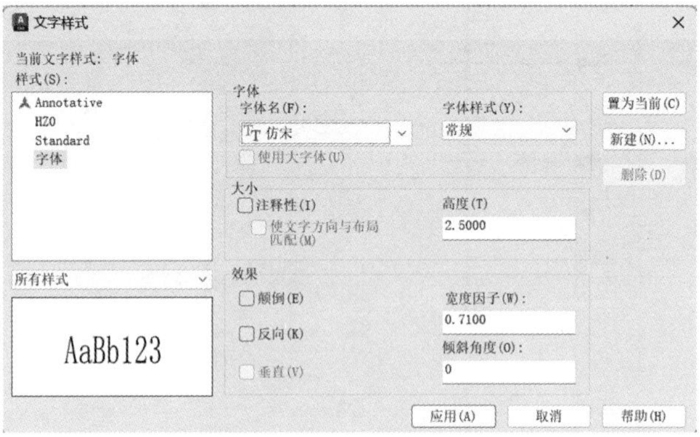

图 3.201 【字体】样式对话框

利用【多行文字】命令输入标注文字，效果如图 3.202 所示。

注意：下标的输入是利用多行编辑器的【下标】命令实现的，下标文字的输入如图 3.203 所示。

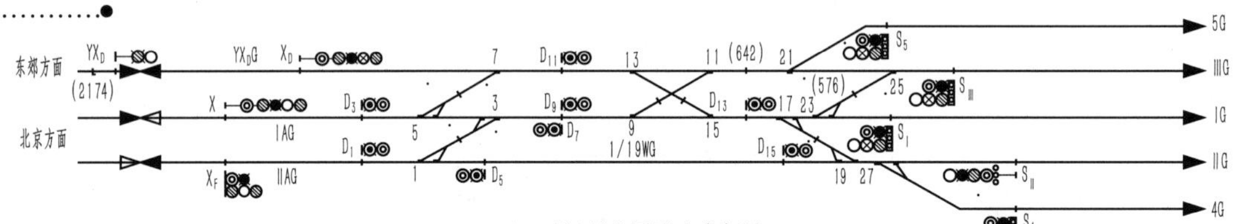

(a) 下行咽喉图形文字标注

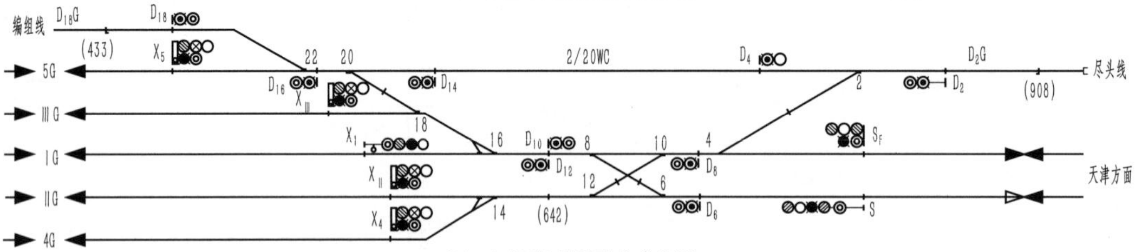

(b) 上行咽喉图形文字标注

图 3.202 文字标注

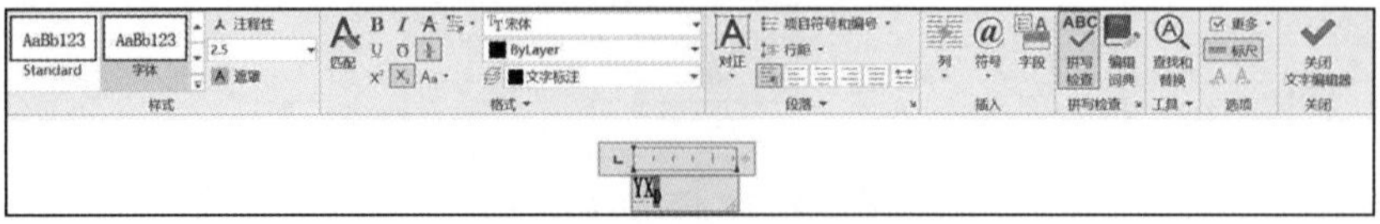

图 3.203 下标文字的输入

设置引线样式,添加引线标注。选择【格式】|【多重引线样式】命令,打开【多重引线样式管理器】对话框,如图 3.204 所示。在【样式】窗口元素中选择“Standard”样式,单击【修改】按钮,随即打开【修改多重引线样式:Standard】对话框,选择【引线格式】标签,参数设置如图 3.205 所示。选择【引线结构】选项卡,参数设置如图 3.206 所示。选择【内容】选项卡,文字样式设置为“字体”,参数设置如图 3.207 所示。设置完成后,返回【多重引线样式管理器】,单击【置为当前】按钮,引线样式设置完成。

视频

绘制车站信号平面布置图中引线标注

图 3.204 【多重引线样式管理器】对话框

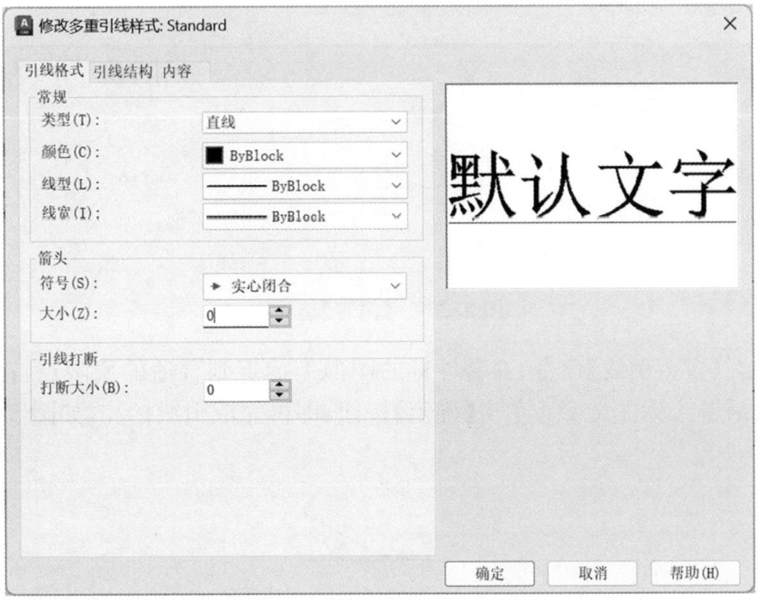

图 3.205 【引线格式】选项卡

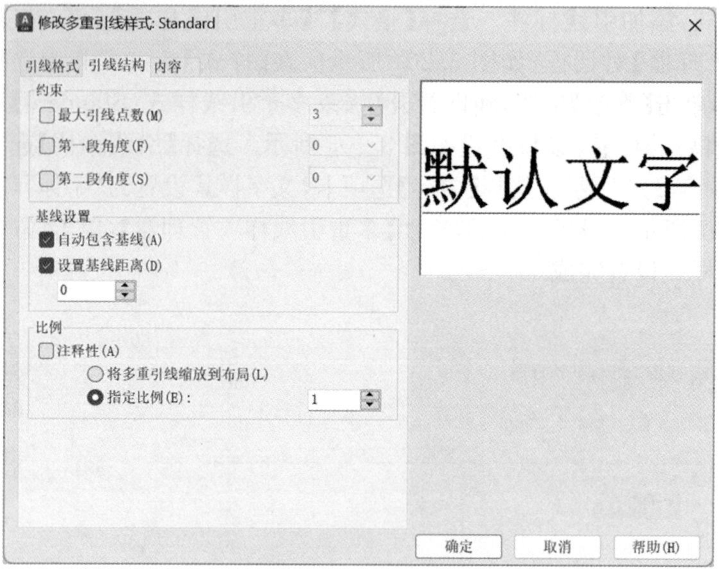

图 3.206 【引线结构】选项卡

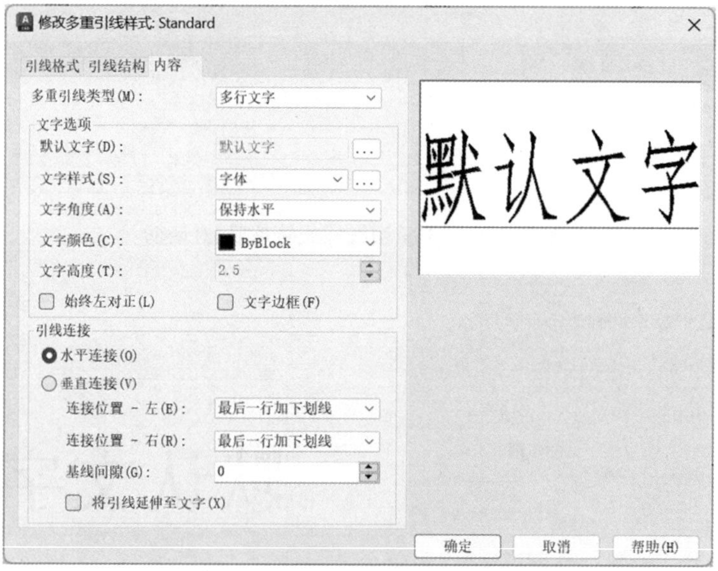

图 3.207 【内容】选项卡

选择【标注】|【多重引线】命令,在警冲标的图形上捕捉到合适的象限点,拖动鼠标到合适位置单击,确认后输入标注文字。单击【确定】按钮,即可完成引线标注,如图 3.208 所示。

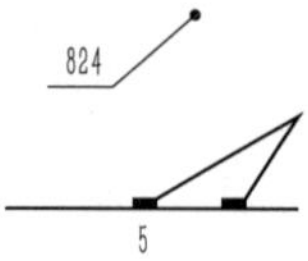

图 3.208 引线标注

同样的方法，为其余警冲标进行引线标注，如图 3.209 所示。在调整引线标注位置时，可以利用【夹点编辑】的方式。

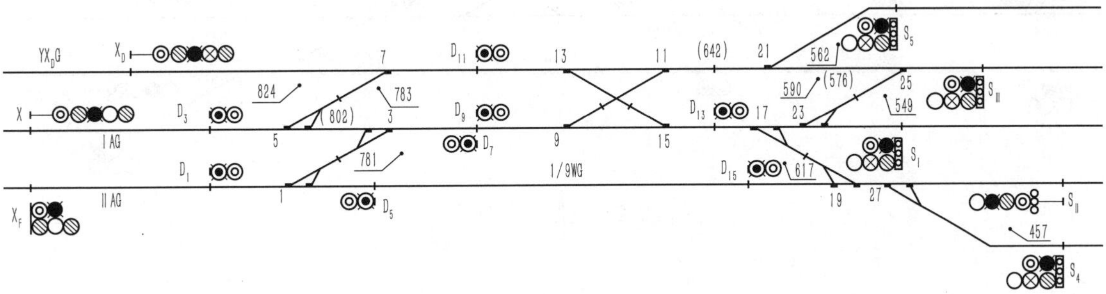

（a）下行咽喉警冲标引线标注

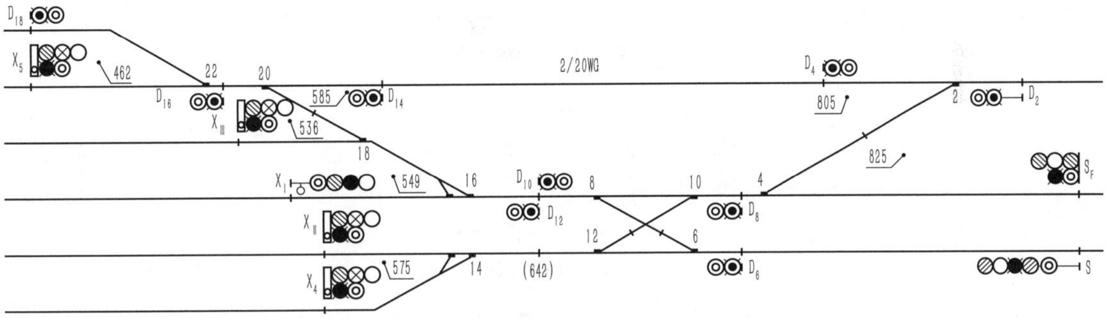

（b）上行咽喉警冲标引线标注

图 3.209　警冲标的引线标注

添加信号楼文字标注，如图 3.210 所示。

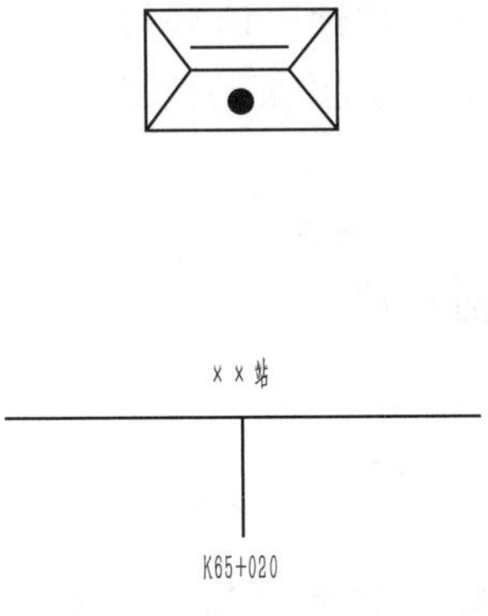

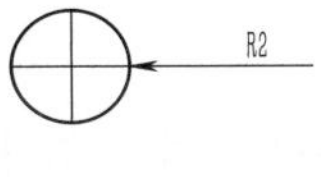

图 3.210　添加信号楼文字标注　　　　图 3.211　侵限绝缘符号

切换图层至【信号机及警冲标】图层，利用【圆】和【直线】命令在线路上绘制如图 3.211 所示的侵限绝缘符号。切换图层至【文字注释】图层，为警冲标添加文字标注，绘制好的图形如图 3.212所示。

切换图层到【线路】图层，绘制ⅢG 左右两侧的省略线路符号，省略线路符号尺寸标注如图 3.213所示。绘制ⅢG 左右两侧的省略线路符号后的效果如图 3.214 所示。

视频

绘制侵限绝缘和折线符号

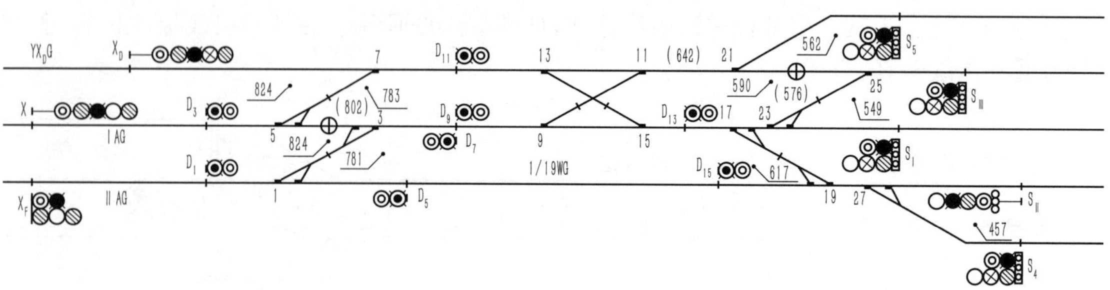

图 3.212　绘制侵限绝缘符号

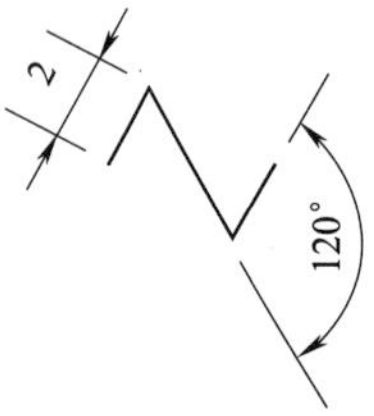

图 3.213　省略线路符号尺寸标注

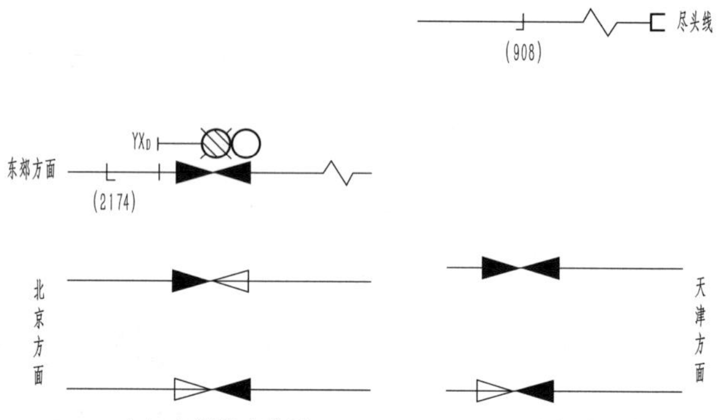

(a) 左侧省略符号　　(b) 右侧省略符号

图 3.214　绘制省略线路符号效果

至此,站场信号设备布置图绘制完成,将文件保存为“车站信号设备平面布置图.dwg”。

任务巩固

依据《铁路工程制图标准》(TB/T 10058—2015)和《铁路信号符号》(TB/T 1122—2019)的要求,完成“某站信号设备平面布置图”图样绘制,命名为“某站信号设备平面布置图.dwg”。某站信号平面布置图图样见书末附图 2。

任务 3　绘制表格

任务描述

车站信号设备平面布置图中有股道长度有效表、道岔类型表等,股道有效长度表表示该车辆段用于停放列车的股道有效长度,表中一般包含股道名称、股道的起止位、有效长度数值等内容。道岔类型表主要列出了车辆段对应编号道岔的钢轨规格、辙叉号信息。辙叉号是道岔尖轨长短的表示数据,分母越大说明尖轨越长,道岔曲线半径越大,更适应速度较高的列车运行。股道长度有效表、道岔类型表等可以利用 AutoCAD 2024 的表格绘制命令实现。用户可以基于已有的表格样式,通过指定表格的相关参数(如行数、列数等)将表格插到图形中,还可以通过快捷菜单对表格进行编辑。

任务分析

子任务 1　定义表格样式

视频

定义表格样式

选择菜单【格式】|【表格样式】命令后，AutoCAD 2024 弹出【表格样式】对话框，如图 3.215 所示。

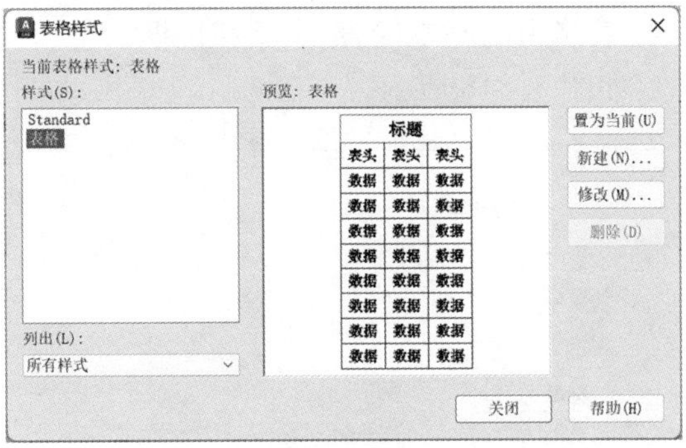

图 3.215　【表格样式】对话框

说明：【样式】列表框中列出了满足条件的表格样式；【预览】图片框中显示出表格的预览图像，【置为当前】和【删除】按钮分别用于将在【样式】列表框中选中的表格样式置为当前样式、删除选中的表格样式；【新建】【修改】按钮分别用于新建表格样式、修改已有的表格样式。

如果单击【表格样式】对话框中的【新建】按钮，AutoCAD 2024 弹出【创建新的表格样式】对话框，如图 3.216 所示。

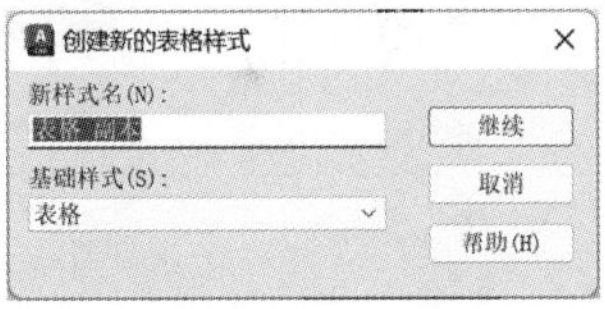

图 3.216　【创建新的表格样式】对话框

通过对话框中的【基础样式】下拉列表选择基础样式，并在【新样式名】文本框中输入新样式的名称“表格 1”，单击【继续】按钮，AutoCAD 2024 弹出【新建表格样式】对话框，如图 3.217 所示。

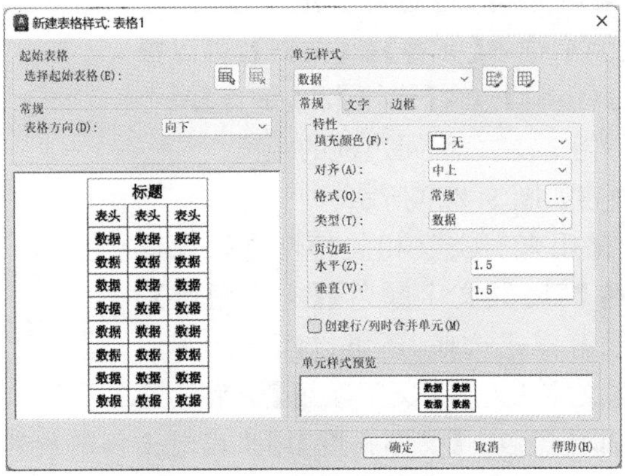

图 3.217　【新建表格样式】对话框

说明:【新建表格样式】对话框中,左侧有起始表格、表格方向下拉列表框和预览图像框三部分。其中,起始表格用于使用户指定一个已有表格作为新建表格样式的起始表格;表格方向下接列表框用于确定插入表格时的表方向,有【向下】和【向上】两个选择,【向下】表示创建由上而下读取的表,即标题行和列标题行位于表的顶部,【向上】则表示将创建由下而上读取的表,即标题行和列标题行位于表的底部;预览图像框用于显示新创建表格样式的表格预览图像。

【新建表格样式】对话框的右侧有【单元样式】选项组等,用户可以通过对应的下拉列表确定要设置的对象,即在【数据】【标题】和【表头】之间进行选择。选项组中,【常规】【文字】和【边框】3 个选项卡分别用于设置表格中的基本内容、文字和边框。

【常规】选项卡对应内容如图 3.218 所示。

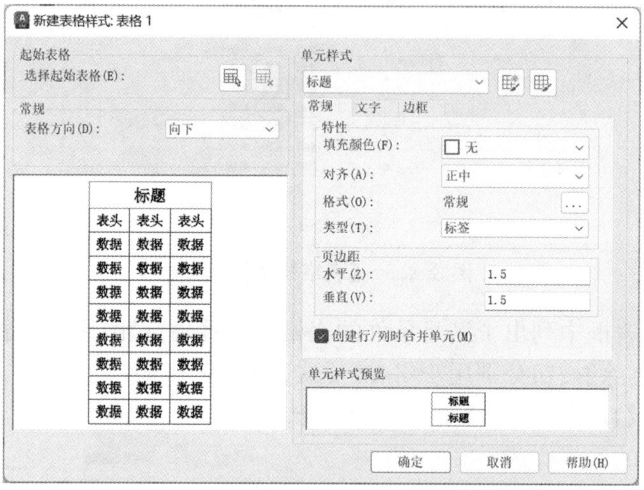

图 3.218 【新建表格样式】的【常规】选项卡

说明:【常规】选项卡包含有关【特性】的属性设置。【填充颜色】用来设置表格是否带有填充底色,如设置为红色。【对齐】用来设置文字在单元格中的对齐方式,对齐方式包含有“左上”“中上”“右上”“左中”“正中”“右中”“左下”“中下”“右下”六种。【格式】用来设置单元格内文字的数据类型,可以通过单击右侧按钮,打开【表格单元格式】对话框进行设置,如图 3.219所示。【类型】有两个选项【标签】和【数据】,可以根据具体情况进行选择。【页边距】包含【水平】和【垂直】两个参数,用于设置单元中的文字与左右单元边框的距离。

图 3.219 【表格单元格式】对话框

【文字】选项卡对应内容如图 3.220 所示。

说明:【文字】选项卡是用来对文字相关特性进行设置的,包括【文字样式】【文字高度】【文字颜色】【文字角度】。【文字样式】即可以进行已有样式选择,还可以新建文字样式。【文字高度】用来设置文字大小。【文字颜色】用来设置文字的颜色,一般情况下都是黑色。【文字角度】用来设置文字的旋转角度,一般为水平,即旋转角度为“0”。

【边框】选项卡对应内容如图 3.221 所示。

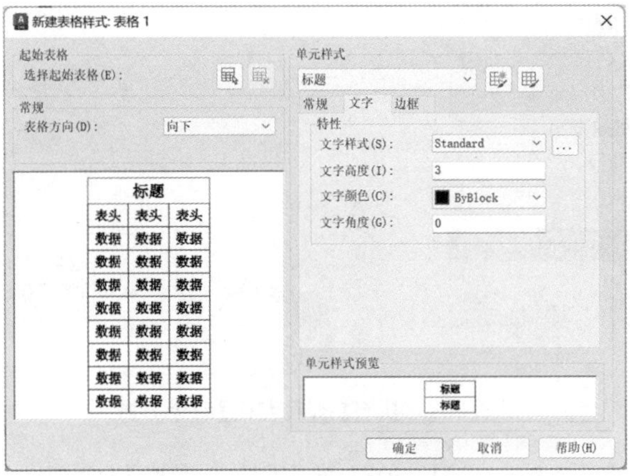

图 3.220　【文字】选项卡

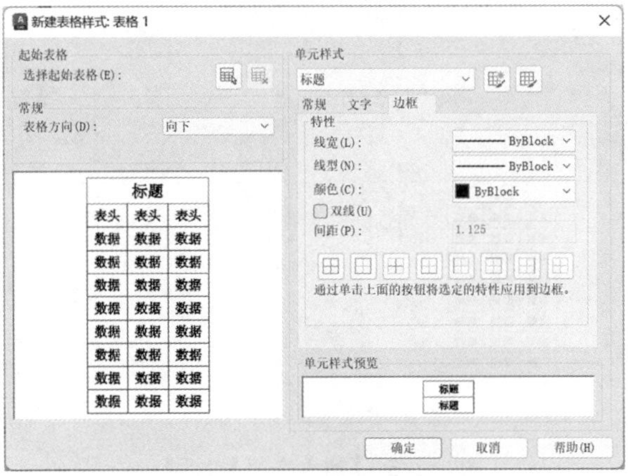

图 3.221　【边框】选项卡

说明:【边框】选项卡用来设置与表格边框相关的特性,包括【线宽】【线型】【颜色】【双线】【间距】的设置。【线宽】对应的下拉列表里可以挑选对应的线条宽度。【线型】的下拉列表中可以选择对应的线型,若没有所需线型,还可以加载。【双线】对应的复选框勾选上的话,【间距】输入框激活,可以输入双线之间的间距值。另外有 8 个按钮可以将选定的特性应用到对应的边框位置。

在表格样式的设置过程中,可以通过缩略图预览表格效果,及时地调整。【标题】【表头】及【数据】的设置方法相同。完成表格样式的设置后,单击【确定】按钮,AutoCAD 2024 返回到【表格样式】对话框,并将新定义的样式显示在【样式】列表框中。单击该对话框中的【确定】按钮关闭对话框,完成新表格样式的定义。

视频

创建表格

子任务 2　创建表格

我们可以通过选择菜单【绘图】|【表格】命令,或者单击【注释】功能区上的【插入表格】按钮,也可以在命令行输入“TABLE”命令,执行插入表格操作,如图 3.222 所示。

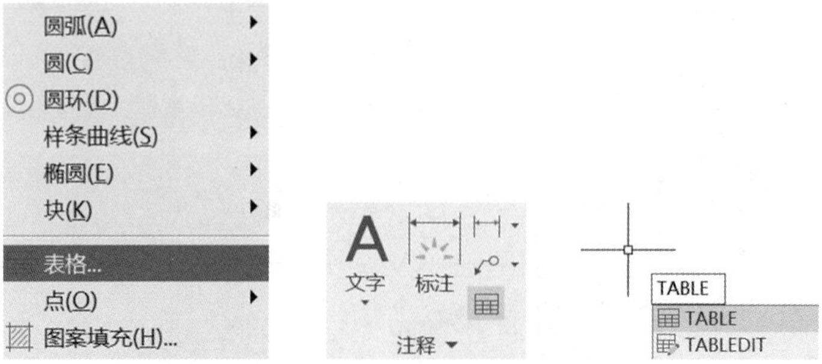

（a）　　　　（b）　　　　（c）

图 3.222　执行【插入表格】命令方式

执行【插入表格】命令后，AutoCAD 2024 弹出【插入表格】对话框，如图 3.223 所示。

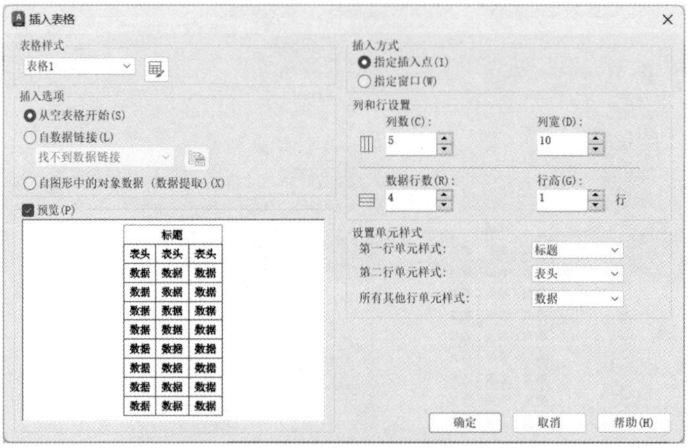

图 3.223　【插入表格】对话框

说明：此对话框用于选择表格样式，设置表格的有关参数。其中，【表格样式】选项用于选择所使用的表格样式。【插入选项】选项组用于确定如何为表格填写数据。【预览】框用于预览表格的样式。【插入方式】选项组设置将表格插到图形时的插入方式。【列和行设置】选项组则用于设置表格中的行数、列数，以及行高和列宽。注意：列宽是指整个表格总的列宽。【设置单元样式】选项组分别设置第一行、第二行和其他行的单元样式。

通过【插入表格】对话框确定表格数据后，单击【确定】按钮，而后根据提示确定表格的位置，即可将表格插到图形，插入后 AutoCAD 2024 打开【文字编辑器】面板，并将表格中的第一个单元格醒目显示，此时就可以向表格输入文字，如图 3.224 所示。

子任务 3　编辑表格

视 频

编辑表格

表格创建完成后，可以通过夹点来编辑修改该表格。单击该表格上的任意网格线选中该表格，然后利用“夹点”修改表格。单击网格线该表即被选中，当鼠标单击左键拾取其中任何一个蓝色的编辑点时，编辑点随即变成红色，此时称该编辑点为“夹点”，“夹点”状态是可以进行对象的编辑修改，如图 3.225 所示。

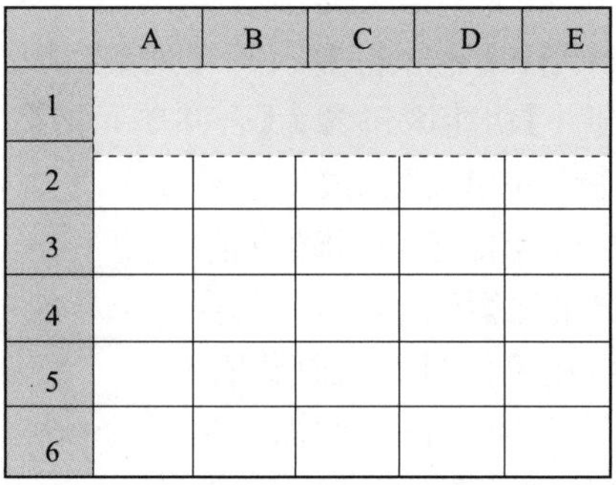

图 3.224 新建表格

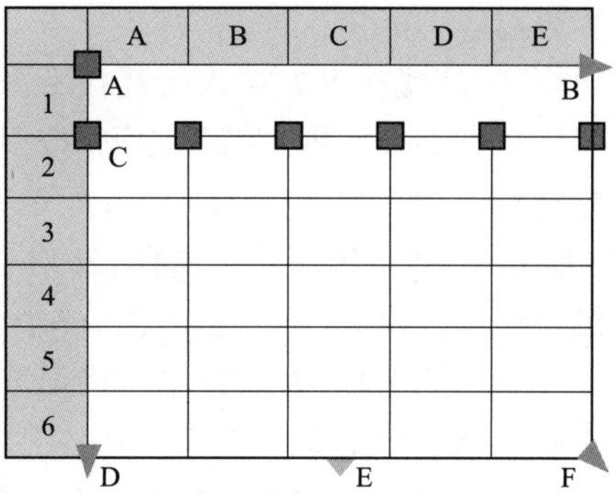

图 3.225 修改表格

说明：当选中网格线，该表即被选中，会出现了几种不同类型的蓝色编辑点。当 A 点变为夹点时，通过移动鼠标单击左键拾取点可以实现表格的移动。当 B 点变为夹点时，拖拽鼠标单击左键拾取点可以均匀更改表格列宽。当 C 点(或右侧的任意蓝色编辑点)变为夹点时，拖拽鼠标单击左键拾取点可以更改对应列的列宽，若为两列之间的夹点则会影响相邻列的列宽；当 C 点(或右侧的任意蓝色编辑点)变为夹点时，按下【Ctrl】键，拖拽鼠标单击左键拾取点更改对应列的列宽，并拉伸表格。当 D 点变为夹点时，通过移动鼠标单击左键拾取点可以将表格打断。当 F 点变为夹点时，通过移动鼠标单击左键拾取点可以均匀拉伸表格高度和宽度。

还可以在表格单元格内部空白处单击左键，此时单元格的边框显示被选中，会出现 5 个编辑点，如图 3.226 所示，打开【表格单元】面板，如图 3.227 所示。

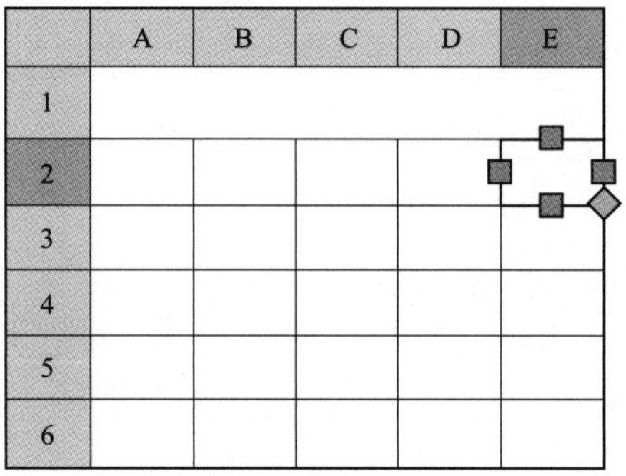

图 3.226 选中单元格

说明：位于单元格边框各中点的编辑点，主要用来调整该单元格的行高和列宽，整体表格会随着鼠标的拖拽进行拉伸。边框的右下角有个菱形的编辑点，拖拽此夹点可以实现快速填充单元格。

图 3.227 【表格单元】面板

说明：该面板上的按钮是针对所选单元格的位置进行操作的。

常用按钮对应功能依次介绍为:

【行】功能区包含【在上方插入行】【在下方插入行】和【删除行】按钮。【列】功能区包含【从左侧插入列】【从右侧插入列】和【删除列】按钮。【合并】功能区包含为【合并单元格】和【取消合并单元格】按钮。注意:先选择好要合并的单元格,【合并单元格】按钮才被激活,它共有“全部”“按行”和“按列”三种合并方式。同样,针对合并的单元格才可以做取消合并单元格的操作。【单元样式】功能区包含【匹配单元】按钮等,可以通过下拉列表中颜色的选择,为所选单元格填充颜色,还可以进行边框设置和对齐方式设置,对齐方式有“左上”“中上”“右上”“左中”“正中”“右中”“左下”“中下”“右下”9 种方式。【单元格式】功能区包含【单元锁定】和【数据格式】按钮,其中锁定方式有“解锁”“内容已锁定”“格式已锁定”和“内容和格式已锁定”4 种。

对于选中的单元格对象,也可以通过右键快捷菜单实现对应操作。快捷菜单中针对单元格的操作如图 3.228 所示。

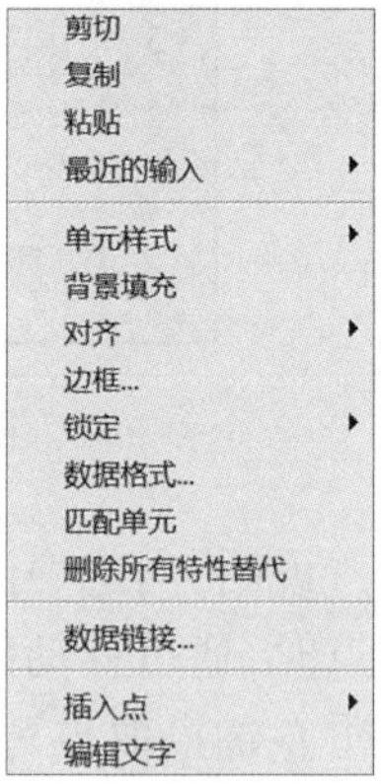

图 3.228 快捷菜单中针对单元格的操作

任务实战

绘制车站信号设备平面布置图中的“道岔类型表”“股道长度有效表”“距信号楼中心”坐标数据表。

1. 绘制“道岔类型表”

“道岔类型表”图样如图 3.229 所示。

视频 绘制道岔类型表

道岔类型表			
类型	辙叉号	号码	备注
50 kg/m	1/9	2、22	
60 kg/m	1/12	7、11、13、21、25、18、20	
60 kg/m 提速	1/12	9、15、4、6、8、10、12	固定辙叉
60 kg/m 提速	1/12	1、3、5、17、19、23、27、14、16	可动心轨

图 3.229 “道岔类型表”图样

单击【格式】|【表格样式】,在打开的【表格样式】对话框中,选中左侧列表中“表格”,单击【修改】按钮修改表格样式,在【单元样式】中选中“标题”,选择【常规】标签,勾选“创建行/列时合并单元”,效果如图 3.230 所示。选择【文字】标签,将【文字样式】设置为“字体”,效果如图 3.231所示。选择【边框】标签,设置为下边框为有边框,效果如图 3.232 所示。接着,在【单元样式】中选中“表头”,【常规】标签设置参数如图 3.233 所示,【文字】标签设置参数效果如图 3.234所示,【边框】标签设置效果如图 3.235 所示。最后,在【单元样式】中选中“数据”,【常规】标签设置参数如图 3.236 所示,【文字】标签设置参数效果如图 3.237 所示,【边框】标签设置效果如图 3.238 所示。单击【确定】按钮后返回【表格样式】对话框,如图 3.239 所示,单击【置为当前】按钮,单击【关闭】按钮。

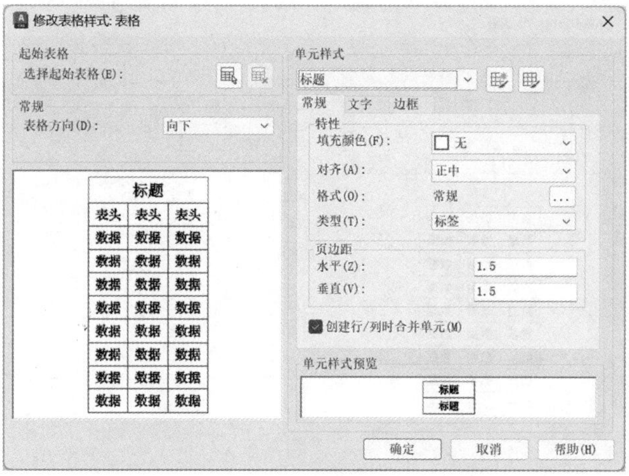

图 3.230　设置标题样式【常规】参数

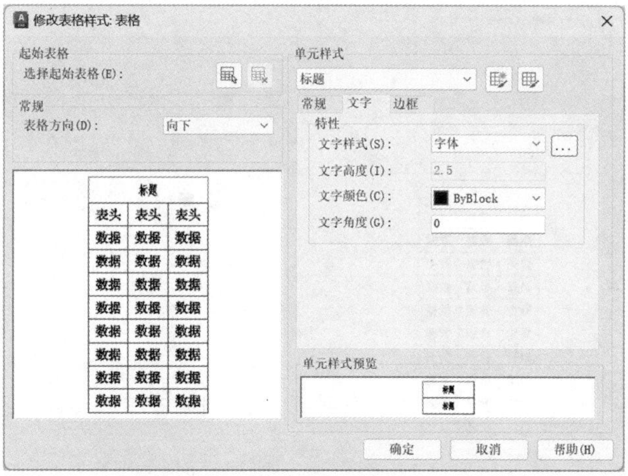

图 3.231　设置标题样式【文字】参数

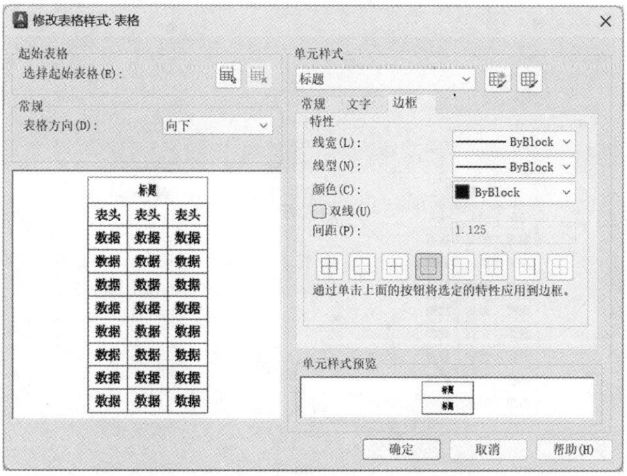

图 3.232　设置标题样式【边框】参数

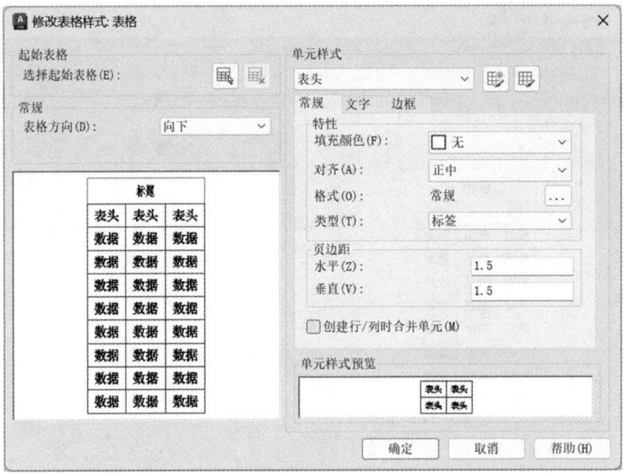

图 3.233 设置表头样式【常规】参数

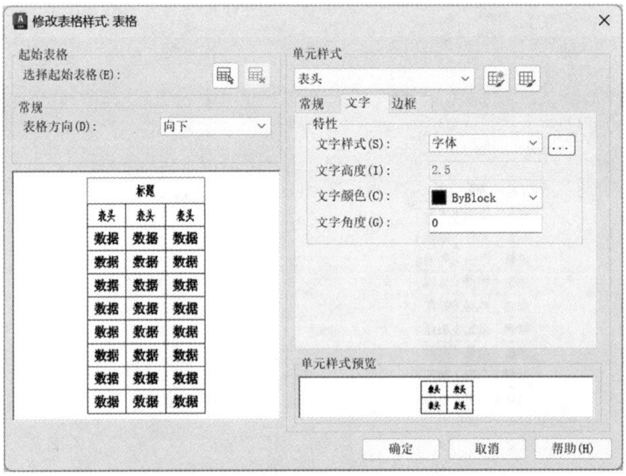

图 3.234 设置表头样式【文字】参数

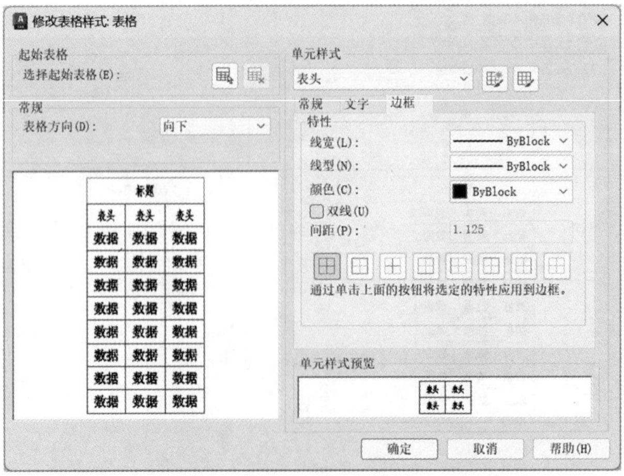

图 3.235 设置表头样式【边框】参数

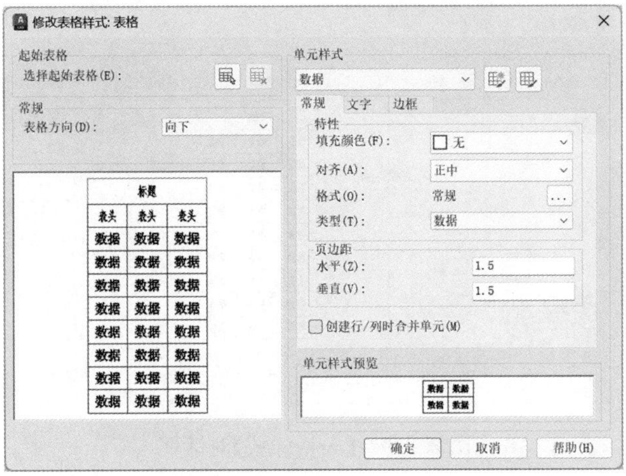

图3.236　设置数据单元格样式【常规】参数

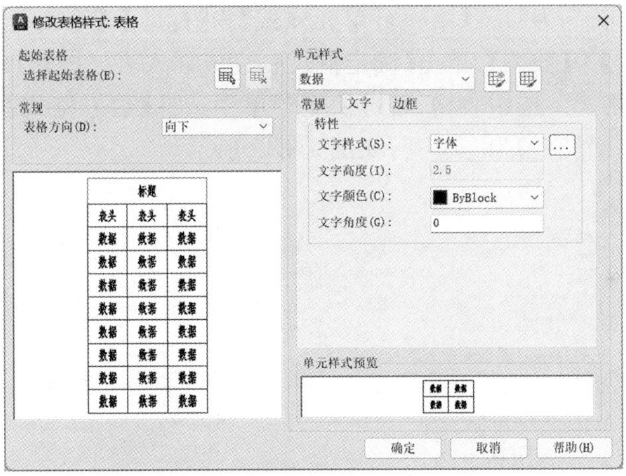

图3.237　设置数据单元样式【文字】参数

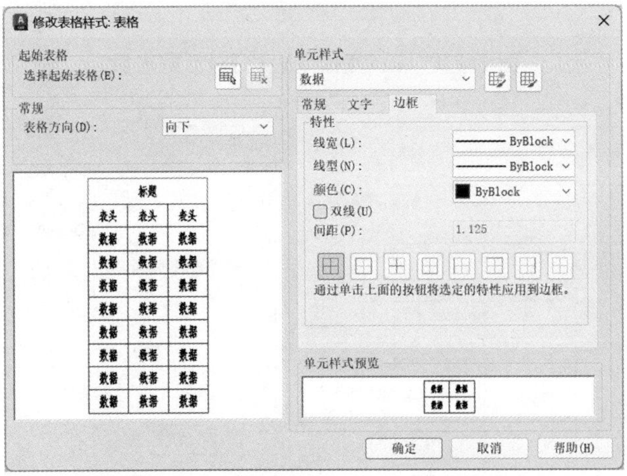

图3.238　设置数据单元样式【边框】参数

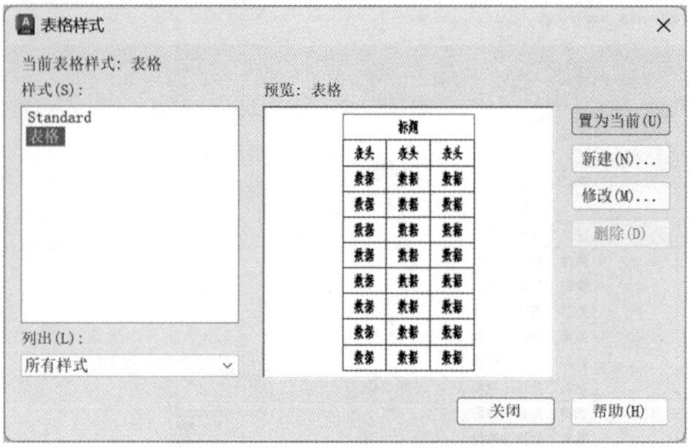

图 3.239 【表格样式】对话框

切换图层至【图形注释】图层，利用【表格】命令绘制“道岔类型表”。单击【注释】选项板【表格】按钮，打开图 3.240 所示的【插入表格】对话框，设置【表格样式】为【表格】，列数为“4”，列宽为“10”，数据行数“4”，行高为“1”，【第一行单元样式】为【标题】，【第二行单元样式】为【表头】，【所有其他行单元样式】为【数据】，单击【确定】按钮，完成插入表格操作，效果如图 3.241 所示。

设置单元格数据格式。选中表格，右键快捷菜单中选择【数据格式】命令，打开【表格单元格式】对话框，选择【数据类型】为“文字”，如图 3.242 所示。

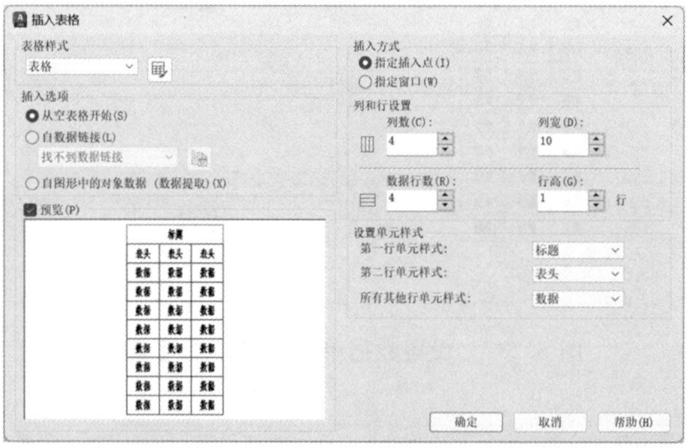

图 3.240 设置【插入表格】对话框参数

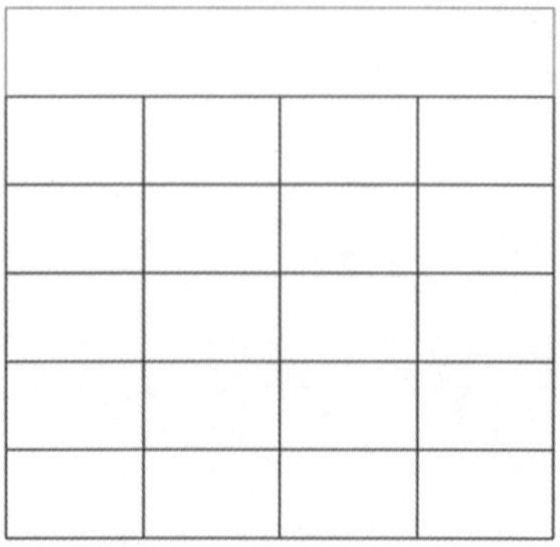

图 3.241 插入表格

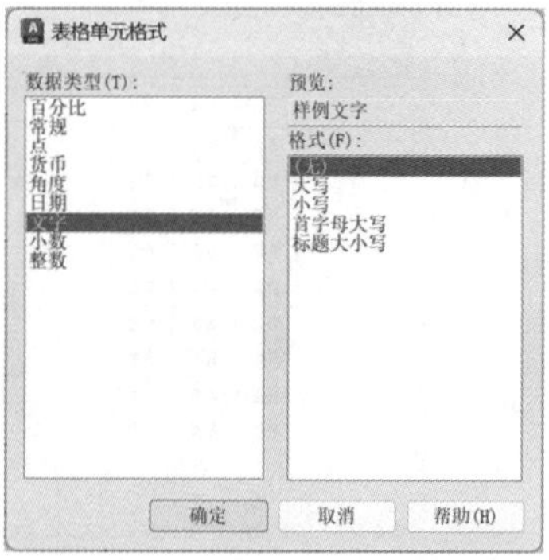

图 3.242 设置【表格单元格式】

输入部分文字内容,如图 3.243 所示。

道岔类型表			
类型	辙叉号	号码	备注
50 kg/m		2、22	
60 kg/m		7、11、13、21、25、18、20	
60 kg/m 提速		9、15、4、6、8、10、12	固定辙叉
60 kg/m 提速		1、3、5、17、19、23、27、14、16	可动心轨

图 3.243 输入部分文字内容

选中表格后,可以通过【夹点编辑】,调整表格合适的行高和列宽,并将号码对应的文字内容对齐方式改为"左中",美化后的表格效果如图 3.244 所示。

道岔类型表			
类型	辙叉号	号码	备注
50 kg/m		2、22	
60 kg/m		7、11、13、21、25、18、20	
60 kg/m 提速		9、15、4、6、8、10、12	固定辙叉
60 kg/m 提速		1、3、5、17、19、23、27、14、16	可动心轨

图 3.244 修改列宽和文字对齐效果

继续输入"辙叉号"列中的文字内容,如"1/9",如果发现系统自动按照堆叠方式变成分数形式,如图 3.245 所示,可以选中对应的文字内容,右键快捷菜单中选择【堆叠特性】命令,打开图 3.246 所示的【堆叠特性】对话框,单击【自动堆叠】按钮,打开【自动堆叠特性】对话框,如图 3.247所示,取消"启用自动堆叠",单击【确定】按钮。堆叠效果如图 3.248 所示。

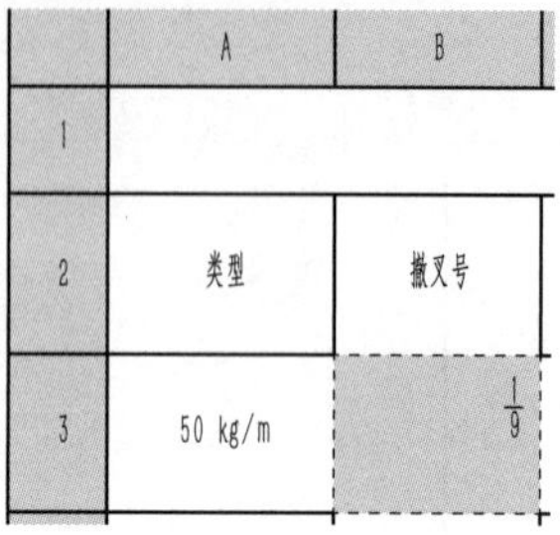

图 3.245 自动堆叠文字效果

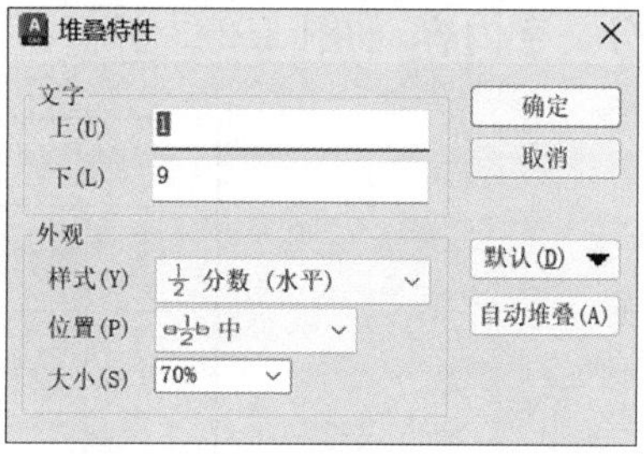

图 3.246 【堆叠特性】对话框

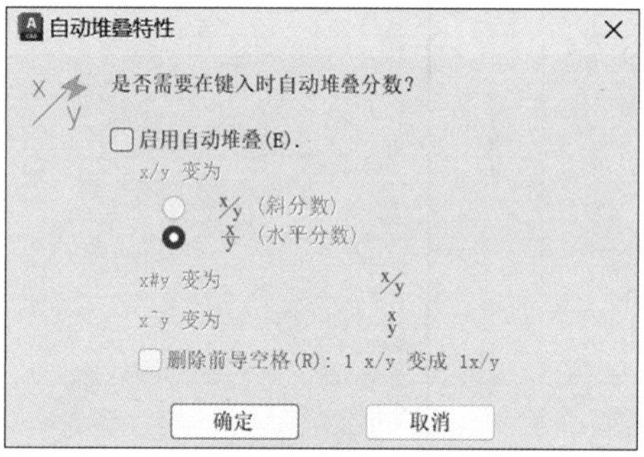

图 3.247 【自动堆叠特性】对话框

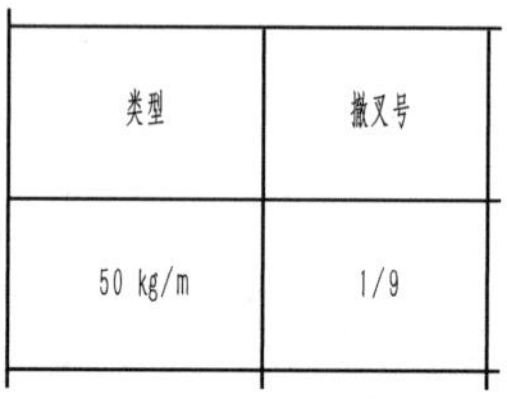

图 3.248 取消自动堆叠后文字效果

视 频

绘制股道有效长度表

继续输入其余文字内容,完成道岔类型表的绘制。

2. 绘制"股道有效长度表"

"股道有效长度表"图样如图 3.249 所示。

股道有效长度表					
股道编号	线路别	长度(m)			
		起	止	上行	下行
股道编号	正线	$S_{Ⅰ}$	警冲标	1094	
		$X_{Ⅰ}$	警冲标		1094
股道编号	正线	$S_{Ⅱ}$	警冲标	1028	
		$X_{Ⅱ}$	警冲标		1028
股道编号	正线	$S_{Ⅲ}$	警冲标	1060	
		$X_{Ⅲ}$	警冲标		1060
股道编号	站线	S_4	警冲标	1028	
		X_4	警冲标		1028
股道编号	站线	S_5	警冲标	1020	
		X_5	警冲标		1020

图 3.249 "股道有效长度表"图样

单击【注释】选项板【表格】按钮，打开【插入表格】对话框，设置【表格样式】为【表格】，列数为“6”，列宽为“10”，数据行数“11”，行高为“1”，【第一行单元样式】为【标题】，【第二行单元样式】为【表头】，【所有其他行单元样式】为【数据】，单击【确定】按钮，完成插入表格操作，效果如图 3.250 所示。

选中需要合并的单元格，右键快捷菜单中选择【合并】|【全部】命令，合并单元格后的效果如图 3.251 所示。

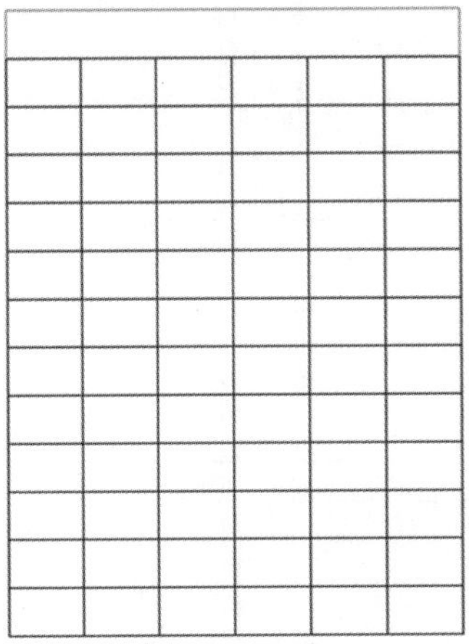

图 3.250　插入表格

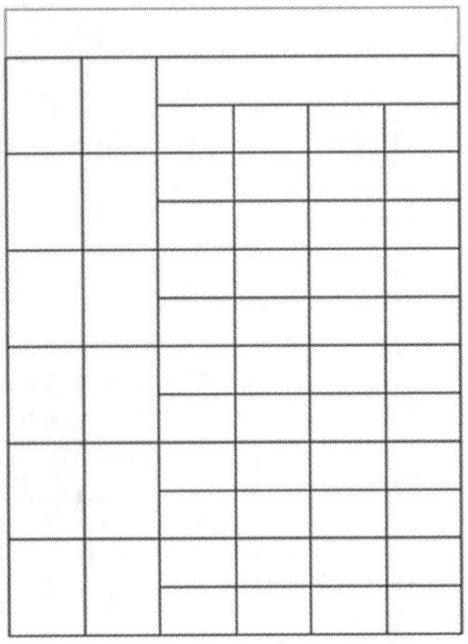

图 3.251　合并单元格效果

输入文字内容，其中下标文字可以通过【文字编辑器】中【格式】区域的【X_2】（下标）按钮来实现。

3. 将利用【移动】工具将两个表格下沿对齐

对齐表格底部如图 3.252 所示。

股道有效长度表					
股道编号	线路别	长度（m）			
		起	止	上行	下行
股道编号	正线	S_{I}	警冲标	1094	
		X_{I}	警冲标		1094
股道编号	正线	S_{II}	警冲标	1028	
		X_{II}	警冲标		1028
股道编号	正线	S_{III}	警冲标	1060	
		X_{III}	警冲标		1060
股道编号	站线	S_4	警冲标	1028	
		X_4	警冲标		1028
股道编号	站线	S_5	警冲标	1020	
		X_5	警冲标		1020

道岔类型表			
类型	辙叉号	号码	备注
50 kg/m	1/9	2、22	
60 kg/m	1/12	7、11、13、21、25、18、20	
60 kg/m 提速	1/12	9、15、4、6、8、10、12	固定辙叉
60 kg/m 提速	1/12	1、3、5、17、19、23、27、14、16	可动心轨

图 3.252　对齐表格底部

视频

绘制“距信号楼中心”坐标数据表

4. 绘制“距信号楼中心”坐标数据表

新建“坐标辅助线”图层并置为当前图层，设置线型为“ACAD_ISO04W100”（点画线），颜色为“洋红”。根据道岔和信号机的坐标数据，将不合理位置上的道岔和信号机进行移动修改。利用【构造线】和【复制】命令绘制道岔及信号灯坐标辅助线，如图 3.253 所示。

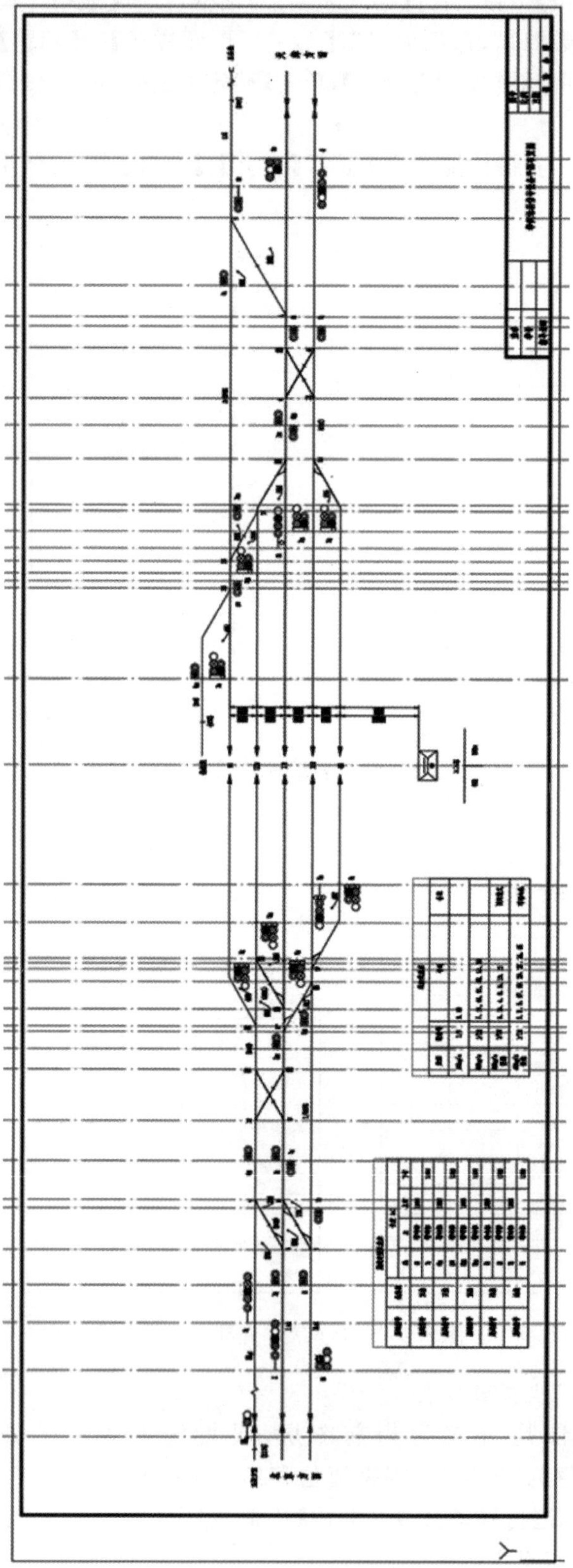

图 3.253 绘制坐标辅助线

关闭“坐标辅助线图层”显示，切换图层至“坐标图层”，单击【注释】面板【插入表格】按钮，在弹出的【插入表格】对话框中设置参数，如图 3.254 所示。插入表格图样如图 3.255 所示。

合并单元格，并输入文字内容，如图 3.256 所示。

利用【旋转】命令，逆时针旋转表格 90°，如图 3.257 所示。

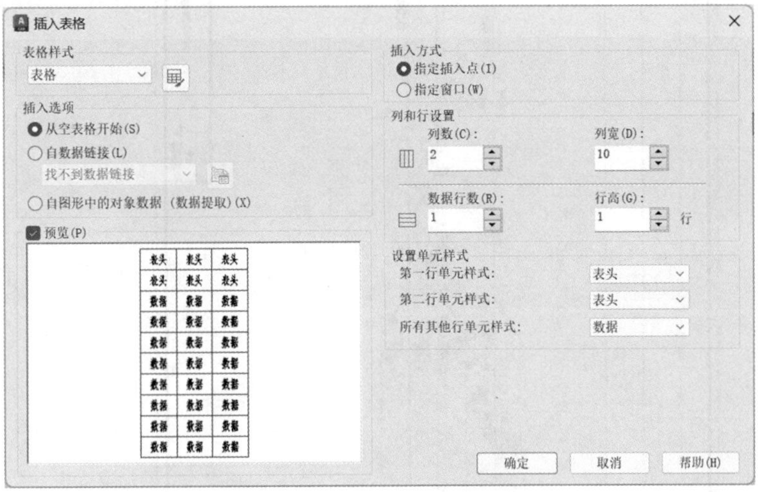

图 3.254 【插入表格】对话框

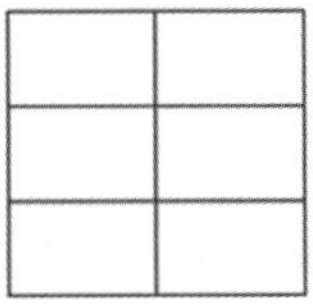

图 3.255 插入表格图样

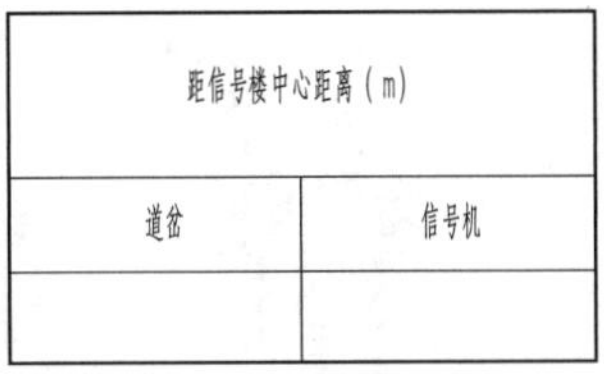

图 3.256 输入表格文字

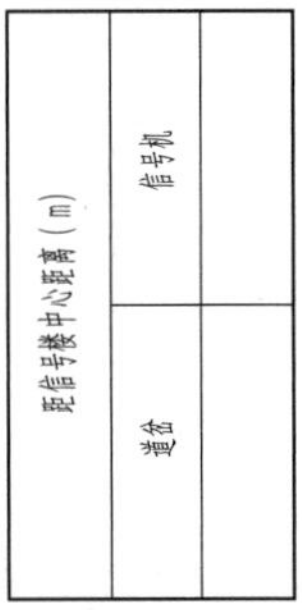

图 3.257 旋转表格

选中第二行单元格，利用【夹点编辑】命令修改行高，效果如图 3.258 所示。

打开“坐标辅助线图层”，显示当前图层为“坐标图层”。在对应 YX_D 信号机辅助线位置输入对应的坐标数据，如图 3.259 所示。

利用【旋转】命令，将文字内容“YX_D”和“2074”逆时针旋转 90°。利用【移动】命令，将文字内容移到合适位置，实现布置图中信号机和坐标的对应，效果如图 3.260 所示。

按照布置图从左往右的顺序，完成其他信号机和道岔的坐标数据绘制。下行咽喉线路道岔及信号机坐标效果如图 3.261 所示。上行咽喉线路道岔及信号机坐标效果如图 3.262 所示。

到此，整个平面布置图绘制完成。最后还有很关键的一步就是仔细检查图纸，确保图纸质量，检查核对好图之后，将图形保存为“车站信号设备平面布置图 .dwg”。

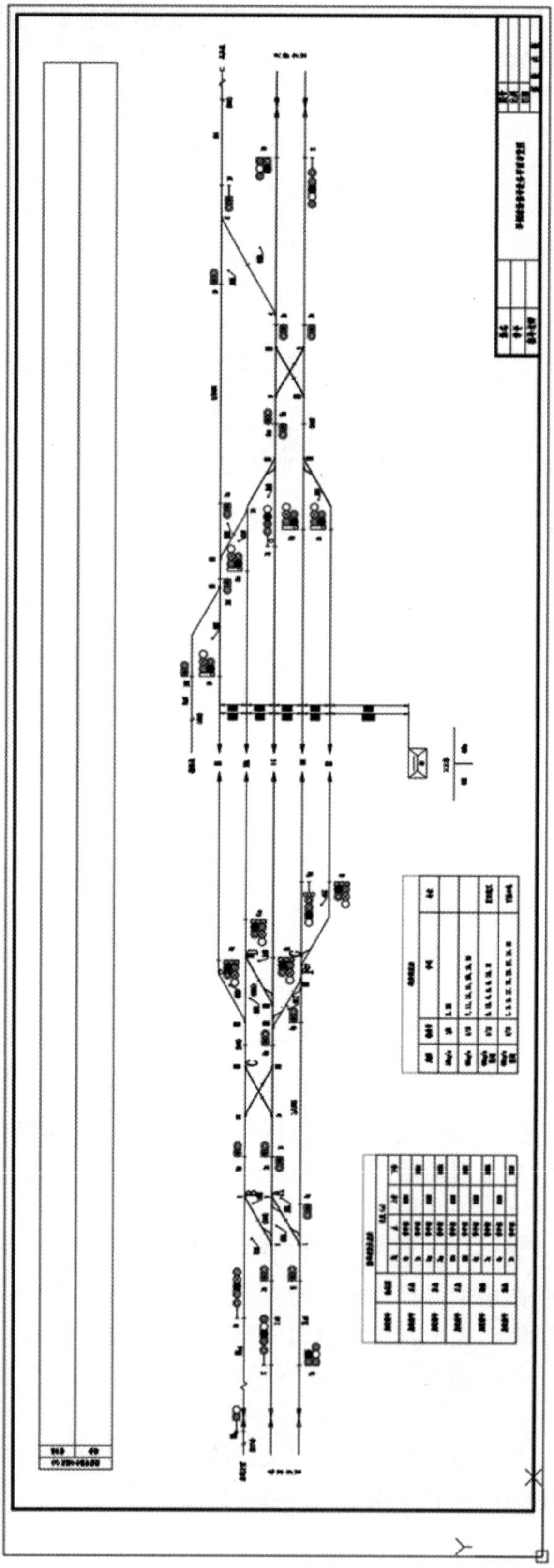

图 3.258 修改表格行高效果

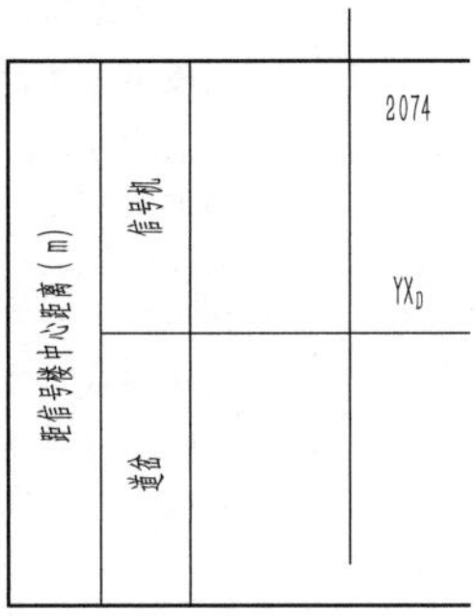

图 3.259　输入 YX_D信号机坐标数据

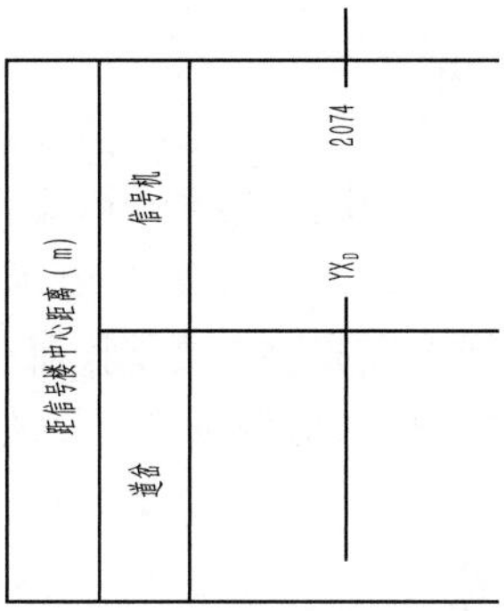

图 3.260　旋转坐标数据效果

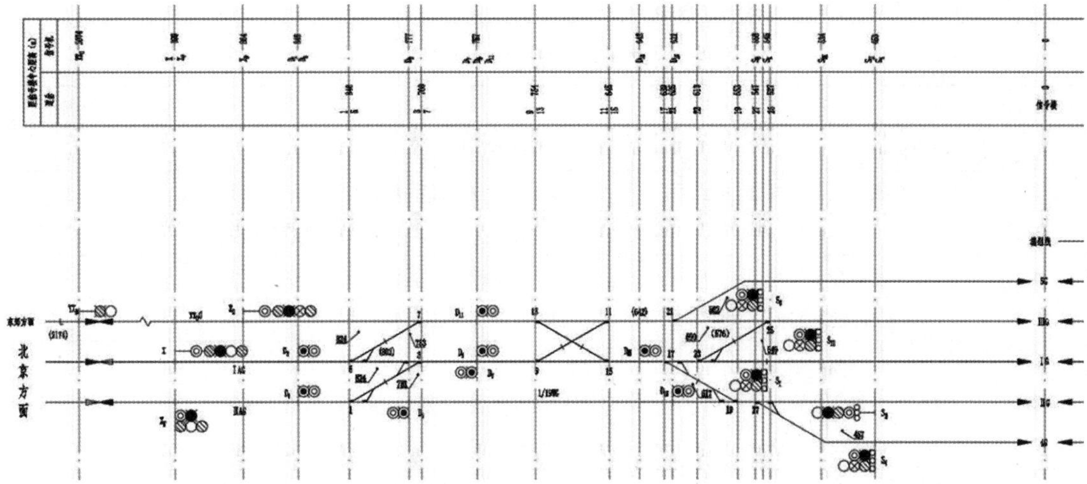

图 3.261　下行咽喉线路道岔及信号机坐标效果

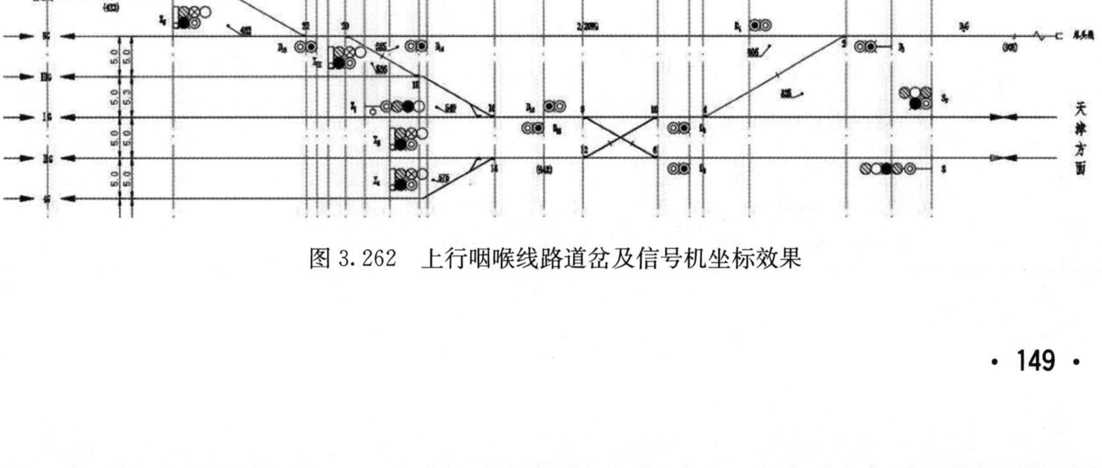

图 3.262　上行咽喉线路道岔及信号机坐标效果

任务巩固

依据《铁路工程制图标准》(TB/T 10058—2015)和《铁路信号符号》(TB/T 1122—2019)的要求,完成"某站信号设备平面布置图"图样中表格注释绘制,命名为"某站信号设备平面布置图.dwg"。某站信号设备平面布置图表格注释图样见书末附图 2。

图纸质量控制意识

站场信号设备布置图是铁路信号设计和施工的基础,是实施过程中不可或缺的重要文件。图纸质量控制在设计施工项目管理中都起着重要的作用。我们始终都应该具有图纸质量控制意识,确保图纸的准确性、完整性和可读性,以及与设计意图的一致性。

项目评价

上述项目任务完成后,填写评价表,对知识目标、技能目标与素质目标达成情况进行自我评价,并进行学习总结和归纳,见表 3.4。

表 3.4 项目任务评价

自评分类	评价内容	评价等级	总结归纳
知识技能	行业标准 TB/T 1122—2019(重点)	□不熟悉 □基本熟悉 □熟悉	
	图案填充命令操作(重点)	□没有掌握 □基本掌握 □完全掌握	
	拉伸命令操作	□没有掌握 □基本掌握 □完全掌握	
	复制命令操作(重点)	□没有掌握 □基本掌握 □完全掌握	
	多段线命令操作(难点)	□没有掌握 □基本掌握 □完全掌握	
	构造线命令操作	□没有掌握 □基本掌握 □完全掌握	
	镜像命令操作(重点)	□没有掌握 □基本掌握 □完全掌握	
	点样式设置及点绘制操作	□没有掌握 □基本掌握 □完全掌握	
	文字样式设置及多行文字的创建(重点)	□没有掌握 □基本掌握 □完全掌握	
	标注样式设置及标注命令使用(难点)	□没有掌握 □基本掌握 □完全掌握	
	多重引线标注样式设置及其标注(重点)	□没有掌握 □基本掌握 □完全掌握	
	表格样式设置及其创建(重点)	□没有掌握 □基本掌握 □完全掌握	
	块操作(难点)	□没有掌握 □基本掌握 □完全掌握	
实践技能	绝缘节图形符号的绘制	□没有掌握 □基本掌握 □完全掌握	
	信号机图形符号的绘制	□没有掌握 □基本掌握 □完全掌握	
	道岔图形符号的绘制	□没有掌握 □基本掌握 □完全掌握	
	线路的绘制	□没有掌握 □基本掌握 □完全掌握	
	文字注释的绘制	□没有掌握 □基本掌握 □完全掌握	
	表格的绘制	□没有掌握 □基本掌握 □完全掌握	
职业素养	具有系统分析问题的能力	□达成 □未达成	
	具有职业道德和职业精神	□达成 □未达成	
	具有创新意识	□达成 □未达成	
	具有图纸质量控制意识	□达成 □未达成	

课堂练习

一、选择题

1. 依据《铁路信号符号》(TB/T 1122—2019)国家标准,代表红色信号灯的图形符号是(　　)。

A. 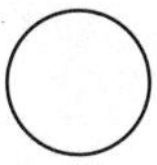　B. 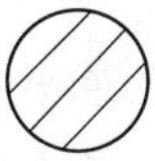　C. 　D. 

2. 依据《铁路信号符号》(TB/T 1122—2019)国家标准,代表单式交分道岔的图形符号是(　　)。

A. 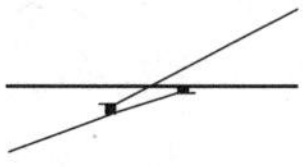　B. 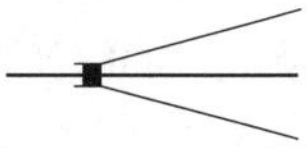

C. 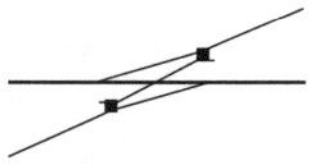　D. 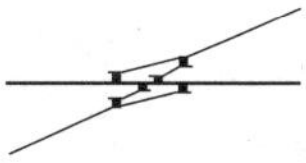

3. 移动直线对象,使其中点移动到一个圆对象的圆心,需要应用(　　)功能。

A. 栅格　B. 捕捉　C. 正交　D. 对象捕捉

4. 在 AutoCAD 2024 绘制站场信号设备平面布置图时,为准确绘制线路运行方向,应优先使用(　　)命令。

A. LINE(直线)　B. PLINE(多段线)

C. SPLINE(样条曲线)　D. RECTANG(矩形)

5. 绘制站场信号设备平面布置图时,为区分不同用途的信号机,(　　)是最规范的做法。

A. 随意使用不同颜色

B. 按照行业标准图例设置符号样式并添加文字标注

C. 只使用文字标注

D. 改变信号机图形大小

6. 在车站信号设备平面布置图中,绘制警冲标符号,使用(　　)命令最为便捷。

A. CIRCLE(圆)　B. POLYGON(多边形)

C. ELLIPSE(椭圆)　D. RECTANG(矩形)

7. 文字样式中高度设置为0,输入多行文字时,其高度值为(　　)。

A. 0　B. 2.5　C. 3.5　D. 随用户设置

8. 当对一个已定义好的图块进行“分解”操作后,(　　)。

A. 图块将无法再使用

B. 图块中的对象将变成独立的对象,但图块定义仍然保留

C. 图块定义将被删除

D. 图块中的对象会丢失

9. 绘制车站信号设备平面布置图时,若要绘制多条平行且等距的铁轨,使用(　　)命令效率最高。

A. COPY(复制)多次操作　B. OFFSET(偏移)

C. ARRAY(阵列)　D. MIRROR(镜像)

10. 在车站信号设备平面布置图中,标注警冲标时,为使注释文字不遮挡其他图形,应优先使用(　　)。

A. 单行文字,手动调整位置　　B. 多行文字,设置固定区域

C. 引线标注,添加文字注释　　D. 表格标注

11. 在图中注写单行文本时,标注中可使用回车键换行,也可在另外的位置(　　),以确定新的起始位置。

A. 双击鼠标左键　　B. 单击鼠标右键

C. 重新注写文本　　D. 单击鼠标左键

12. 以下关于外部图块的说法,正确的是(　　)。

A. 外部图块只能在当前图形中使用　　B. 外部图块可以被多个图形文件共享

C. 定义外部图块使用“BLOCK”命令　　D. 外部图块不能进行缩放和旋转操作

13. 绘制车站信号设备平面布置图时,对于重复出现的相同型号信号机,最佳绘制方式是(　　)。

A. 每次都重新绘制　　B. 复制粘贴

C. 定义为块并插入使用　　D. 手绘后扫描导入

14. 在 AutoCAD 2024 绘制车站信号设备平面布置图时,为保证图纸比例准确,应在绘图前进行的设置是(　　)。

A. 设置图形单位　　B. 调整视图缩放比例

C. 定义打印样式表　　D. 绘制图框

15. 站场信号设备平面布置图中,为使文字标注更清晰规范,应优先选择(　　)文字样式。

A. STANDARD　　B. 仿宋 GB 2312

C. 宋体　　D. 黑体

二、上机练习

1. 绘制图 3.263 所示的驼峰复示信号机图形。

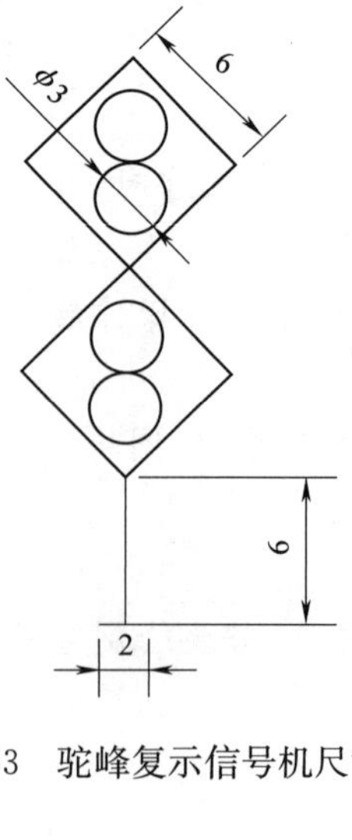

图 3.263　驼峰复示信号机尺寸标注

2. 绘制图 3.264 所示的路徽图形。

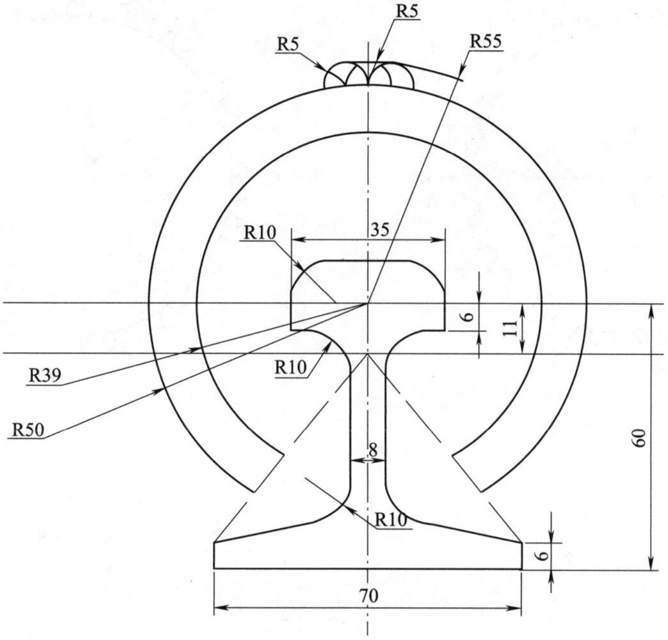

图 3.264　路徽图形

3. 绘制图 3.265 所示的启动片图形。

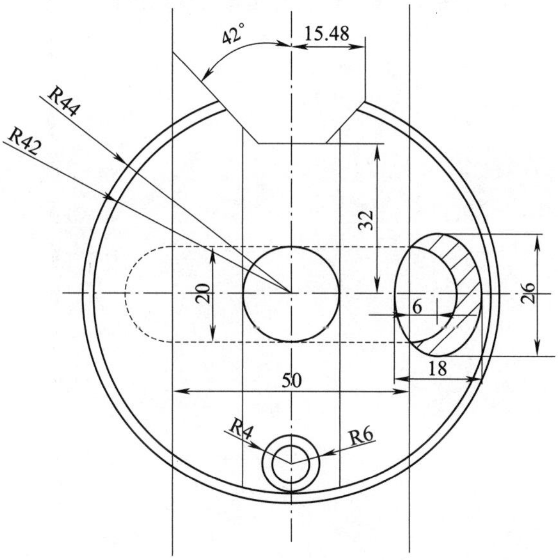

图 3.265　启动片图形

4. 绘制图 3.266 所示的 41 齿行星转动式内齿轮图形。

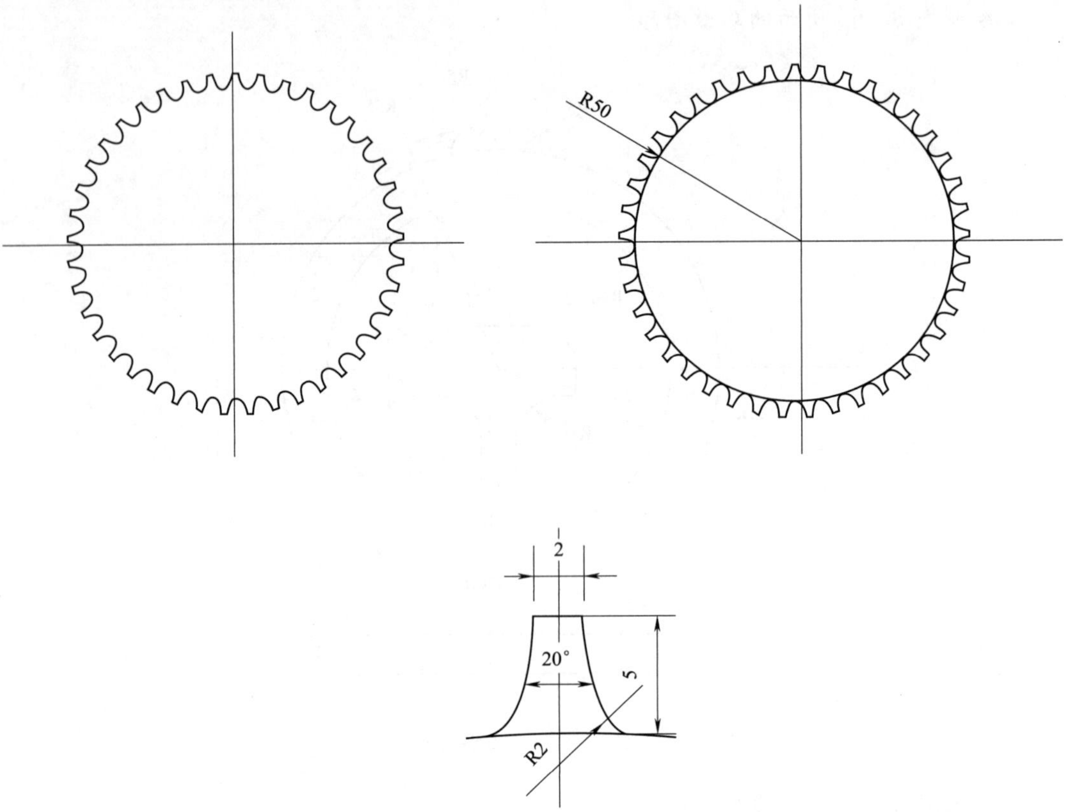

图 3.266　41 齿行星转动式内齿轮

项目 4　铁路信号专业电路图的绘制

项目导入

铁路信号专业电路图是用国家统一规定的电路元件符号表示电路连接情况的示意图，它是用图形符号并尽量按工作顺序排列，详细表示电路、设备或成套装置的全部基本组成和连接关系，而不考虑其实际位置的一种简图。目的是便于详细理解作用原理，分析和计算电路特性。学习者在绘制过程中要严格遵循规范，包括符号规范、布局规范和线路规范。制图完成后，还要进行仔细检查和审核，确保图纸质量。

学习目标

知识目标

- 熟悉常用的电器元件符号。
- 熟悉电路图的图幅分区。
- 掌握电路图布局规范。
- 掌握电路图的画法。
- 掌握栅格捕捉的使用方法。
- 掌握线宽设置方法。
- 掌握绘制电线路及配线的图形符号方法与技巧。
- 掌握绘制继电器线圈的图形符号方法与技巧。
- 掌握绘制接点的图形符号方法与技巧。
- 掌握文字标注方法与技巧。
- 掌握表格绘制方法与技巧。

能力目标

- 能正确进行图层相关操作。
- 能熟练绘制电线路及配线的图形符号。
- 能熟练绘制继电器线圈的图形符号。
- 能熟练绘制接点的图形符号。
- 能熟练设置线宽。
- 能熟练进行文字标注。
- 能根据需求进行表格绘制。

素质目标

- 养成严谨认真的职业习惯。
- 具有布局思维。
- 具有精益求精的工匠精神。

项目导图

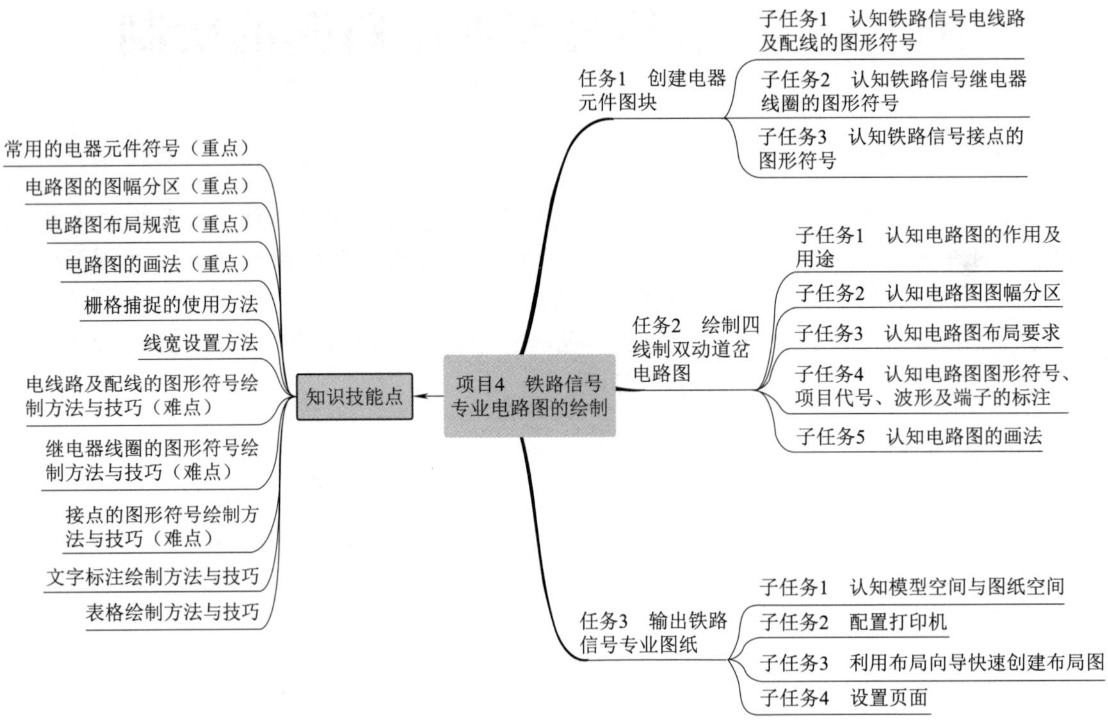

图 4.1 铁路信号专业电路图的绘制项目导图

任务 1 创建电器元件图块

任务描述

与车站信号设备平面布置图类似，铁路信号专业电路图中也同样有大量重复出现的图形符号，比如继电器符号、接点符号等。在绘图过程中，将这些图形做成图块保存，制图时，按照一定的角度和比例插入，可以大大提高工作效率。电器元件图块应按照《铁路信号符号》(TB/T 1122—2019)绘制。

任务分析

子任务 1 认知铁路信号电线路及配线图形符号

电线路及配线的图形符号应符合表 4.1 的规定。

表 4.1　电线路及配线的图形符号

序号	图形符号	名　　称
1		单极导线、电缆一般符号
2		架空明线线路
3		架空电缆
4	50-19(3)	电缆标记(电缆长 50 m,19 芯备用 3 芯)
5		端子
6		导线的连接
7		干线电缆径路
8		光缆的一般符号
9		接地端子排

子任务 2　认知铁路信号继电器线圈的图形符号

继电器线圈的图形符号应符合表 4.2 的规定。

表 4.2　继电器线圈图形符号

序号	图形符号	名　　称
1	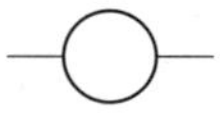	直流无极继电器(两线圈串接)
2	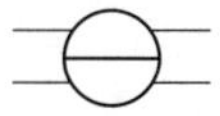	直流无极继电器(两线圈分接)
3		直流无极缓放/缓动继电器
4	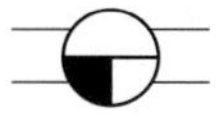	直流无极缓放继电器(单线圈缓放)
5	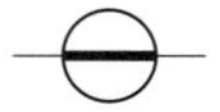	无极加强继电器
6		有极继电器
7	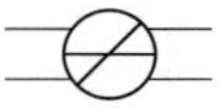	有极继电器(两线圈分接)
8		有极加强继电器(两线圈串接)

续上表

序号	图形符号	名　　称
9	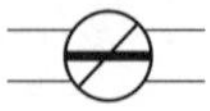	有极加强继电器(两线圈分接)
10	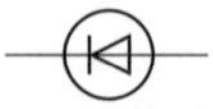	整流式继电器
11	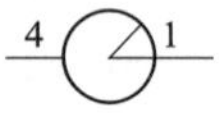	偏极继电器
12	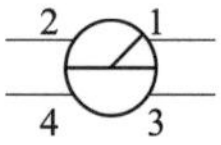	偏极继电器(两线圈分接)
13	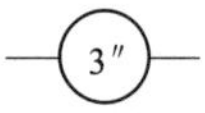	时间继电器
14		脉冲继电器(线圈串接)
15		脉冲继电器(线圈分接)
16	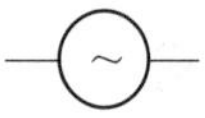	交流继电器灯丝转换继电器
17	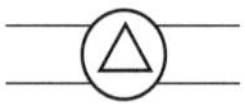	单闭磁继电器
18	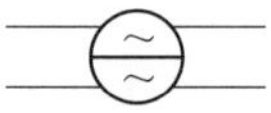	交流二元二位继电器
19		二元差动继电器
20	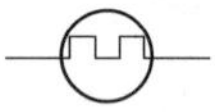	动态继电器(两线圈串接)
21	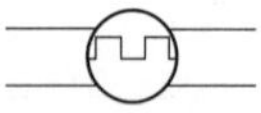	动态继电器(两线圈分接)
22	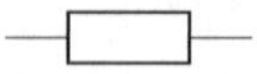	电码继电器传输继电器
23	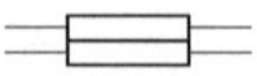	电码继电器(线圈分接)
24		电码缓放继电器

子任务 3　认知铁路信号接点的图形符号

接点的图形符号应符合表 4.3 的规定。

表 4.3　接点图形符号

序号	图形符号	名称
1	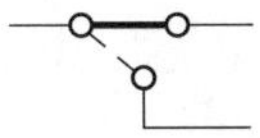	无极接点(一般符号)
2	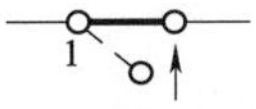	动合接点(前接点)闭合
3	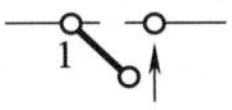	动断接点(后接点)断开
4	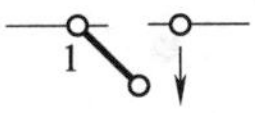	动合接点(前接点)断开
5	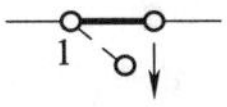	动断接点(后接点)闭合
6	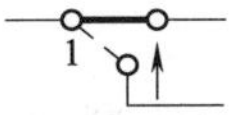	接点组
7	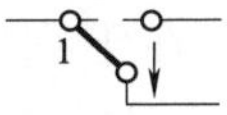	
8	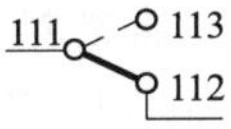	极性定位接点闭合
9	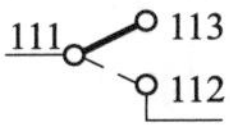	极性定位接点断开
10	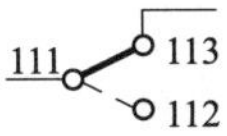	极性反位接点闭合
11	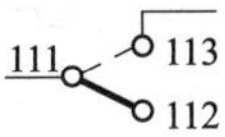	极性反位接点断开
12	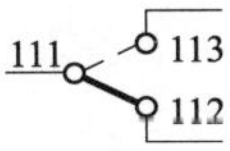	极性定反位接点组
13	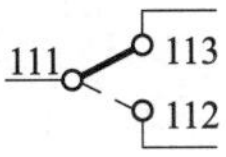	
14		转辙机摇把接点
15	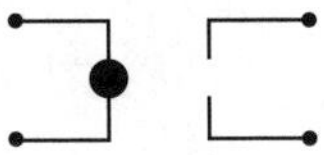	转辙机自动开闭器接点

任务实战

我们将要用到的铁路信号电器元件图形符号创建为图块，图块命名以元器件名称命名，如

图 4.2 所示。

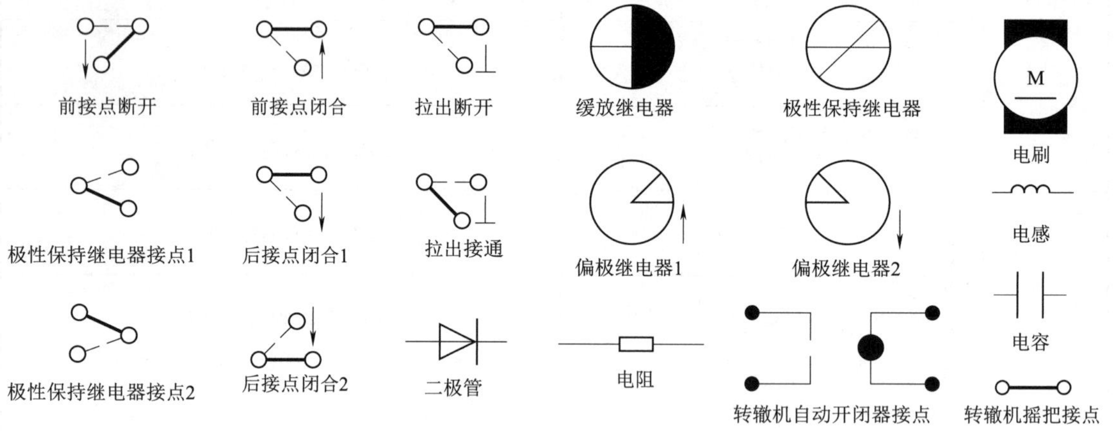

图 4.2　各种元器件符号及名称

根据国标对电气工程图的图线规定，电气工程图中常用的线型有实线、虚线、点画线、波浪线、双折线等。图线的宽度应根据图纸的大小和复杂程度，在下列数值中选择：0.18 mm，0.25 mm，0.35 mm，0.5 mm，0.7 mm，1 mm，1.4 mm，2 mm。在电气工程图中，图线一般只用两种宽度，分别为粗实线和细实线，其宽度之比为 2∶1。通常情况下，粗线的宽度采用 0.5 mm或 0.7 mm，细线的宽度采用 0.25 mm 或 0.35 mm。在同一图纸中，同类图线的宽度应基本保持一致，虚线、点画线及双点画线的画长和间隔长度也应大致相等。

根据 TB 1122—2019 继电器符号的规定，粗实线表示接点闭合，这里我们线宽采用 0.5 mm，其他线条采用细线，线宽为 0.25 mm。为了方便学习者绘制图形符号，特提供尺寸标注作为参考。各种元器件的尺寸标注如图 4.3 所示。

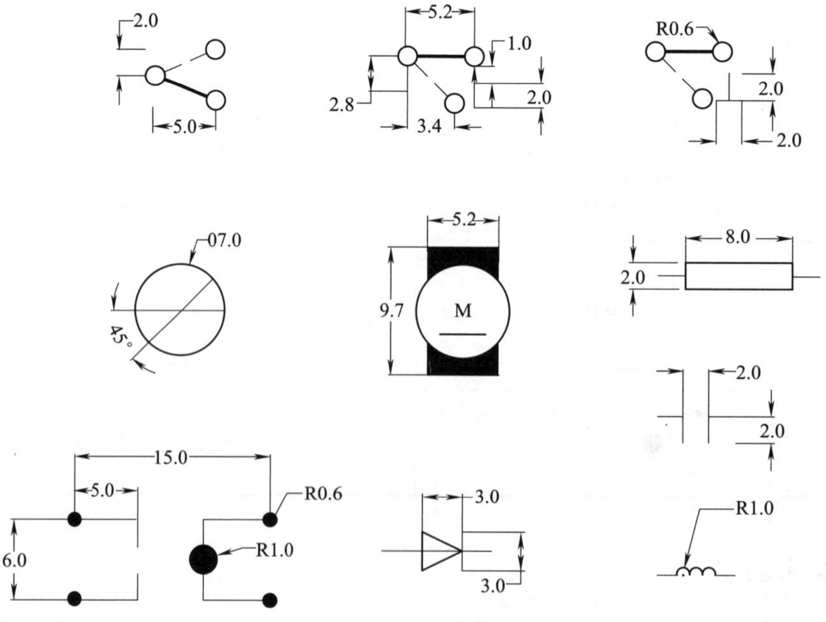

图 4.3　各种元器件的尺寸标注

视 频

创建电器元件图块

1. 新建文件

新建文件，选择样板文件“铁路信号专业样板文件”，如图 4.4 所示。

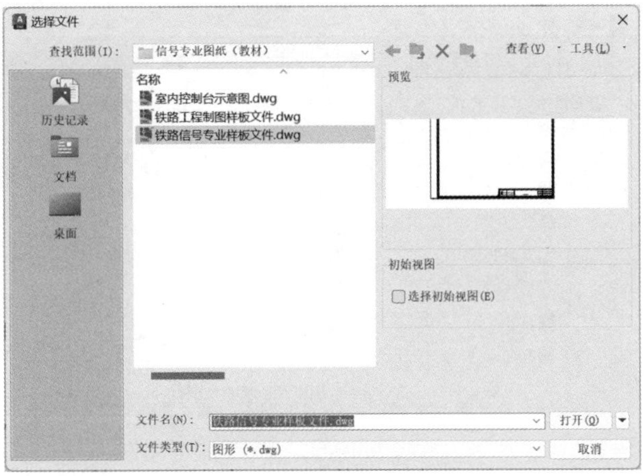

图 4.4　选择样板文件

2. 设置栅格、对象捕捉、对象追踪和极轴追踪

在状态栏上，单击鼠标启用显示图形栅格、极轴追踪、对象追踪和对象捕捉，如图 4.5 所示。

图 4.5　启用显示图形栅格、极轴追踪、对象追踪和对象捕捉模式

右击显示图形栅格，在菜单中选择【网格设置】，打开【草图设置】对话框，设置【栅格 X 轴间距】和【栅格 Y 轴间距】为“10”。显示图形栅格设置如图 4.6 所示。

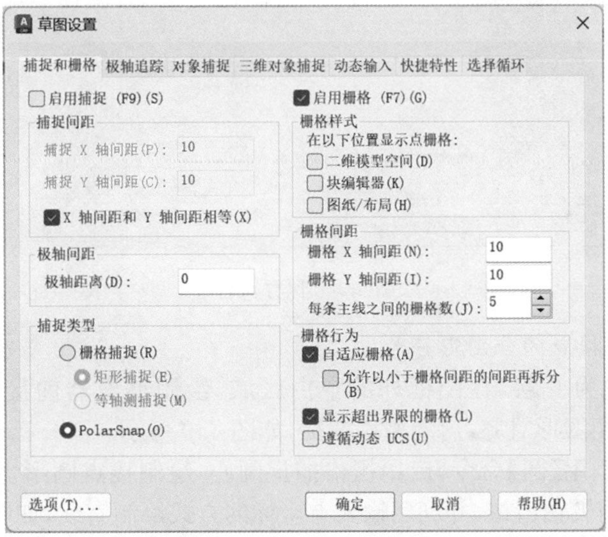

图 4.6　设置显示图形栅格

右击对象捕捉模式,在打开【草图设置】对话框勾选端点、中点、圆心、象限点和交点捕捉,如图 4.7 所示。

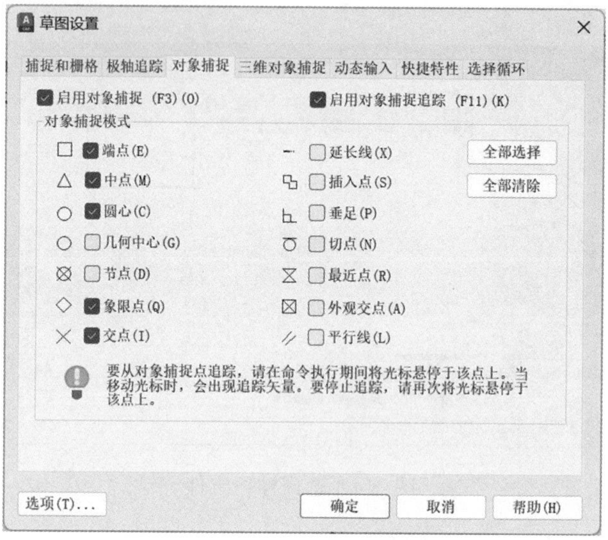

图 4.7　设置对象捕捉模式

3. 保存文件

单击【保存】按钮保存文件,命名为"四线制双动道岔电路图 . dwg",如图 4.8 所示。

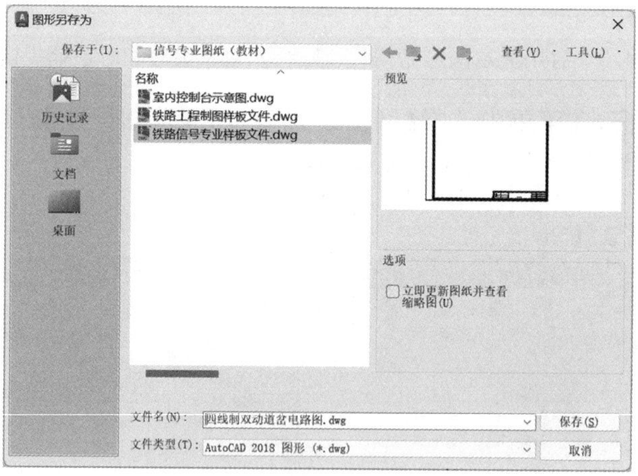

图 4.8　保存文件

4. 绘制继电器前接点闭合图形符号

将当前图层设置为 0 层,在图框外的空白区域,绘制继电器前接点断开图形符号,如图 4.2所示。为了方便图形对齐,启动栅格捕捉,如图 4.9 所示。

(1)根据图 4.3,利用【圆】命令,启用栅格捕捉圆心,绘制接点圆形。关闭栅格捕捉,然后输入【直线】命令,启用极轴追踪,并利用输入点坐标的方式绘制直线,如图 4.10 所示。

(2)利用【复制】命令复制圆形,如图 4.11 所示。

(3)修剪圆形内部的多余线条,效果如图 4.12 所示。

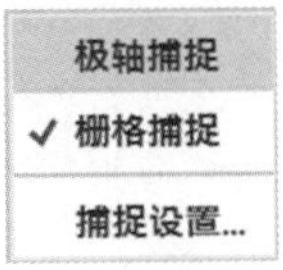

图 4.9　启动栅格捕捉

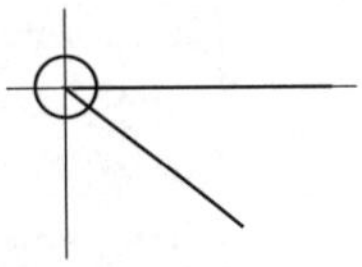

图 4.10　圆形与直线图形

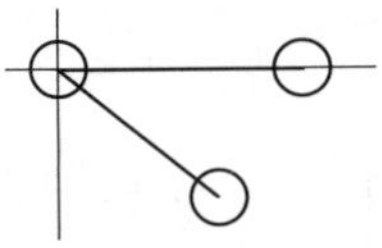

图 4.11　复制圆形后的图形

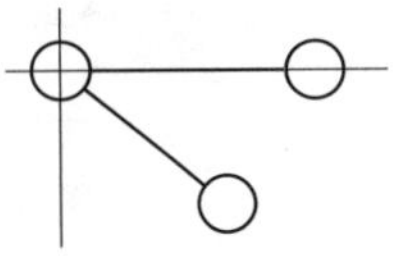

图 4.12　修剪后的图形

(4)选中水平的线条，在图 4.13 所示的线宽设置下拉列表中，选择线宽为 0.5 mm。设置线宽后的图形如图 4.14 所示。

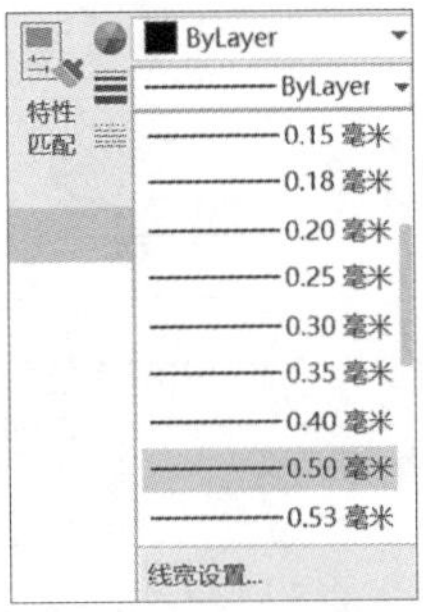

图 4.13　设置线宽

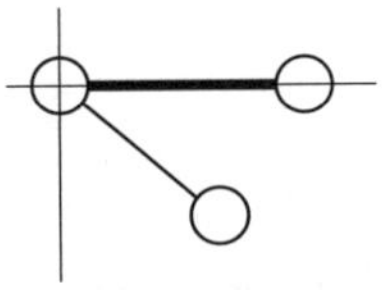

图 4.14　设置线宽后的图形

(5)加载虚线线型。在【特性】功能区单击【线型】下拉列表，单击【其他 ... 】，打开【线型管理器】，如图 4.15 所示，单击【加载】按钮，弹出图 4.16 所示的【加载或重载线型】对话框，选择“ACAD_ISO02W100”线型，单击【确定】按钮，返回【线型管理器】对话框，如图 4.17 所示，选择“ACAD_ISO02W100”，单击【确定】按钮，完成线型的加载。加载线型后的下拉列表如图 4.18 所示。

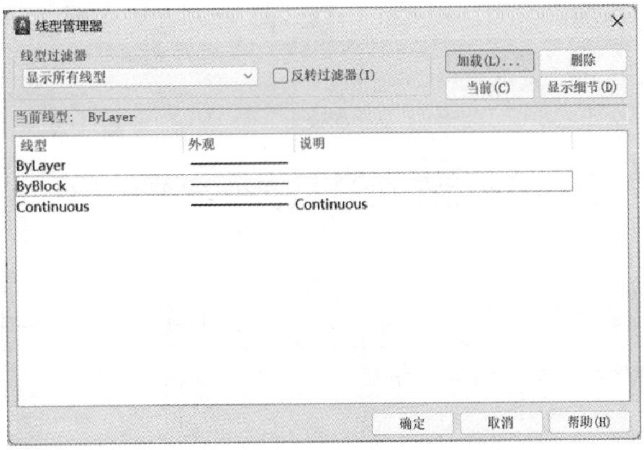

图 4.15　【线型管理器】对话框

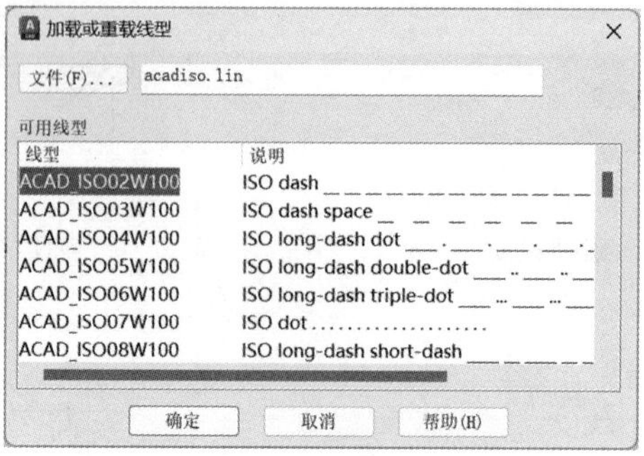

图 4.16 【加载或重载线型】对话框

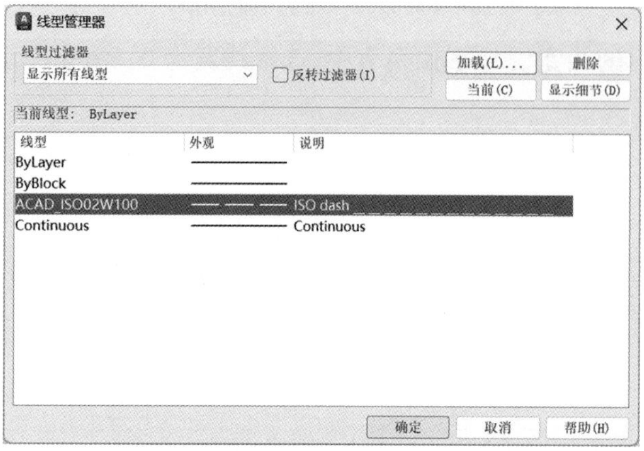

图 4.17 返回后的【线型管理器】对话框

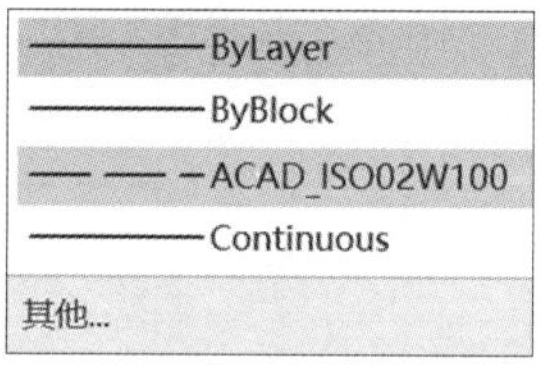

图 4.18 加载线型后的下拉列表

(6)修改斜线线型为虚线。选中斜线线条,在下拉列表中选择“ACAD_ISO02W100”线型,观察图形,如果虚线线型没有显示,则说明线型的比例需要调整,此时,可以继续单击线型下拉列表【其他 ...】,打开【线型管理器】,单击【显示细节】按钮,展开图 4.19 所示【详细信息】面板,设置【全局比例因子】为“0.2000”。修改好线型后的图形如图 4.20 所示。

(7)在【绘图】功能区单击【多段线】命令,在合适位置绘制箭头,绘制效果如图 4.21 所示。

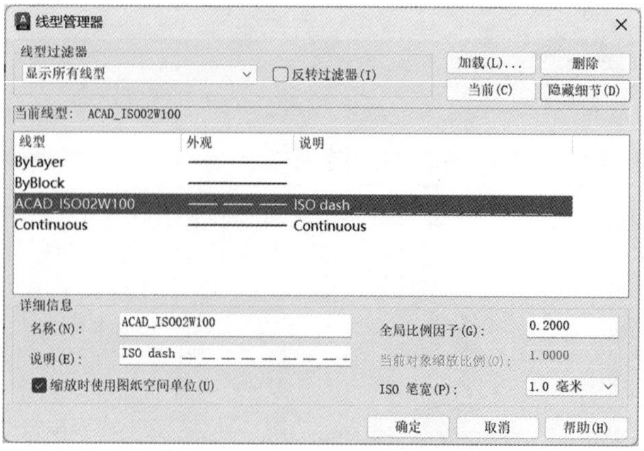

图 4.19 设置【全局比例因子】

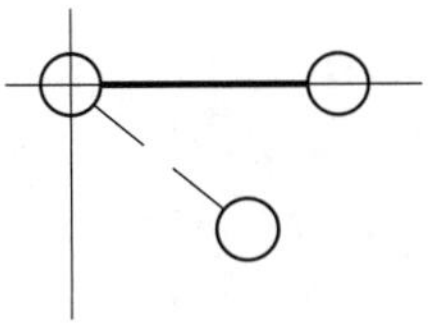

图 4.20　修改好线型后的图形

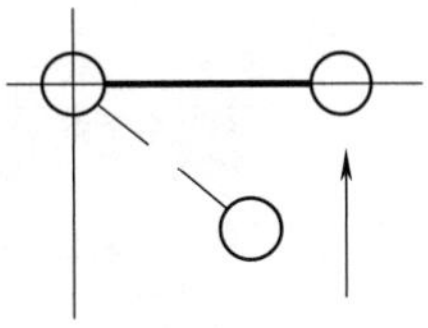

图 4.21　绘制箭头后图形

5. 绘制好图形后，利用【写块】命令创建前接点闭合元器件图块

在命令行输入写块命令“WBLOCK”，即弹出【写块】对话框。修改文件名和路径，输入新块的名称为“前接点闭合”，如图 4.22 所示。

图 4.22　【写块】对话框

单击【选择对象】按钮后，回到绘图区域，框选对应的图形，如图 4.23 所示。

选择好图形后，右键确认回到【写块】对话框，接着单击【拾取点】按钮，随即返回绘图界面，拾取最左侧圆的左侧象限点作为基点，如图 4.24 所示。返回【写块】对话框后，单击【确定】按钮，新块创建成功。

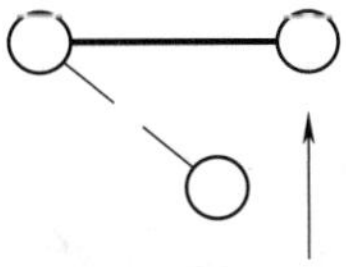

图4.23　选择对应图形符号

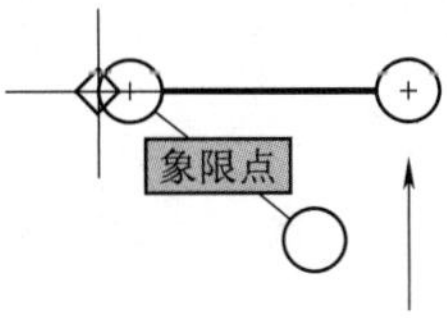

图 4.24　拾取基点

任务巩固

利用绘图命令、修改命令和写块命令，完成继电器图形符号及其他图形符号图块(图 4.2)的创建。创建好的图块如图 4.25 所示。

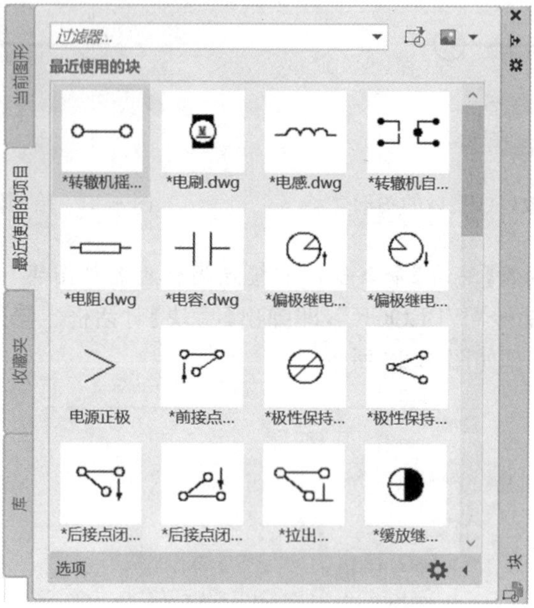

图 4.25 创建好的图块

任务 2 绘制四线制双动道岔电路图

任务描述

严谨认真的职业习惯

电路图的绘制需要理性思维，操作更需要细心、耐心和一丝不苟的态度。日后工作中，面对烦琐的布线工作，同学们一定要克服急躁、粗心的不良习惯，静心慎思，养成严谨认真的职业习惯。

四线制双动道岔控制电路是铁路信号系统中常用的一种控制电路，它通过接收控制信号，控制道岔的转向，以实现列车的在正确方向的正常行驶。它具有接线简单、易于维修和故障诊断等特点，广泛应用于铁路交通领域。四线制双动道岔控制电路图绘制任务能够帮助学习者快速掌握电路图的绘制方法，元器件符号规范、电路图布局规范和线路规范。

任务分析

子任务 1 认知电路图的作用及用途

电路图是人们为了研究、工程规划的需要，用物理电学标准化的符号绘制的一种表示各元器件组成及器件关系的原理布局图。绘制电路图主要是便于深入理解其作用及原理，分析和计算电路特性，它的具体作用如下：

(1)用图形符号或带注释的围框、项目代号、连接线等说明产品的工作原理。

(2)表明设备及产品各组成部分之间的连接关系。

(3)为绘制连接图、印制电路板图提供依据。

(4)用于产品的安装测试和维修。

子任务2 认知电路图图幅分区

当需要确定元器件在电路图中的位置或电路中某一部分内容时，一般要对电路图幅进行分区，分区的格式如图 4.26 所示。

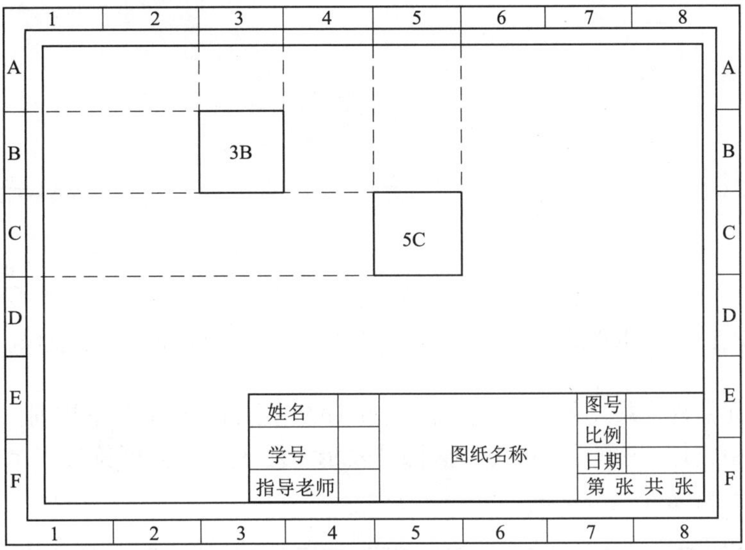

图 4.26 图幅分区格式

图幅分区的数目一般采用偶数，每一分区的长度在 25～75 mm 中选取。每个分区内竖边方向用大写拉丁字母，横边方向用阿拉伯数字分别编号，编号的顺序应从主标题栏相对的左上角开始。分区代号用该区域的字母和数字表示，如 3B、5C 等。

> **布局思维**
>
> 绘制电路图时，我们要运用布局思维，提前规划图纸的结构，规划各功能模块在图纸结构中的相对位置和层次关系，使设计和使用的图纸都条理清晰、易于理解。

子任务3 认知电路图布局要求

电路图的布局应满足以下要求：

(1)电路图应布局合理、排列均匀、图面清晰便于识图。

(2)电路中的导线、信号线、元器件之间的连接线等图线一般应为直线。尽量减少折弯或交叉。

(3)电路图的元器件可以水平布置，如图 4.27 所示，也可以垂直布置，如图 4.28 所示，还可以把相应元件对称布置，采用斜的交叉连接，如图 4.29 所示。

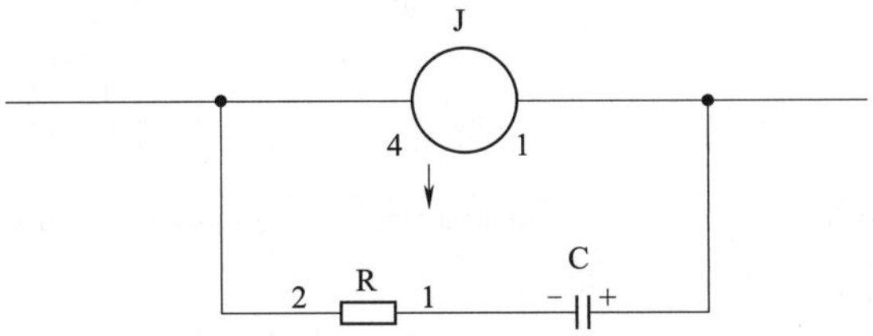

图 4.27 水平布置的电路图

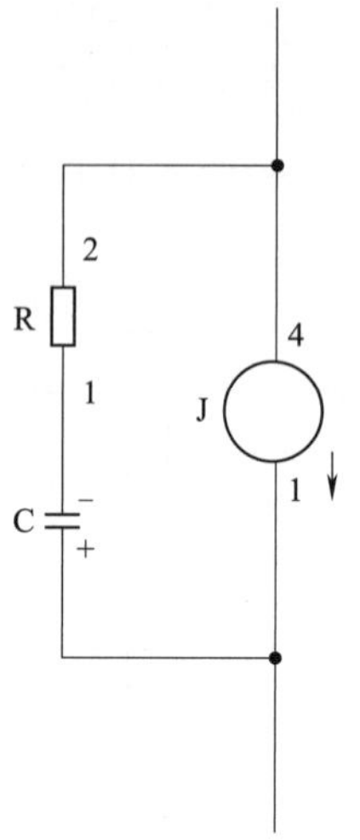

图 4.28　垂直布置的电路图

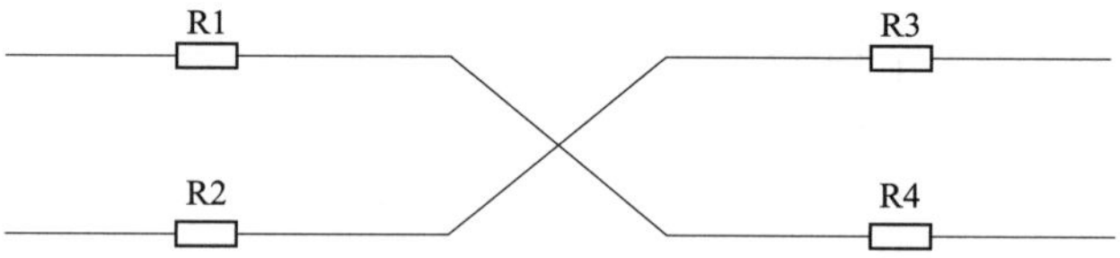

图 4.29　采用斜的交叉连接电路图

(4)电路或元器件应按功能,并尽量按工作顺序从左到右、从上到下排列。

(5)电路图中,对某些单元也可用方框符号表示。对于采用方框符号表示的单元,应单独有电路图(集成电路除外)。

子任务 4　认知电路图图形符号、项目代号、波形及端子的标注

一个电气系统或一种设备通常都是由各种基本件、部件、组件等组成的,为了在电路图上表示这些基本件、部件、组件,除了采用各种图形符号外,还须标注一些文字符号和项目代号,以区别这些设备及线路的不同功能、状态和特征等。

1. 图形符号的选用原则

(1)一般元器件的图形符号需按照 GB/T 4728.1—2018 的规定绘制。

(2)铁路信号专用的元器件图形符号要按照 TB/T 1122—2019 的规定绘制。

(3)如需要采用上述标准中未规定的图形符号时,必须在图中用标注加以说明。

(4)绘制电路图时,在同一张图样上相同元器件的图形符号应一致。

(5)绘制电路图时,图形符号的引线可根据需要取不同的方向。如图 4.30 所示,表示不同引线方向的倍频器。

(6)图形符号可旋转 90°或 180°,但不得将文字和指示方向的符号倒置,如图 4.31 所示。

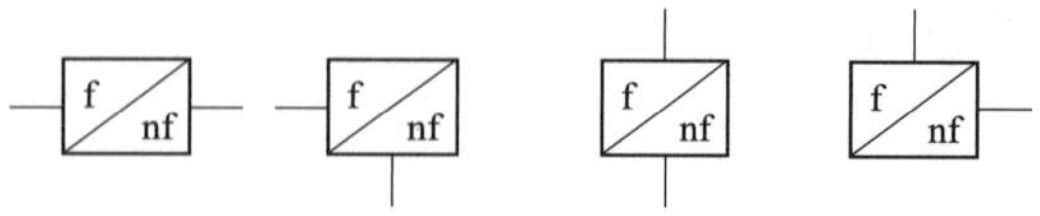

图 4.30　不同方向的图形符号引线

图 4.31　图形符号的旋转

(7)对多接点元件如波段开关、继电器、插头座等,其图形符号可以分开画出几个地方,但各部分所标位号必须相同,如图 4.32 所示。

(8)图形符号没有端子符号一般可不绘出,如果端子符号是图形符号的一部分,则端子符号必须绘出。

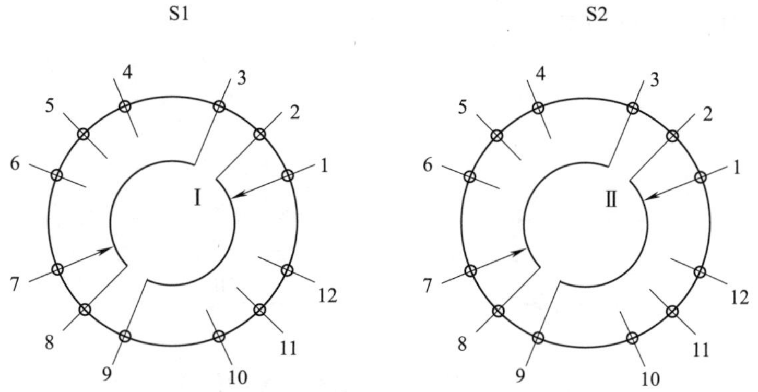

图 4.32 多接点元件各部分所标位号必须相同

2. 项目代号及标注

电路图中各图形符号旁应标注项目代号。通常系统图用于表示系统或成套装置，而框图通常用于表示分系统或设备。系统图若标注项目代号，一般为高层代号，框图若标注项目代号，一般为种类代号。高层代号和位置代号字母及序号由设计者自行编号，种类代号的字母必须符合《技术产品及技术产品文件结构原则 字母代码 按项目用途和任务划分的主类和子类》(GB/T 20939—2007)的规定，信号继电器的文字代号等按照 TB/T 1122—2019 规定执行。

电路图中元器件的种类代号由字母和序号组成，序号采用阿拉伯数字，如第 10 个电阻代号应为 R10。

同一张图纸上的元件序号应从左到右、自上而下按类编制。种类代号一般标注在图形符号的上方或右方，如图 4.33 所示，其中的序号字体应与字母大小相同。当标注在上方或右方位置受限制且不致引起误解时，种类代号也可标注在图形符号的左方。

3. 端子标注

端子代号应标注在图形符号的轮廓线外面，如电阻、继电器、模拟和数字硬件等，符号轮廓线内的空隙可标注有关元件的功能和注解，如图 4.34 所示。

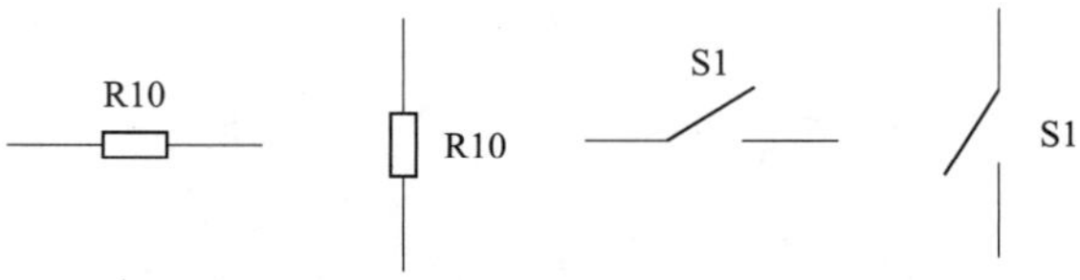

图 4.33 种类代号与图形位置关系

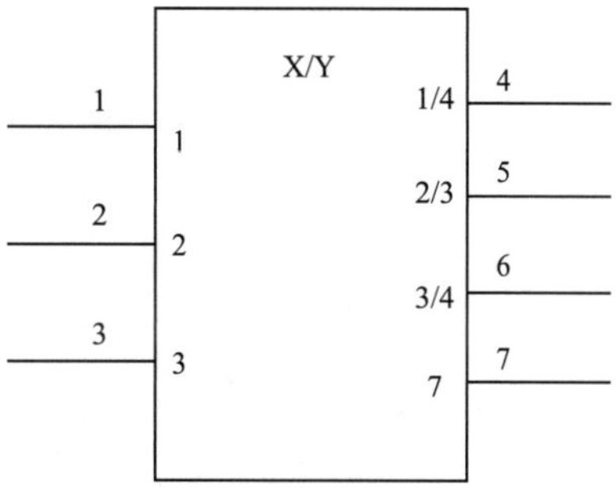

图 4.34 端子标注

子任务 5 认知电路图的画法

1. 电路图上元器件符号的位置

对于驱动部分和被驱动部分之间采用机械连接的元件、器件，如断路器和继电器等，采用分开表示法绘制,如图 4.35 所示。

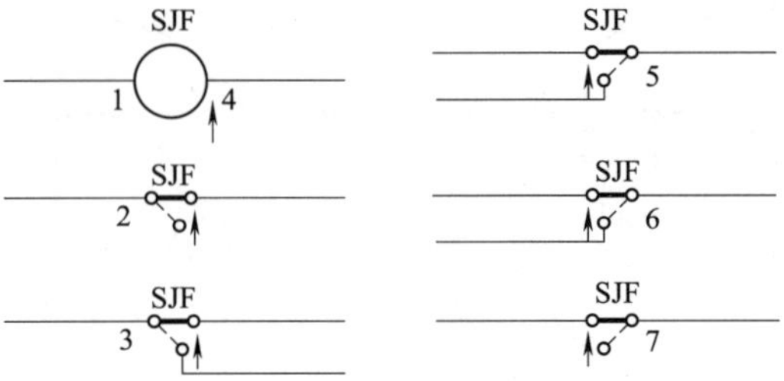

图 4.35　电路图上元器件符号的位置

2. 元器件的工作状态或位置的表示方法

电路图中可动元件或指示元件的工作状态或位置应按照下列规定绘制:

(1)开关在断路位置。

(2)继电器在正常所处的动合或动断位置,接触器、电磁铁在没有电压作用的位置。

(3)事故、备用、报警等开关在正常使用时的位置。

(4)测试开关及其类似的装置在正常工作的位置,而不在测试位置。

(5)带零位的手动控制开关在零位位置,不带零位的手动控制开关在图中规定的位置。

(6)机械操作开关在非工作的状态和位置。

(7)多位开关器件的各组成部分必须表示在相互一致的位置,不考虑电路是否处于工作或不工作状态。

凡是不符合上述规定位置时,需要在电路图中加以说明。

3. 电源的表示方法

(1)用线条表示,如图 4.36 所示。

(2)用"+""—"符号表示,如图 4.37 所示。

(3)同时用线条和符号表示,如图 4.38 所示。

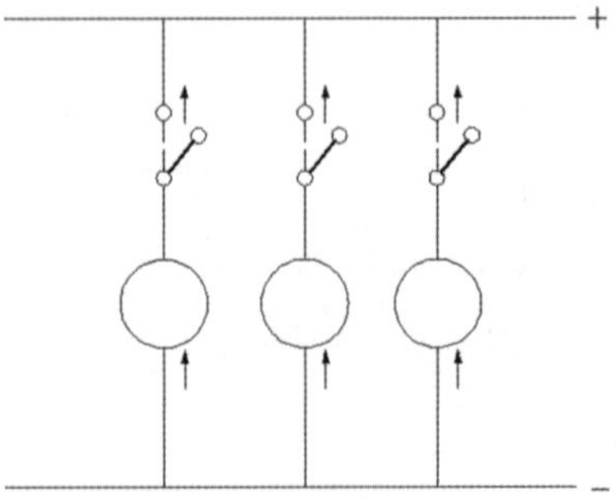

图 4.36　用线条表示电源

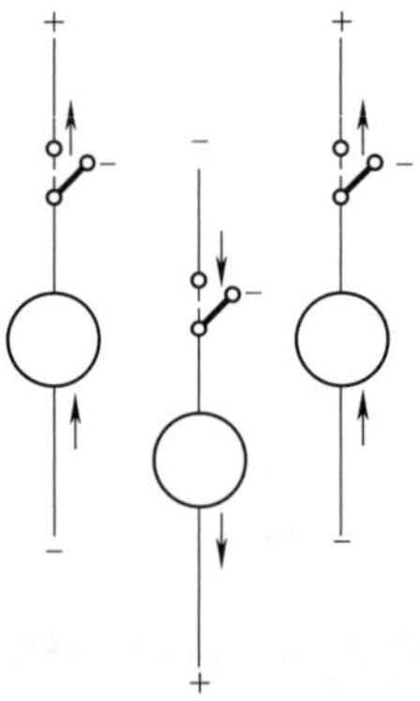

图 4.37　用"+""—"符号表示电源

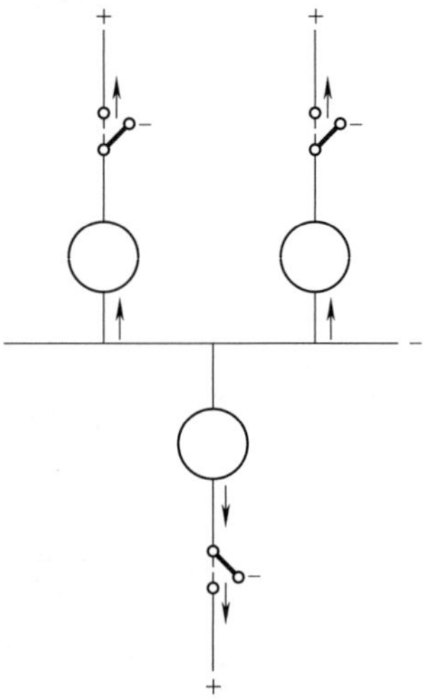

图 4.38　同时用线条和符号表示电源

(4)电子元器件的图形符号应根据国家标准进行标注,如图 4.39 所示。该图主要说明电子元器件的图形符号,如电阻、二极管、继电器等,以及元器件种类代号及其参数的标注方法。同时还说明如有必要可把元器件的型号标注出来。

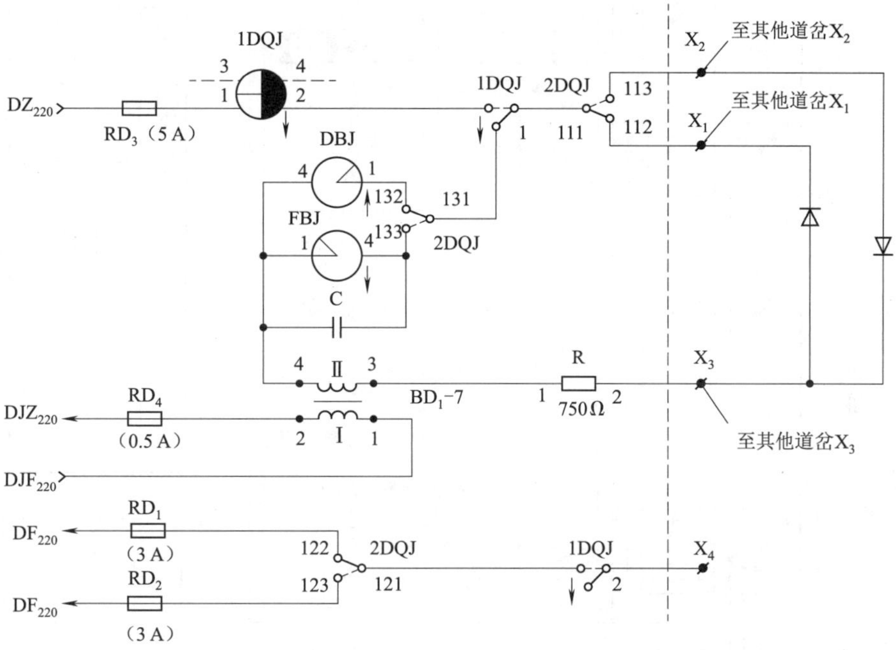

图 4.39　电子元器件的图形符号应用举例(ZD6 系列电动转辙机模拟电路)

任务实战

> **精益求精的工匠精神**
>
> 铁路信号专业电路图是铁路施工的基础，在绘制的过程中，要严格遵守电气图形符号的规范性、准确性，做到精益求精，并养成良好的绘图习惯，从而实现从量变到质变的转化，为个人的长远发展打下坚实的基础。

四线制双动道岔电路如图 4.40 所示。

1. 新建文件

选择【文件】|【新建】命令,在打开的【选择样板】中选择样板文件“铁路信号专业样板 .dwt”,单击【打开】按钮,如图 4.41所示。

2. 对样板文件进行编辑修改

> 视频
>
> 绘制四线制双动道岔电路图布局辅助线

对样板文件进行编辑修改,生成横向的纸张大小为 A4 不留装订边的图框。

(1)利用【矩形】绘制 A4 纸(297 mm×210 mm)边界线,利用【偏移】命令将图框向内偏移 10 mm。A4 图框线绘制效果如图 4.42 所示。

(2)交叉窗口选中线条及文字,利用【移动】工具将标题栏移至合适位置,将内框线线宽设置为“1.00 毫米”,删除多余线条。A4 图框效果如图 4.43 所示。

3. 设置图层

打开【图层特性管理器】,根据图纸设计图层,新建【表格】|【布局辅助线】|【电器元件】|【连线】和【文字标注】图层,并将【布局辅助线】层的线型设置为“ACAD_IS010W100”,颜色设置位“红色”,如图 4.44 所示。

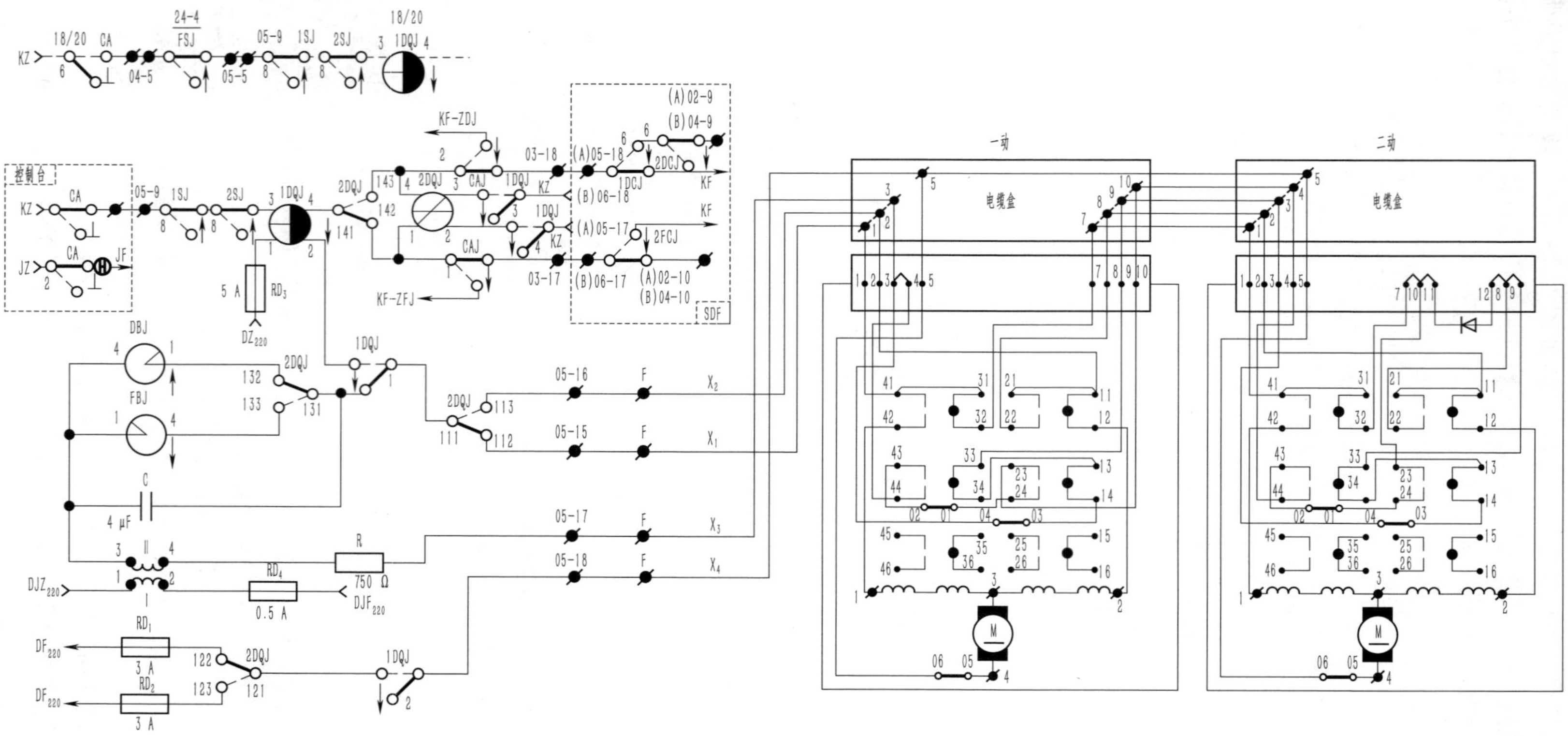

道岔号码	组合位置		至分线盘端子				至控制台零层	带动道岔			
	SDZ	SDF	X_1 05-15	X_2 05-16	X_3 05-17	X_4 05-18	1SJ-81 05-9	2DCJ63	A(02-9) B(04-9)	2FCJ63	A(02-10) B(04-10)
18/20	13-2	13-1(B)	F511-1	F511-3	F511-5	F511-7	Z14-09-9	FAJ32	24-401-15		
							K2-015-9	16DCJ72	13-303-17		

闭合接点	电缆类型	道岔号码	数量	闭合接点	电缆类型	道岔号码	数量
11-16	Y1、3			20-26	Y2、3	20	1
31-36	M1、3			32-36	M2、3	25	1

图 4.40 四线制双动道岔电路

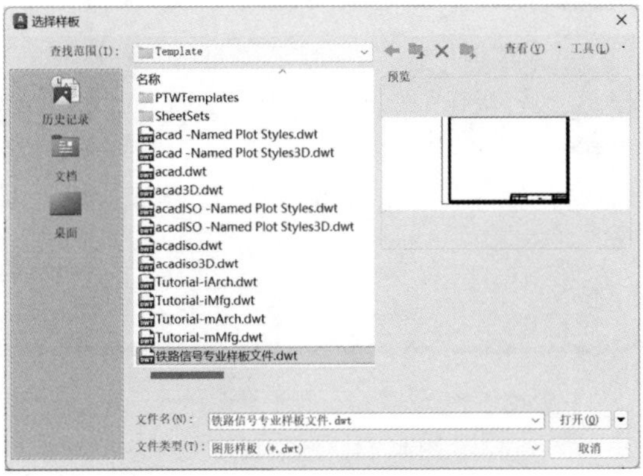

图 4.41　【选择样板】对话框

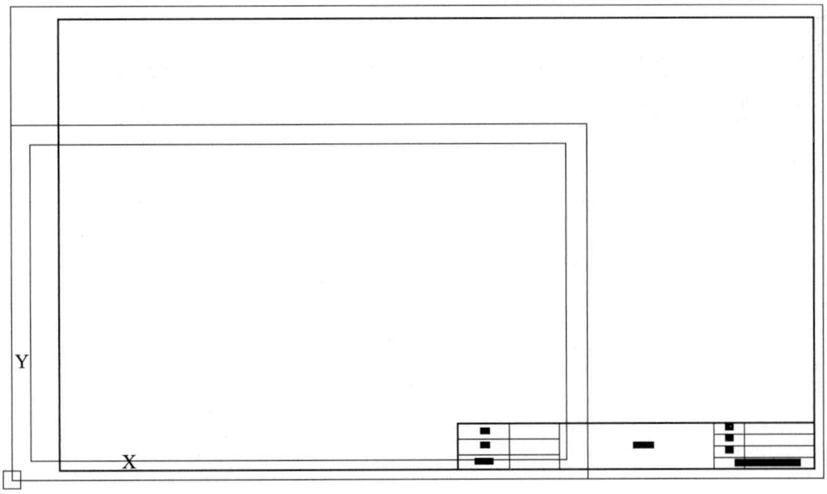

图 4.42　A4 图框线绘制效果

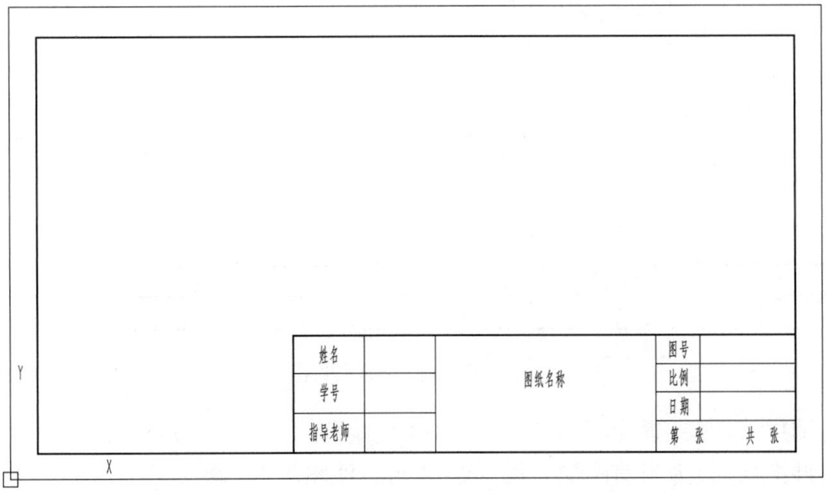

图 4.43　A4 图框效果

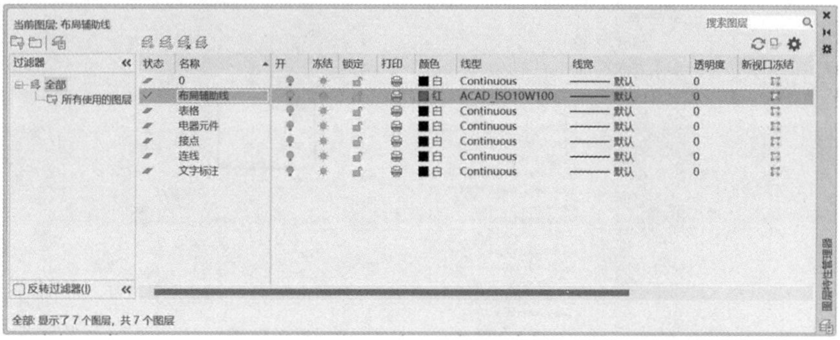

图 4.44 图层设置

4. 区分电路图

由于四线制双动道岔电路图内容复杂,需要进行分区,以便于在读图或更改图的过程中,能迅速找到相应的部分。

将"图层 0"置为当前图层。将外框线向外偏移"10",利用【分解】【绘制点】【直线】命令和【单行文字】命令,进行分区绘制。为方便观察,可将文字高度设置为"4"。绘制分区效果如图 4.45所示。

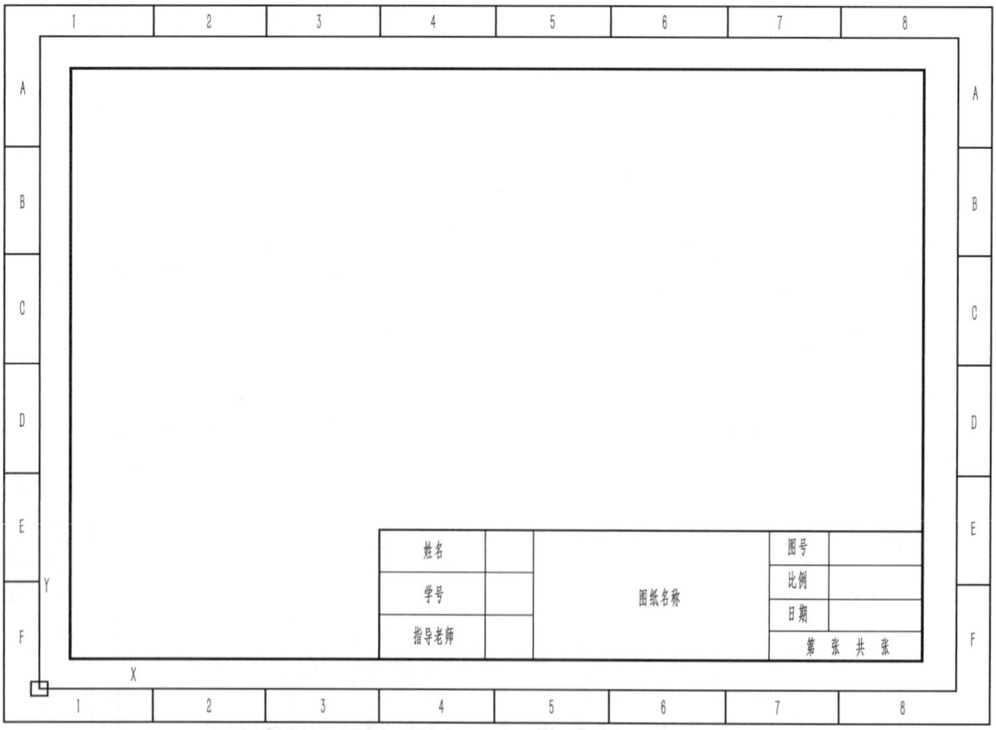

图 4.45 绘制分区效果

将"布局辅助线图层"置为当前图层。利用【直线】命令绘制辅助线,效果如图 4.46 所示。

将"元器件图层"置为当前图层。因为绘制元器件图块时,修改了线型的比例因子,所以,这里将【线型管理器】中的"全局比例因子"设置为"0.200 0",达到线型显示效果一致的目的。

修改比例因子后的效果如图 4.47 所示。

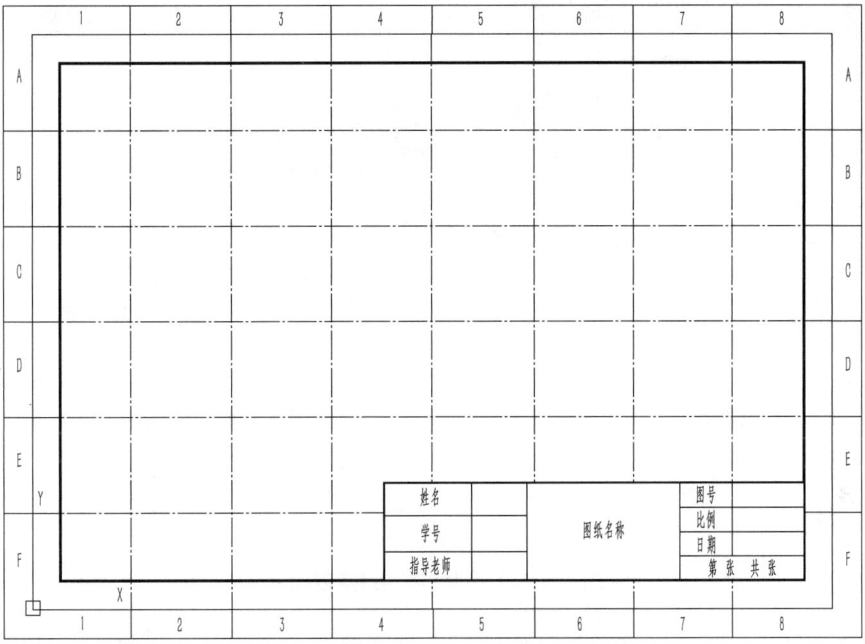

图 4.46 利用【直线】命令绘制辅助线

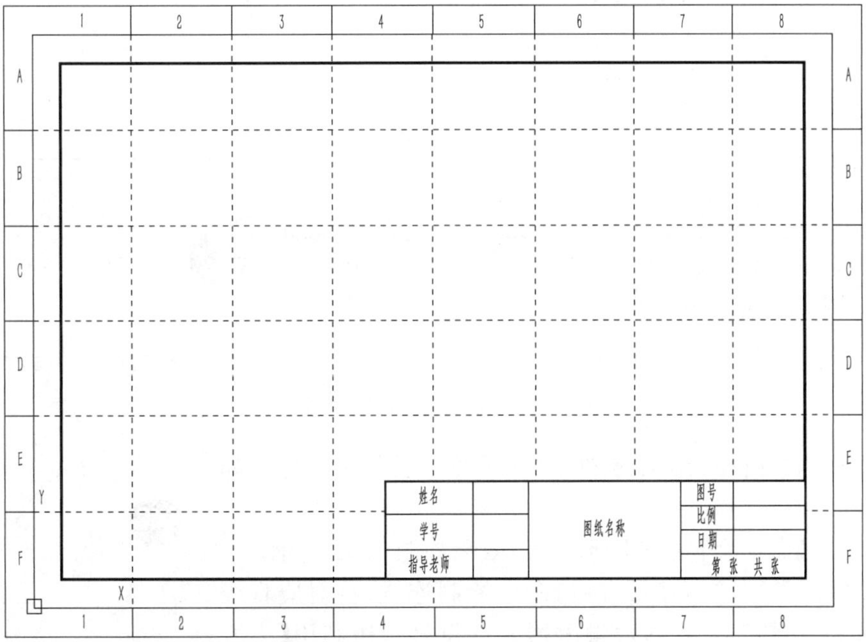

图 4.47 修改比例因子后的效果

5. 绘制 A1A2A3 区域的一启动继电器电路

打开【草图设置】对话框，在【捕捉和栅格】选项卡中设置“捕捉 X 轴间距”和“捕捉 Y 轴间

视 频

绘制四线制双动道岔电路图中启动继电器电路

距”为“2.5”,设置“栅格 X 轴间距”和“栅格 Y 轴间距”为“5”,勾选“启用捕捉”。参数设置如图 4.48 所示。

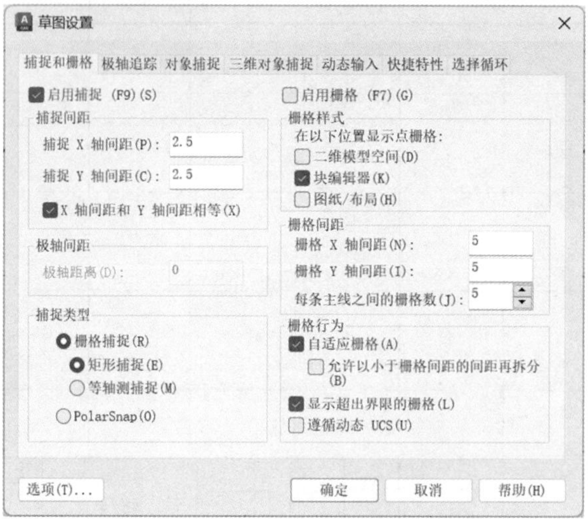

图 4.48 【捕捉和栅格】参数设置

在状态栏启用【显示图形栅格】,将视图放大到图框左上角,利用【栅格捕捉】在合适位置插入元器件图块,效果如图 4.49 所示。

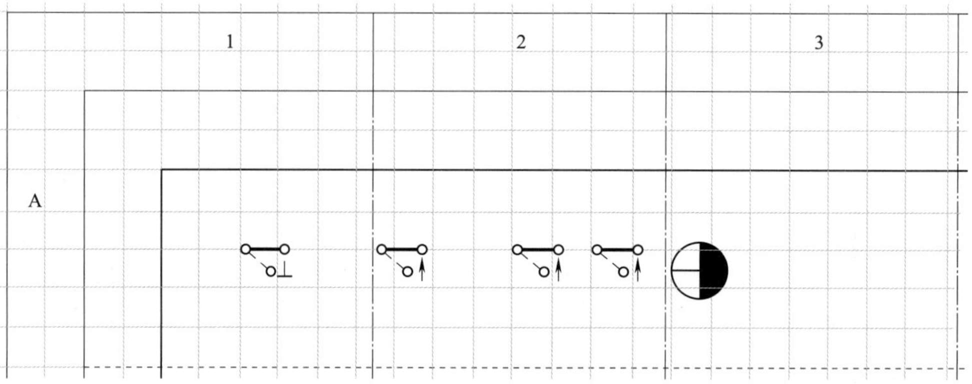

图 4.49 插入元器件图块效果

在图框外的空白处绘制端子符号,端子符号及其尺寸标注如图 4.50 所示。

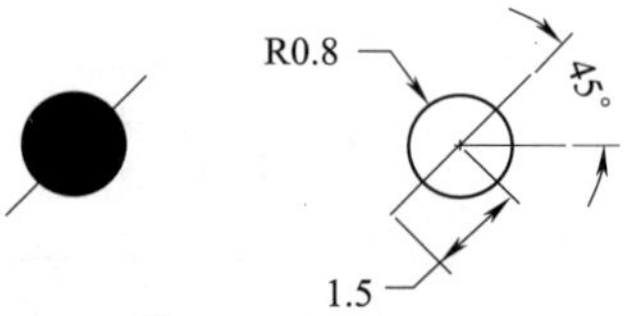

图 4.50 端子符号及其尺寸标注

利用【复制】命令绘制端子图形符号,效果如图 4.51 所示。

切换至“连线”图层,利用【直线】命令绘制连线,将对应直线段线型设置为“虚线”,并在缓放继电器元件符号旁边利用【多段线】命令绘制向下的箭头,绘制效果如图 4.52 所示。

切换至“电器元件”图层电路图,利用【直线】命令在最左端绘制“电源正极”图形符号,绘制效果如图 4.53 所示。

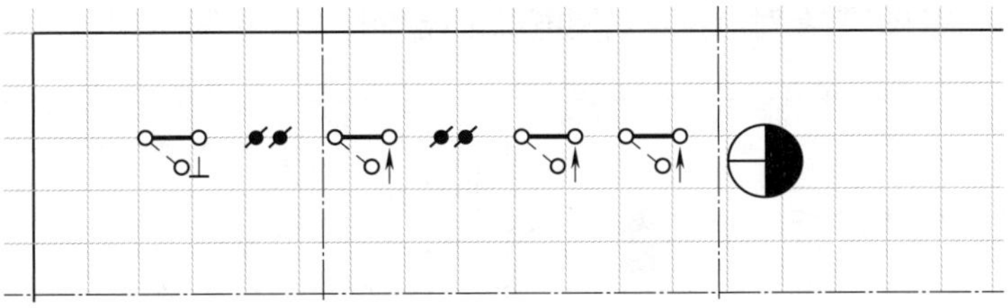

图 4.51 绘制端子图形符号

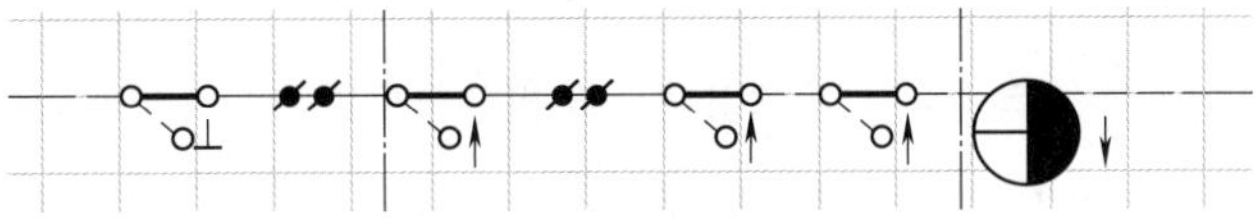

图 4.52 修改线型及绘制箭头

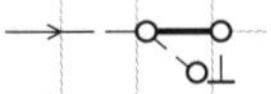

图4.53 绘制“电源正极”符号

视频

绘制四线制双动道岔电路图中室内控制电路（一）

6. 绘制 1B 至 4B 分区的室内控制电路

在“电器元件”图层，启用【栅格捕捉】，按照电路图的布局要求，在合适位置插入对应的电器元件图块，并利用【圆】命令和【单行文字】命令在 1B 分区绘制红灯表示灯图形符号，其中圆半径为“1.5”，文字高度为“2.5”。插入对应元器件图块效果如图 4.54 所示。

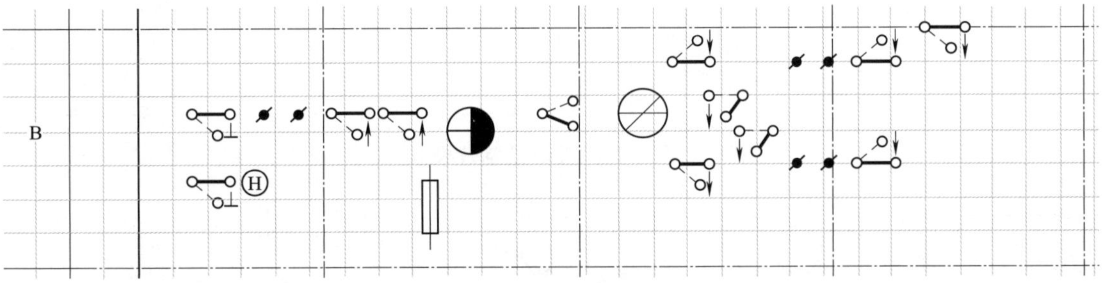

图 4.54 插入对应元器件图块效果

切换至“连线”图层，利用【直线】命令绘制连线，绘制过程中根据需要设置捕捉模式，绘制连线效果如图 4.55 所示。

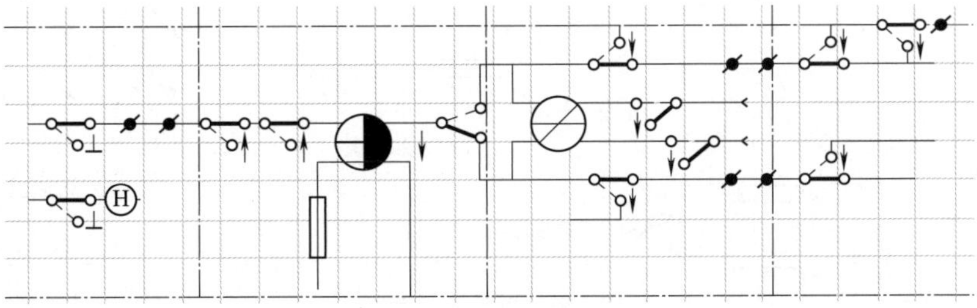

图 4.55 绘制连线效果

切换至“电器元件”图层,在对应位置绘制电源正极和电源负极图形符号,效果如图 4.56 所示。

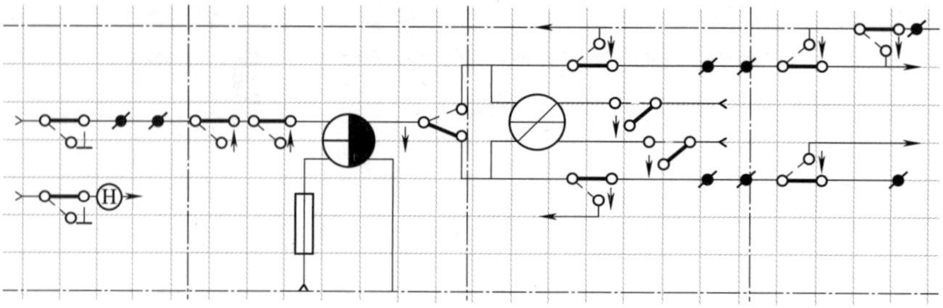

图 4.56 绘制电源正极和电源负极符号

视 频

绘制四线制双动道岔电路图中室内控制电路（二）

在线路连接处绘制连线的接点图形符号,连线的接点图形符号尺寸如图 4.57 所示,接点绘制效果如图 4.58 所示。

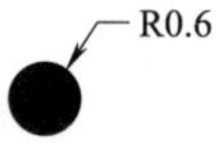

图 4.57 连线的接点图形符号尺寸

7. 绘制 1C 至 4D 分区的室内控制电路

在“电器元件”图层,启用【栅格捕捉】,按照电路图的布局要求,在 1C 至 4D 分区合适位置插入对应的电器元件图块,效果如图 4.59 所示。

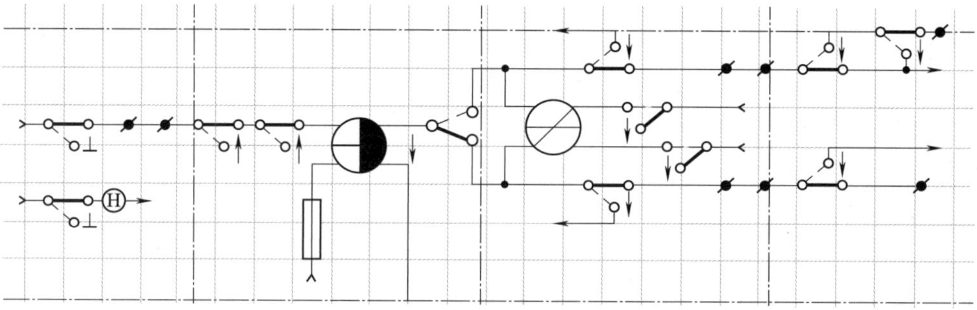

图 4.58 接点绘制效果

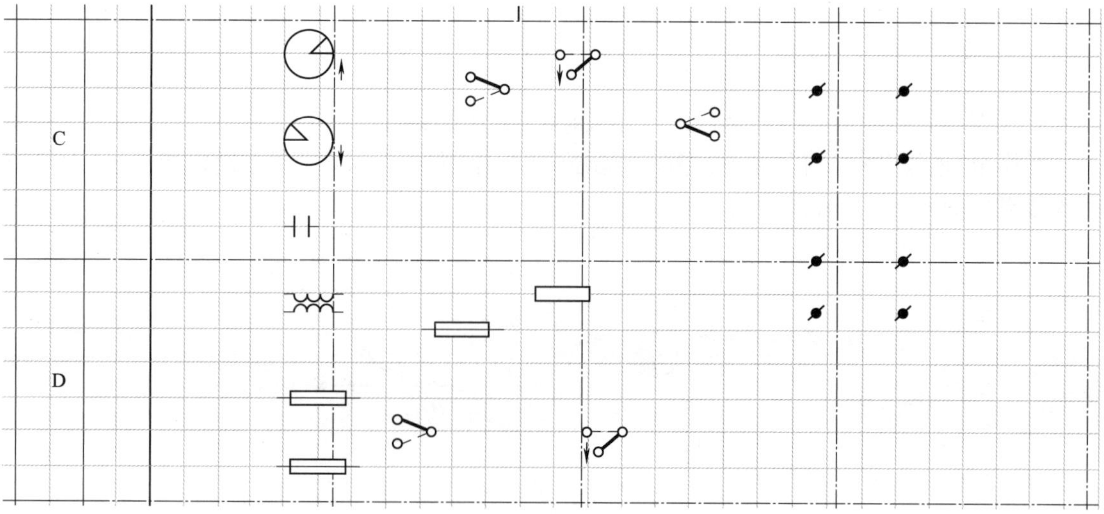

图 4.59 1C 至 4D 分区插入元器件符号效果

切换至“连线”图层，利用【直线】命令和【修剪】命令绘制连线，如图 4.60 所示。

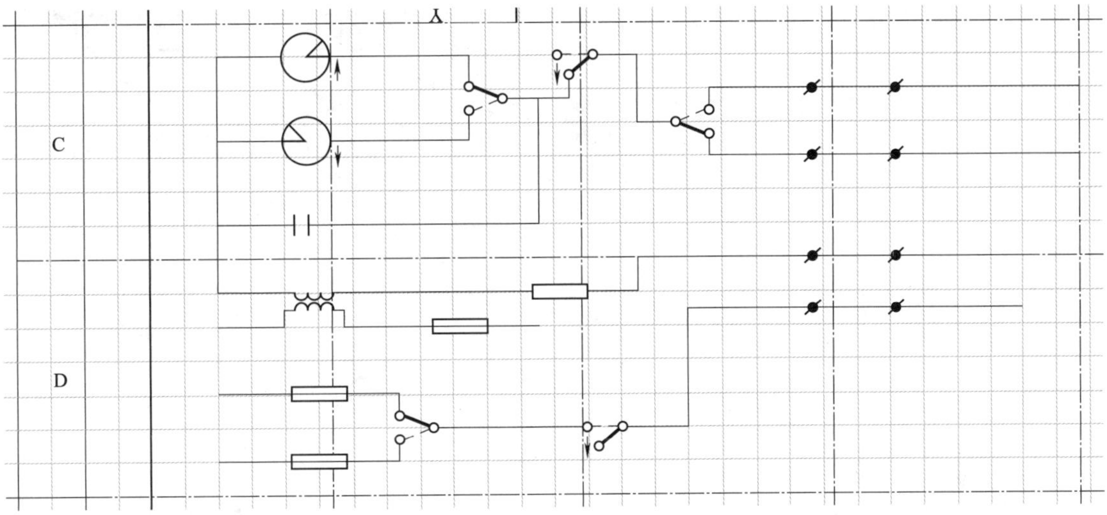

图 4.60 1C 至 4D 分区绘制连线

切换至“元器件”图层，利用【复制】命令、【旋转】命令完成电源正极和电源负极图形符号绘制，效果如图 4.61 所示。

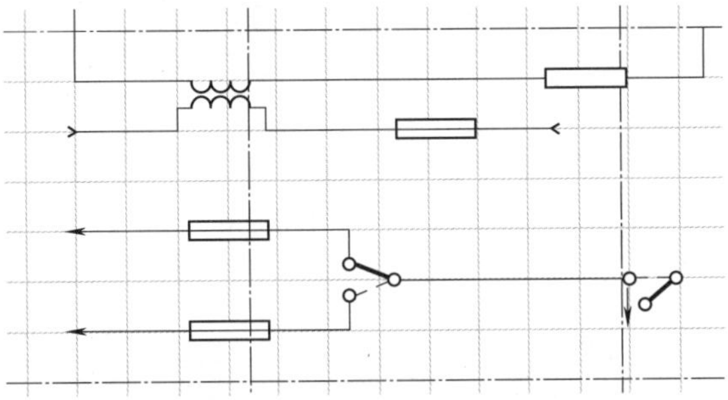

图 4.61 1C 至 4D 分区绘制电源正、负极符号

视 频

绘制四线制双动道岔电路图中室外控制电路（一）

切换至“接点”图层，利用【复制】命令绘制连线接点。切换至“连线”图层，利用【直线】命令绘制 2B 区域的缓放继电器元件与 2C 区域前接点断开元件连线，效果如图 4.62 所示。

8. 绘制 5B 至 6D 分区的室外控制电路一动二动电缆盒

视 频

绘制四线制双动道岔电路图中室外控制电路（二）

在“电器元件”图层，启用【栅格捕捉】，按照电路图的布局要求，在 5B 至 6D 分区合适位置插入对应的电器元件图块，效果如图 4.63 所示。

切换图层到“连线”图层，根据需要设置捕捉模式，利用【直线】命令绘制连线，并用【修剪】命令和【删除】命令修改部分连线，然后利用【直线】命令将电缆盒部分区域框起来，关闭栅格显示效果和分区辅助线图层显示，效果如图 4.64 所示。

经过分析，二动电缆盒控制电路与一动电缆盒控制电路比较相似，可采用复制的方法生成二动电缆盒控制电路雏形，效果如图 4.65 所示。

利用【删除】命令、【修剪】命令修改二动电缆盒控制电路的元器件和连线，并插入二极管元件,修改后的二动电缆盒控制电路如图 4.66 所示。

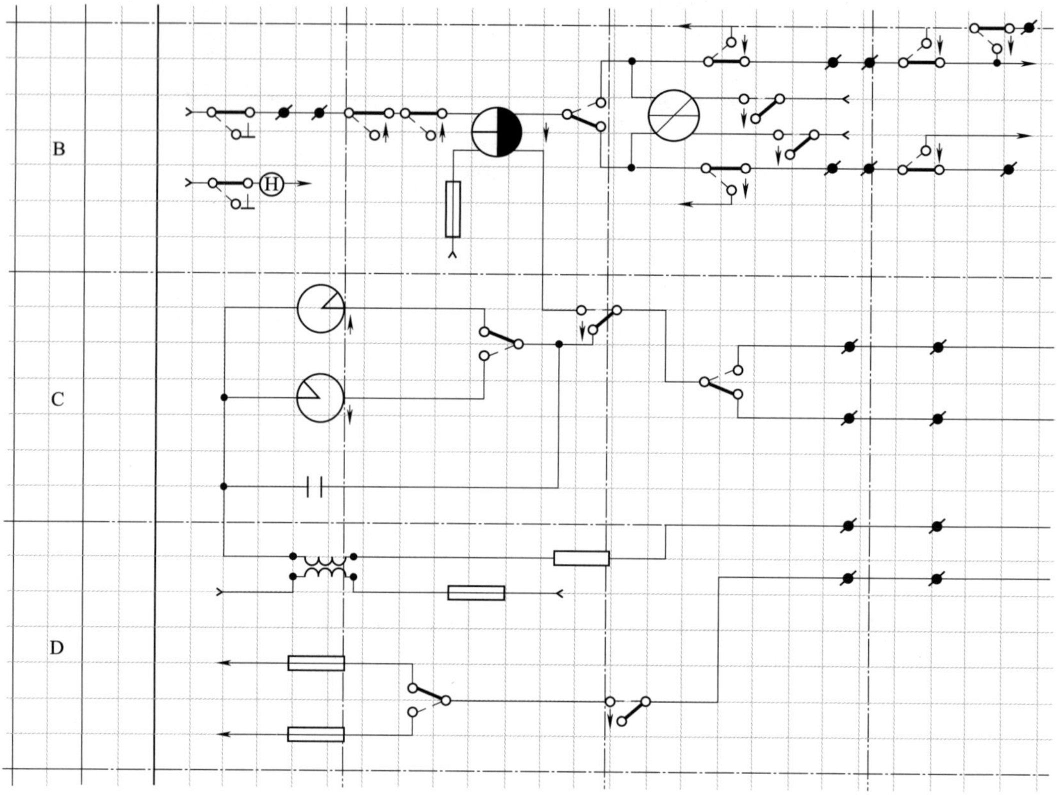

图 4.62　绘制电源正极和电源负极图形符号

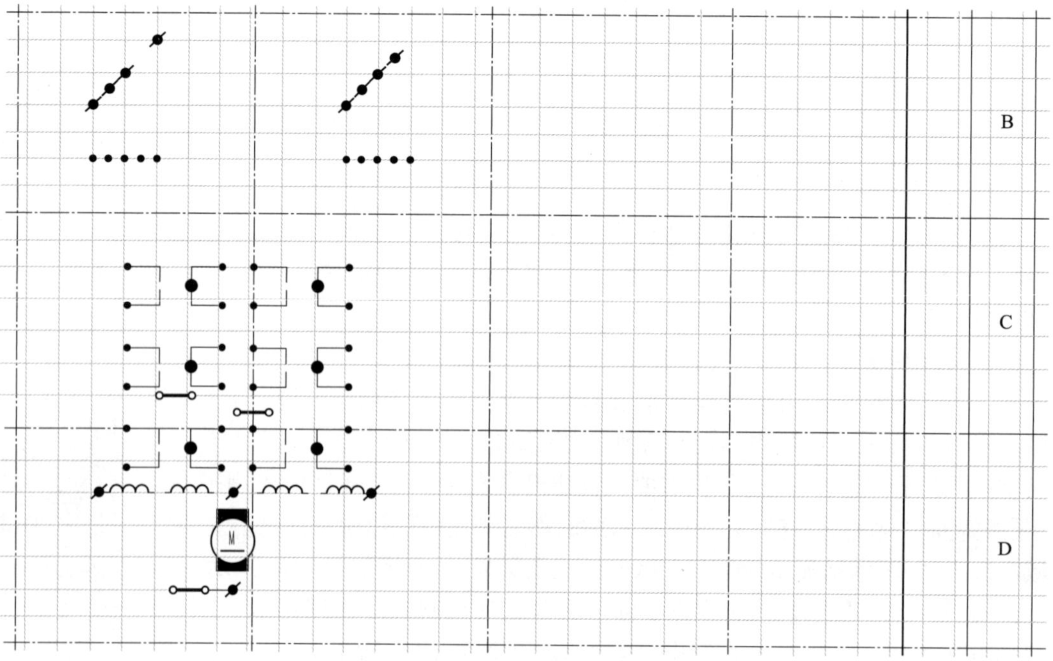

图 4.63　5B 至 6D 分区插入元器件符号效果

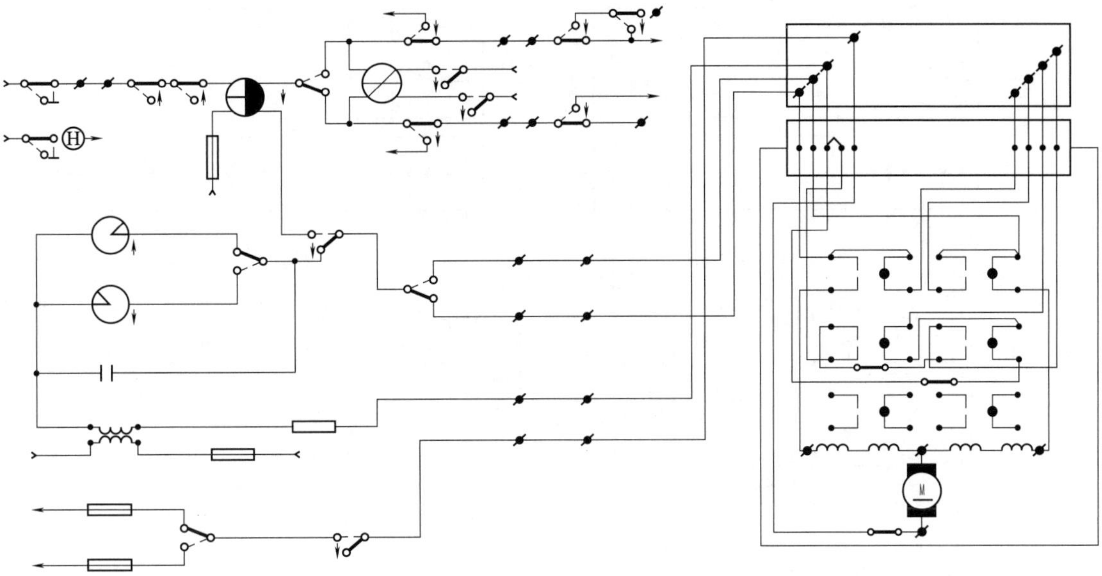

图 4.64　绘制 5B 至 6D 分区电路连线

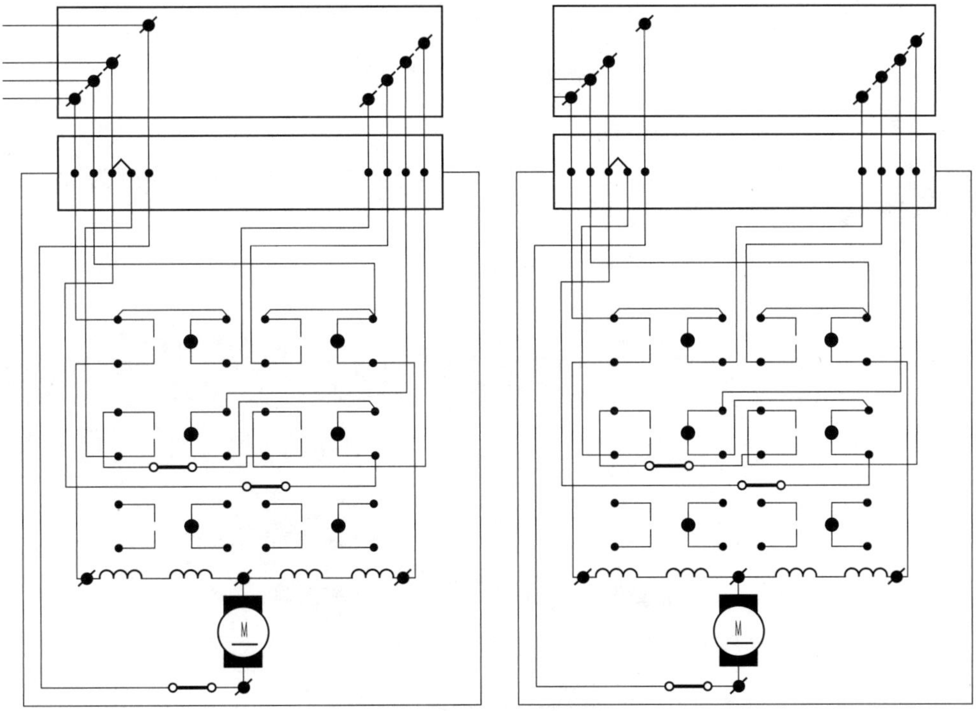

图 4.65　复制一动电缆盒控制电路

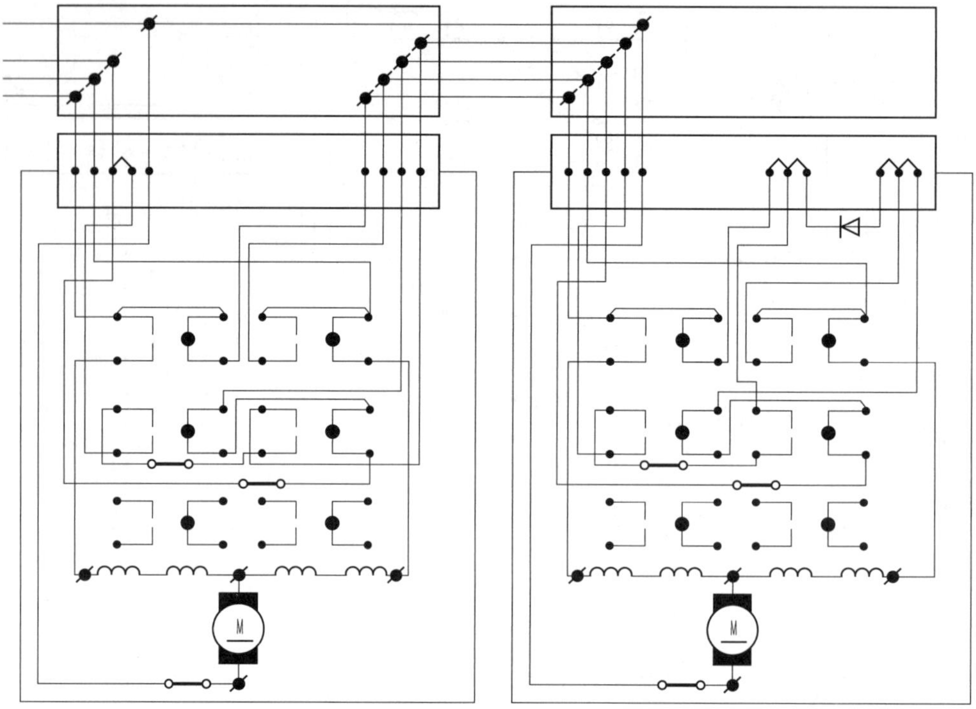

图 4.66　修改后的二动电缆盒控制电路

视 频

绘制文字标注（一）

9. 输入文字标注

修改文字样式，设置“字体”样式，字体名为“仿宋体”，高度为“2.5000”，宽度因子为“0.7100”。【文字样式】对话框如图 4.67 所示。

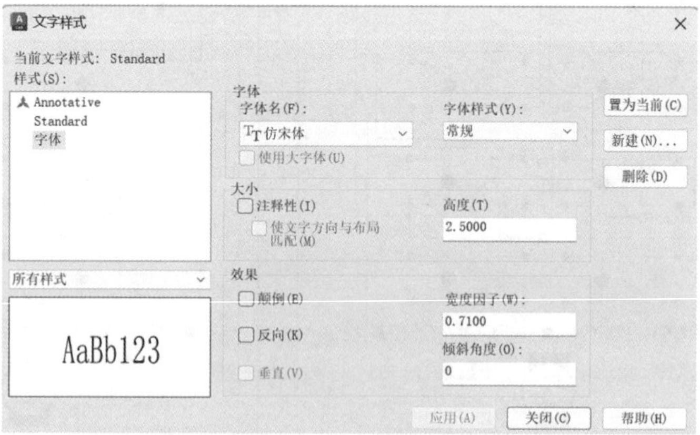

图 4.67　【文字样式】对话框

视 频

绘制文字标注（二）

切换图层至“文字标注”图层，在状态栏关闭【显示图形栅格】【栅格捕捉】和【对象捕捉】，利用【单行文字】命令，在元器件等图形符号旁输入对应的文字标注。1A 至 3B 分区文字标注效果如图 4.68 所示。1C 至 4D 分区内绘制虚线围框并进行文字标注，效果如图 4.69 所示。5A 至 8D 分区文字标注效果如图 4.70所示。

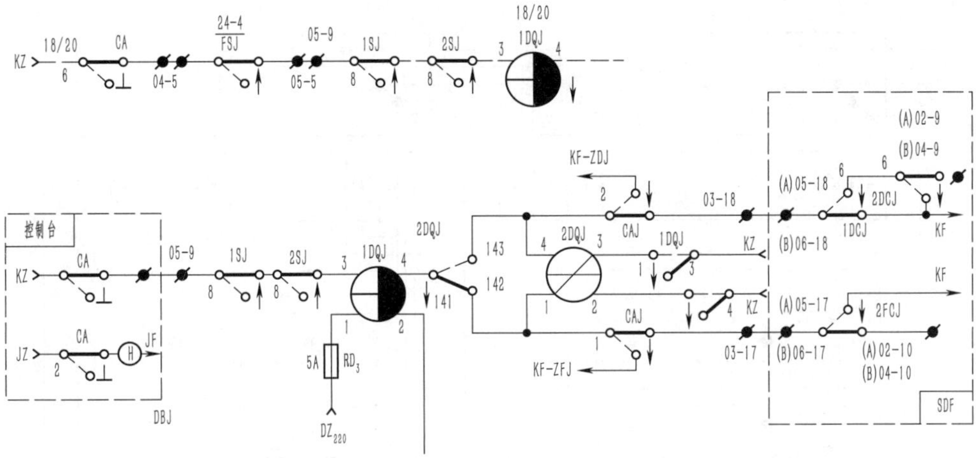

图 4.68　1A 至 3B 分区虚线围框及文字标注效果

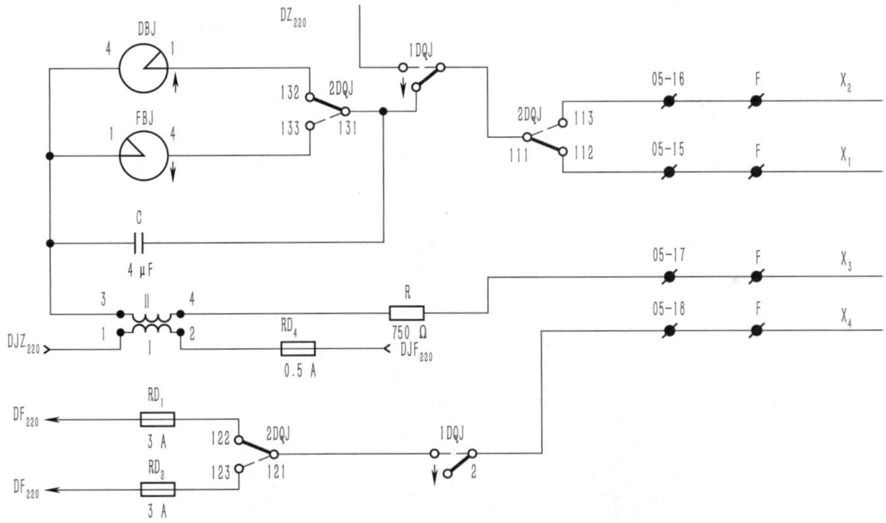

图 4.69　1C 至 4D 分区文字标注效果

10. 绘制表格

视 频

绘制四线制双动道岔电路图中表格

新建表格样式，命名为“表格”，将【标题】【表头】及【数据】的【页边距】修【水平】和【垂直】均改为“0.2000”，文字样式设置为“字体”，并置为当前样式。【修改表格样式】对话框如图 4.71 所示。

注意：修改【页边距】的数据是为了更方便地调整行高和列宽。

在【注释】选项板单击【插入表格】按钮，打开【插入表格】对话框。【表格样式】设置为“表格”，【插入方式】为【指定插入点】，【列数】设置为“12”，【数据行数】设备为“2”，【列宽】设置为“10.0000”，【设置单元样式】第一行为【表头】，其他均为【数据】，如图 4.72 所示。插入 4×12 表格图形如图 4.73 所示。

合并单元格，如图 4.74 所示。

输入文字内容，根据文字内容调整行高和列宽，如图 4.75 所示。

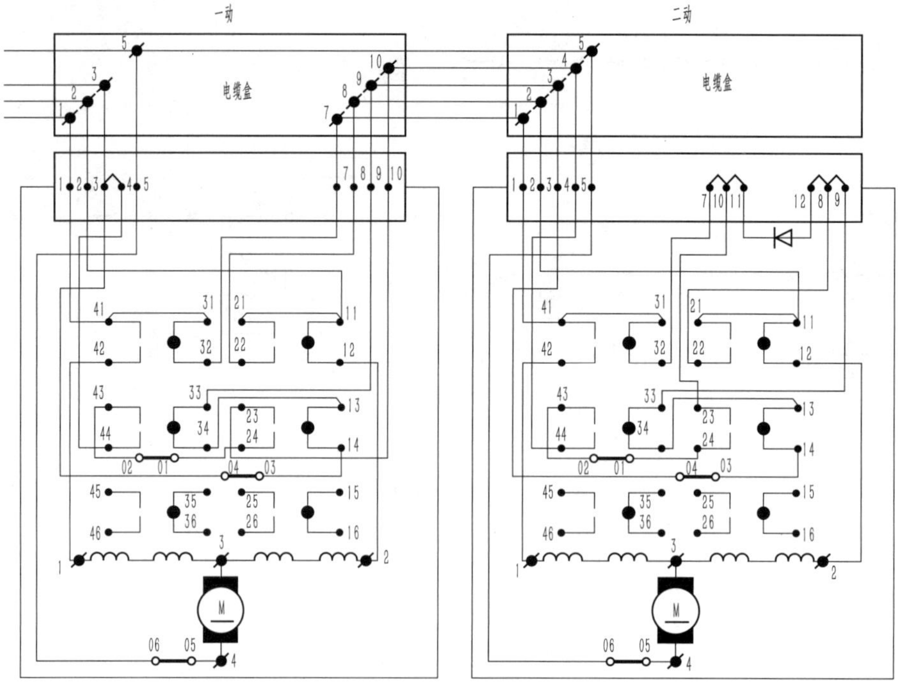

图 4.70　5A 至 8D 分区文字标注效果

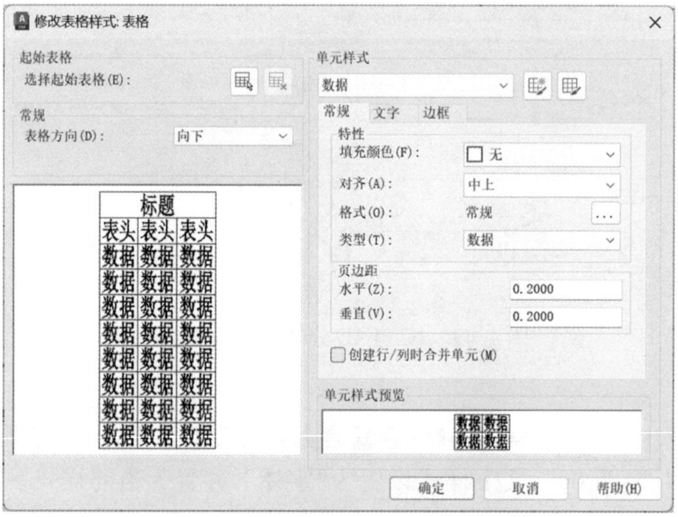

图 4.71　【修改表格样式:表格】对话框

注意:一个单元格中的文字为多行时,可以用组合键【Alt】+【Enter】强制换到下一行进行文字输入。

同样,在已经绘制好的表格右侧继续插入表格。【注释】选项板单击【插入表格】按钮,打开【插入表格】对话框。【表格样式】设置为“表格”,【插入方式】为“指定插入点”,【列数】设置为“9”,【数据行数】设置为“5”,【列宽】设置为“10.0000”,【设置单元样式】第一行为“表头”,其他均为“数据”。插入 7×9 表格图形如图 4.76 所示。

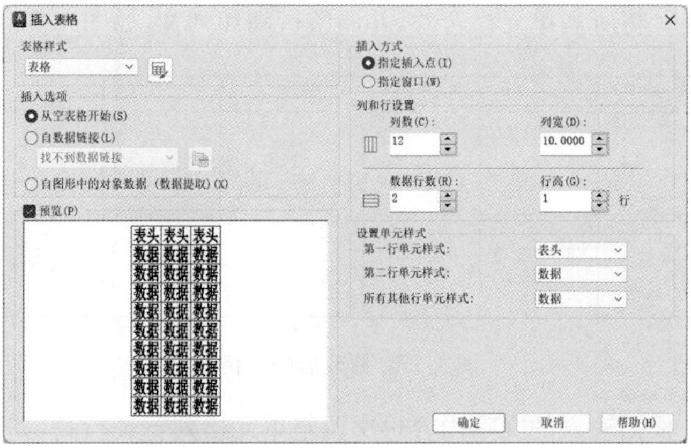

图 4.72　【插入表格】对话框

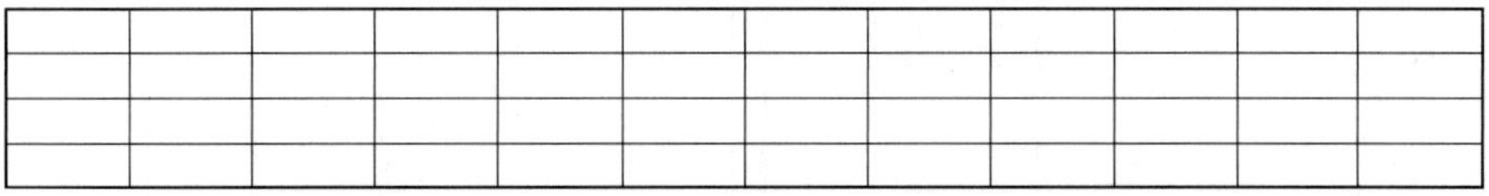

图 4.73　插入 4×12 表格图形

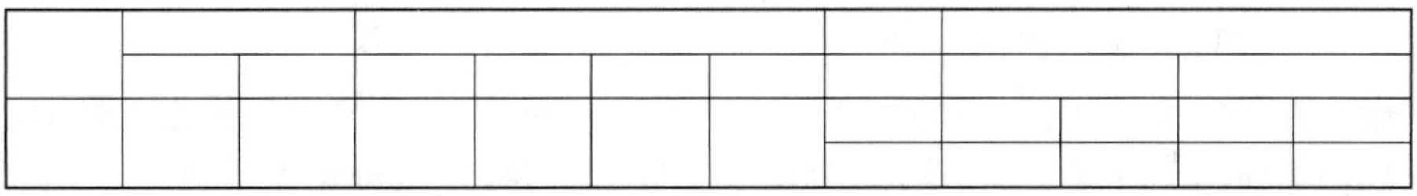

图 4.74　合并所需单元格

<table>
<tr><td rowspan="2">道岔
号码</td><td colspan="2">组合位置</td><td colspan="4">至分线盘端子</td><td>至控制台零层</td><td colspan="4">带动道岔</td></tr>
<tr><td>SDZ</td><td>SDF</td><td>X_1
05-15</td><td>X_2
05-16</td><td>X_3
05-17</td><td>X_4
05-18</td><td>1SJ-81
05-9</td><td colspan="2">2DCJ63　A(02-9)
B(04-9)</td><td colspan="2">2FCJ63　A(02-10)
B(04-10)</td></tr>
<tr><td rowspan="2">18/20</td><td rowspan="2">13-2</td><td rowspan="2">13-1(B)</td><td rowspan="2">F511-1</td><td rowspan="2">F511-3</td><td rowspan="2">F511-5</td><td rowspan="2">F511-7</td><td>Z14-09-9</td><td>FAJ32</td><td>24-401-15</td><td></td><td></td></tr>
<tr><td>K2-015-9</td><td>16DCJ72</td><td>13-303-17</td><td></td><td></td></tr>
</table>

图 4.75　输入文字内容

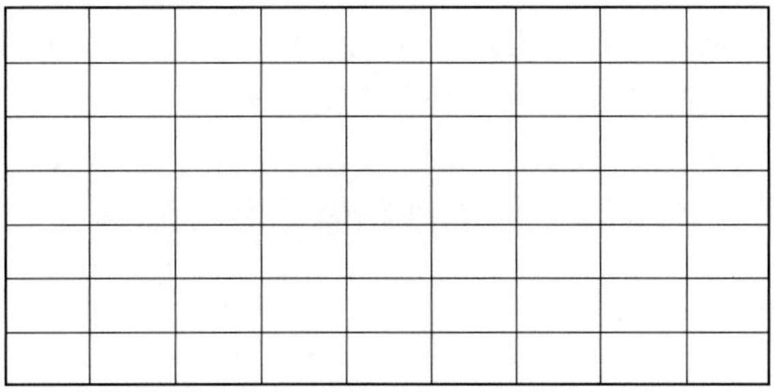

图 4.76　插入 7×9 表格图形

修改插入的表格。将所需单元格合并,并调整行高和列宽,如图 4.77 所示。

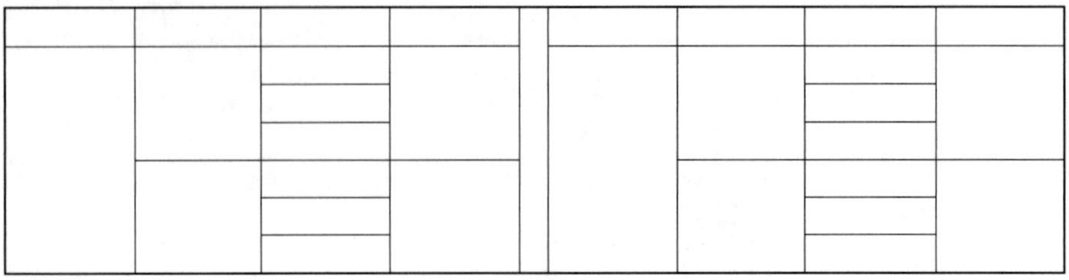

图 4.77 修改后的表格

输入文字内容。根据输入的文字内容再次调整单元格列宽和行高,如图 4.78 所示。

闭合接点	电缆类型	道岔号码	数量	闭合接点	电缆类型	道岔号码	数量
11-16	Y1、3			20-26	Y2、3	20	1
31-36	M1、3			32-36	M2、3	25	1

图 4.78 输入文字内容

11. 仔细检查图纸,保证图纸质量

输入图纸名称并保存文件。将标题栏中的图纸名称文字修改为“四线制双动道岔电路图”,如图 4.79 所示。选择【文件】|【保存】命令文件为“四线制双动道岔电路图 . dwg”。

姓名		四线制双动道岔电路图	图号	-
学号			比例	
指导老师			日期	
			第 张	共 张

图 4.79 修改文字标题栏

任务巩固

依据《铁路工程制图标准》(TB/T 10058—2015)和《铁路信号符号》(TB/T 1122—2019)的要求,完成“S700K 电动转辙机控制电路图样”绘制,命名为“S700K 电动转辙机控制电路图 . dwg”。S700K 电动转辙机控制电路图图样见书末附图 3。

任务 3 输出铁路信号专业图纸

任务描述

AutoCAD 2024 图形输出是铁路信号专业绘图中一个重要的步骤,它是将在计算机上所绘制的专业图形通过打印机或绘图仪来绘制到图纸上或者生成电子图纸在网络上浏览，从而用于工程实际。AutoCAD 2024 具有方便地、强大地图形输出和打印功能，并且能够支持多种类型的打印机和绘图仪。

任务分析

子任务 1　认知模型空间与图纸空间

模型空间也就是在绘图和设计图纸时的工作空间。在模型空间中可以创建物体的视图模型，也可以完成二维或三维造型，并且根据需求用多个二维或三维视图来表示物体。前面绘制图形时所用的就是模型空间。

图纸空间又称为布局空间，它完全模拟图纸页面，在绘图之前或之后安排图形的输出布局。任何新创建的图形中，AutoCAD 2024 都默认提供两个布局，并且在 AutoCAD 2024 的窗口左下角显示有标签，可以通过该标签进行切换。图纸空间主要是用来出图的，就是把在模型空间绘制的图，在图纸空间进行调整、排版，因此，把这个过程称为“布局”是非常恰当的。

子任务 2　配置打印机

在 AutoCAD 2024 中，一般使用绘图仪输出图形文件。绘图仪管理器负责添加和修改 AutoCAD 2024 绘图仪配置文件或 Windows 系统绘图仪配置文件。在绘图仪管理器里，可以创建和管理适用于 Windows 系统和 AutoCAD 2024 设备的 PC3 文件。

要打开绘图仪管理器，可以选择【文件】|【绘图仪管理器】菜单，系统将打开图 4.80 所示的【文件资源管理器】窗口。双击【添加绘图仪向导】图标，即可向 AutoCAD 2024 中添加绘图仪。要修改绘图仪配置，可以双击选定的绘图仪图标。修改 PC3 文件的绘图仪端口连接和输出设置，包括介质、图形、物理笔配置、自定义特性、初始化字符串、校准和我们定义的图纸尺寸。

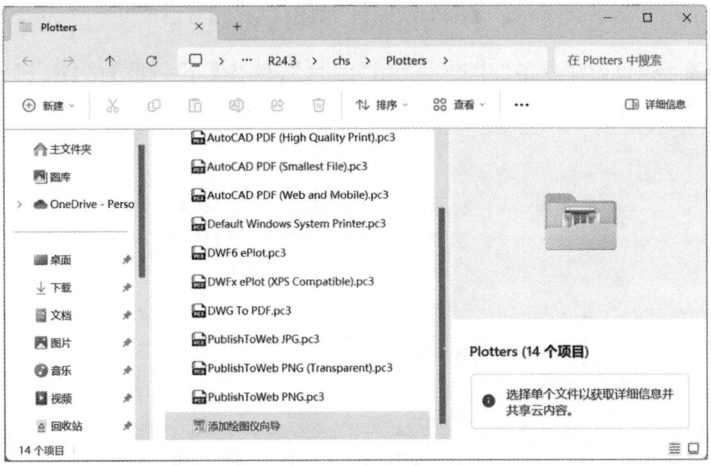

图 4.80　【文件资源管理器】窗口

尽管绘图仪与打印机的特点不同，但它们的配置和使用方法完全相同。双击【添加绘图仪向导】图标，打开图 4.81 所示的【添加绘图仪-开始】对话框。

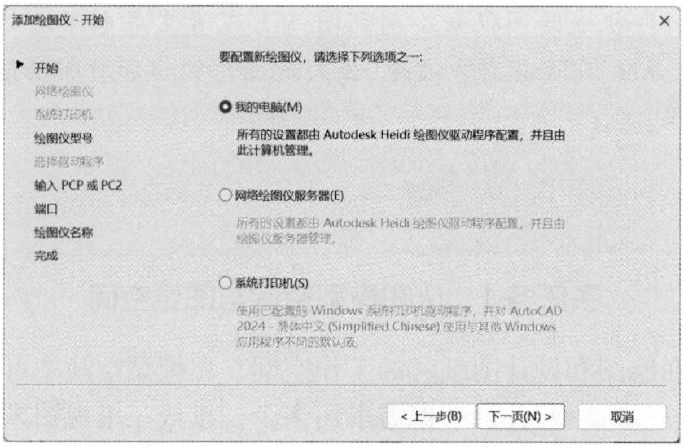

图 4.81 【添加绘图仪-开始】对话框

在图 4.81 中选中【我的电脑】，单击【下一页】按钮，打开图 4.82 所示的【添加绘图仪-绘图仪型号】对话框。

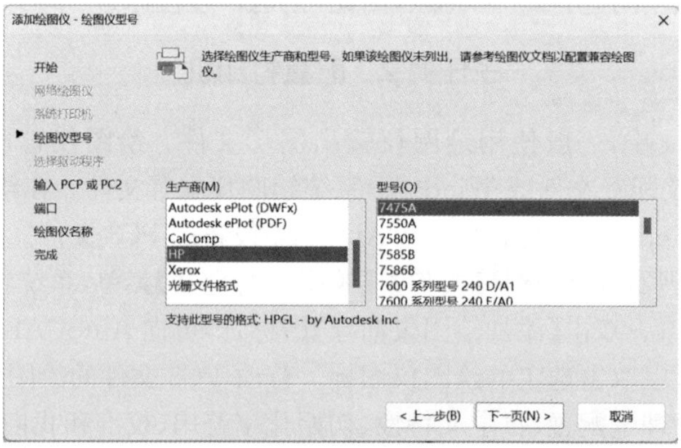

图 4.82 【添加绘图仪-绘图仪型号】对话框

在图 4.82 中选择对应的设备“生产商”和“型号”，单击【下一页】按钮，打开图 4.83 所示的【添加绘图仪-端口】对话框。

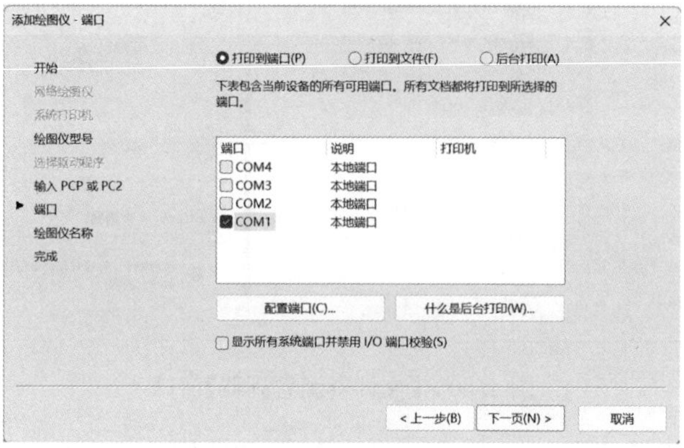

图 4.83 【添加绘图仪-端口】对话框

在图 4.83 中选择当前设备的可用端口后，单击【下一页】按钮，打开图 4.84 所示的【添加绘图仪-绘图仪名称】对话框。

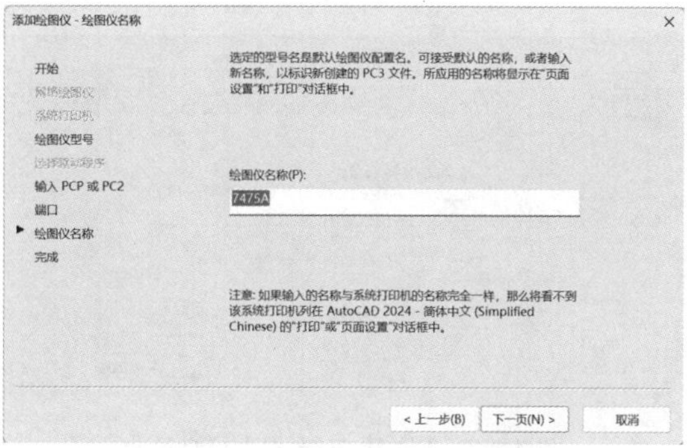

图 4.84 【添加绘图仪-绘图仪名称】对话框

在图 4.84 中输入绘图仪的名称后，单击【下一页】按钮，打开图 4.85 所示的【添加绘图仪-完成】对话框。

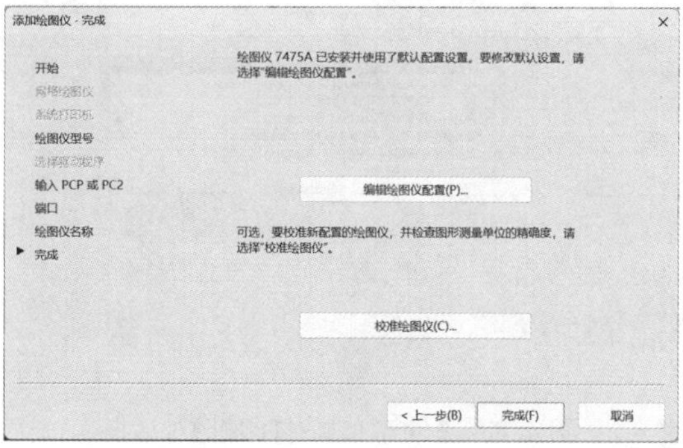

图 4.85 【添加绘图仪-完成】对话框

在图 4.85 中单击【编辑绘图仪配置】按钮，打开图 4.86所示的【绘图仪配置编辑器-7475A】对话框。该对话框提供用于修改绘图仪端口连接和输出设置的选项，包括介质、图形、物理笔配置、自定义特性、初始化字符串、校准及我们定义的图纸尺寸。根据需要，可以自行设置。

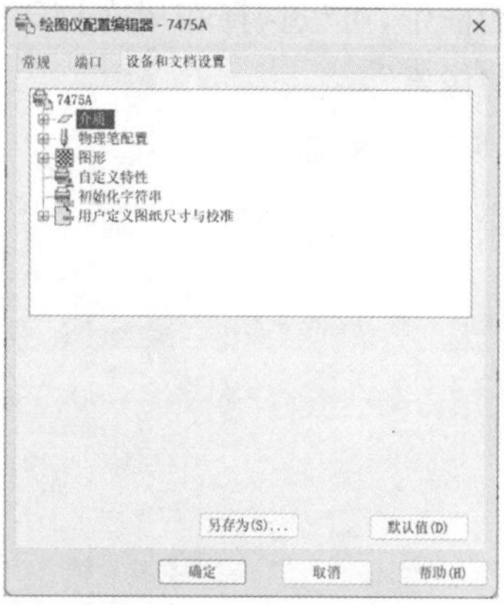

图 4.86 【绘图仪配置编辑器-7475A】对话框

子任务3 利用布局向导快速创建布局图

利用布局向导快速创建布局图的方法比较适用于初学者。

首先，新建文件，选择"铁路信号专业样板文件.dwt"，选择【插入】|【布局】|【创建布局向导】命令，打开图 4.87 所示的对话框。

在图 4.87 的对话框输入新布局的名称，并单击【下一页】按钮，这时将弹出图 4.88 所示的对话框。可以根据需要在右边的列表框中选择所要配置的打印机。

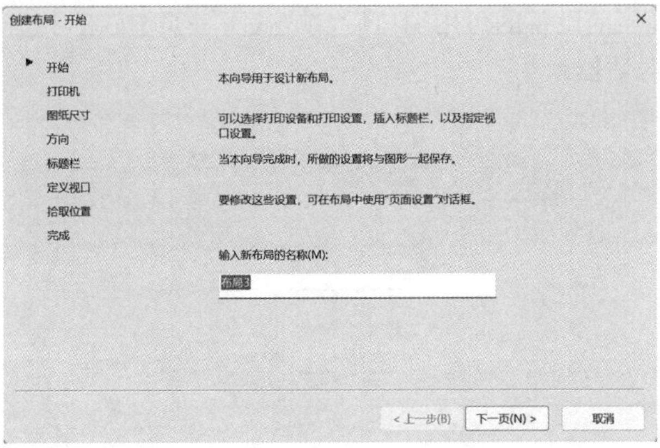

图 4.87 【创建布局-开始】对话框

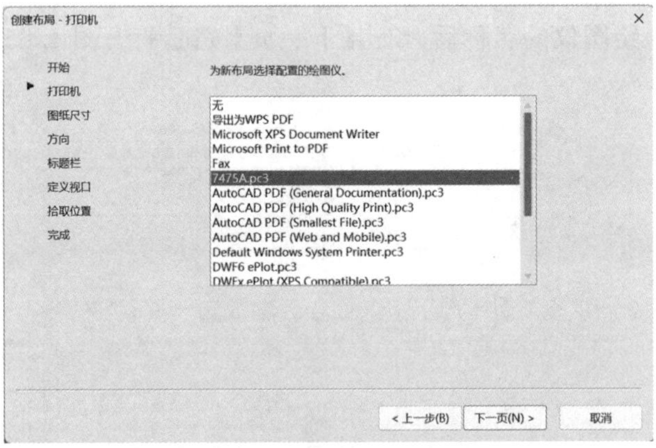

图 4.88 【创建布局-打印机】对话框

如图 4.88 配置好所需的打印机后，单击【下一页】按钮，打开图 4.89 所示的对话框。在该对话框中，可以选择布局在打印时所使用纸张的大小、图形单位。图形单位主要有“毫米”“英寸”“像素”。

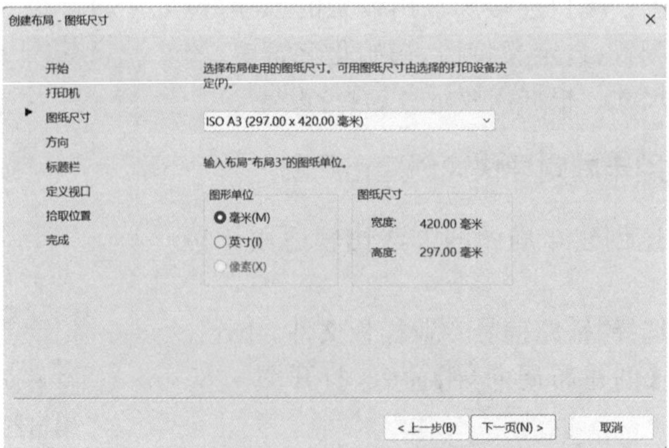

图 4.89 【创建布局-图纸尺寸】对话框

单击图 4.89 的【下一页】按钮，打开图 4.90 所示的对话框，可根据需要设置打印的方向。AutoCAD 2024 提供了横向和纵向两种选择，选择所需的单选按钮后，单击【下一页】按钮，打开图 4.91 所示的对话框，可以选择图纸的边框和标题栏的样式。可以从左边的列表框中选择，并且在对话框右边可以预览所选样式。

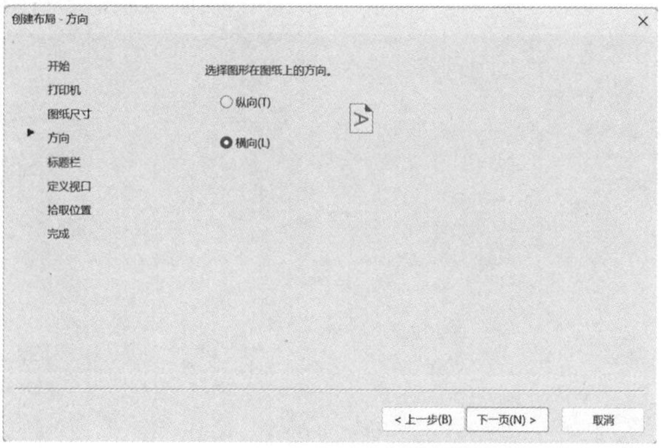

图 4.90　【创建布局-方向】对话框

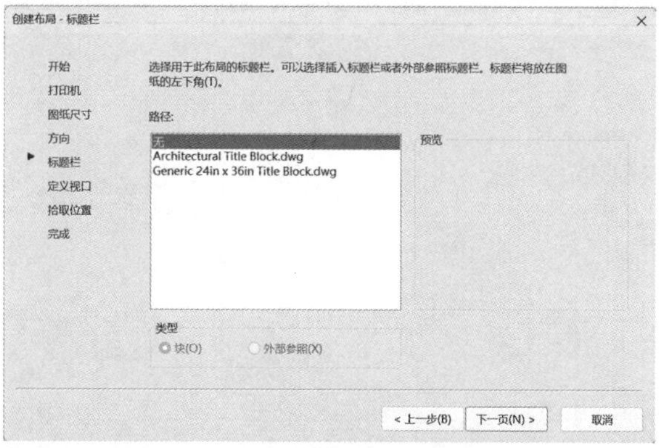

图 4.91　【创建布局-标题栏】对话框

在图 4.91 中设置好合适的标题栏后，单击【下一页】按钮，打开图 4.92 所示的对话框，可以设置新创建布局的默认视口，包括视口设置、视口比例等。

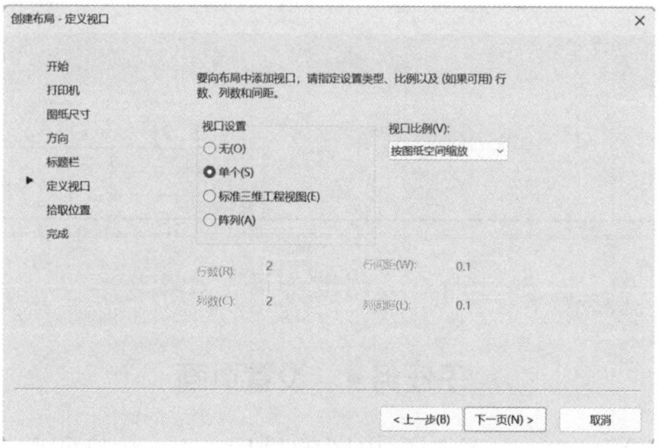

图 4.92　【创建布局-定义视口】对话框

在图 4.92 中定义好视口后,单击【下一页】按钮,接着打开图 4.93 所示的对话框,设置布局视口的位置,单击【选择位置】按钮,将切换到绘图窗口,需要在图形窗口中指定视口的大小和位置。在这里,无须设置。单击【下一页】按钮,接着打开图 4.94 所示的对话框,最后单击【完成】按钮,这样一个布局就创建完成了。创建"布局 3"效果如图 4.95 所示。

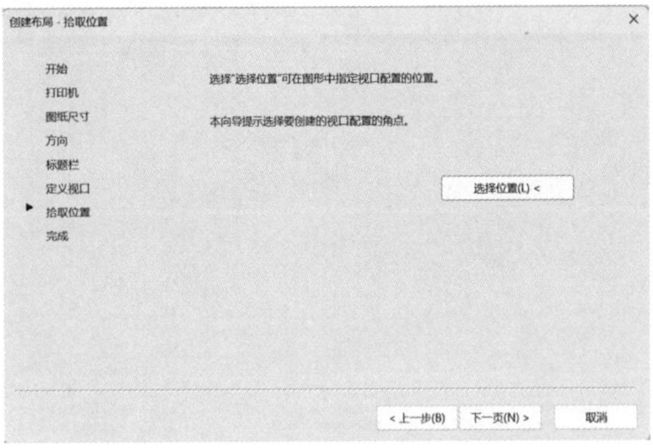

图 4.93 【创建布局-拾取位置】对话框

图 4.94 【创建布局-完成】对话框

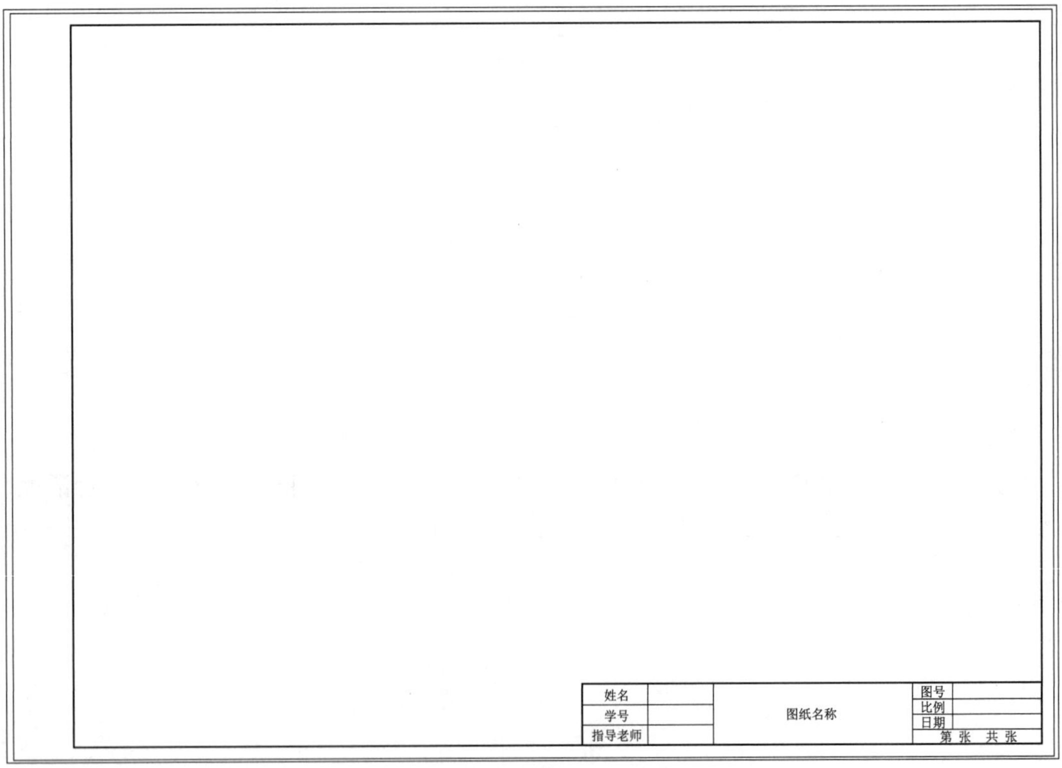

图 4.95 创建"布局 3"效果

子任务 4 设置页面

页面设置是 AutoCAD 2024 从绘制到出图的最后一步,在打印前,对多个布局选项卡均可

以进行相关联的打印样式参数设置。尤其是在同一图形中有多个不同图纸尺寸的布局，这样管理会非常方便。设置布局参数可以选择【文件】|【页面设置管理器】命令，打开图 4.96 所示的对话框。

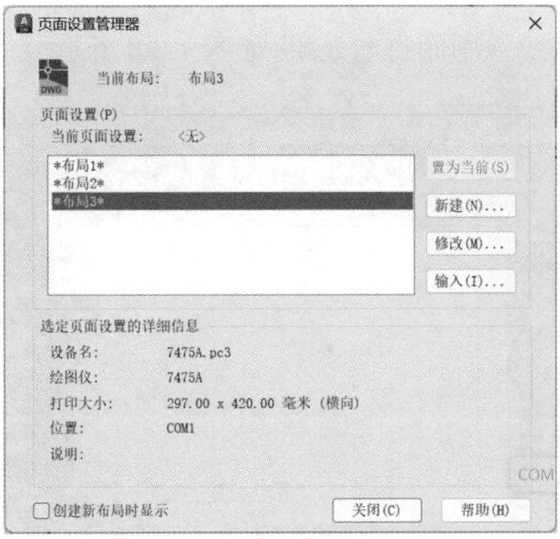

图 4.96 【页面设置管理器】对话框

单击【修改】按钮，打开图 4.97 所示的对话框。可以设置打印机/绘图仪，还可以设置打印区域、打印比例等参数。

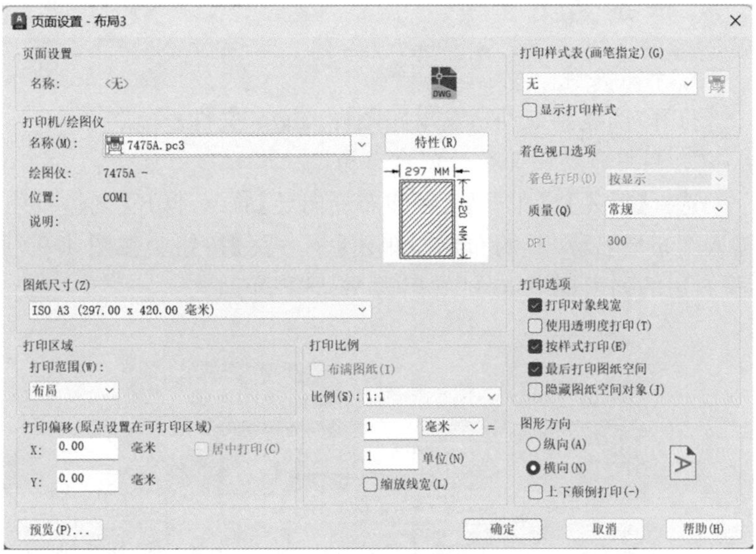

图 4.97 【页面设置-布局 3】对话框

在图 4.97 中单击【打印机/绘图仪】下拉列表，可以选择打印机或绘图仪的类型。接着在【图纸尺寸】下拉列表中选择所需的纸张。在【打印范围】下拉列表框中选择【窗口】选项，该选项是选择布局中的某个区域进行打印。单击【窗口】按钮，返回到布局空间，单击并拖动鼠标，选择所要打印的范围即可。

接下来就可以在【打印比例】设置区中选择标准缩放比例，或者输入自定义值。如果选择标准比例,该值将显示在自定义中。如果需要按打印比例缩放线宽,那么可以选择【缩放线宽】复选框。【打印偏移】选项组用来指定相对于可打印区域左下角的偏移量。

在图形方向设置区中,可以设置图形在图纸上的放置方向。如果选中【反向打印】复选框,表示将图形旋转 180°打印。

单击【预览】按钮预览当前视图的打印效果,如图 4.98 所示。

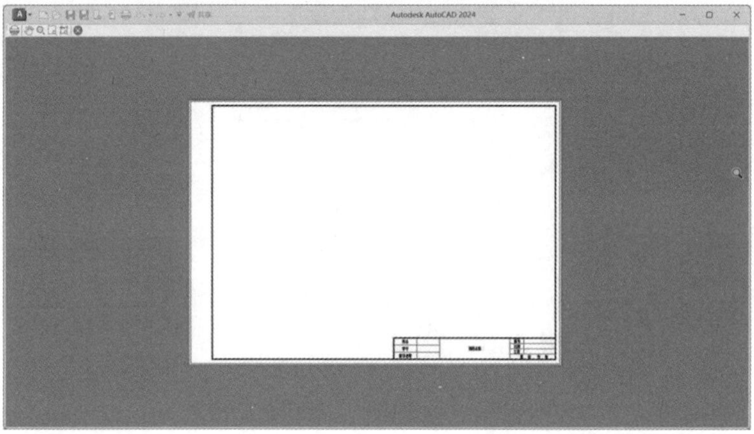

图 4.98　打印预览效果

视频

打印输出四线制双动道岔电路图样

任务实战

1. 打开文件

打开“四线制双动道岔电路图样 . dwg”文件。

2. 利用布局向导快速创建布局

选择【插入】|【布局】|【创建布局向导】命令,打开【创建布局-开始】对话框,输入新布局名称“我的布局”,单击【下一页】按钮。在图 4.99 所示的【创建布局-打印机】对话框右边的列表框中选择“导出为 WPS PDF”。

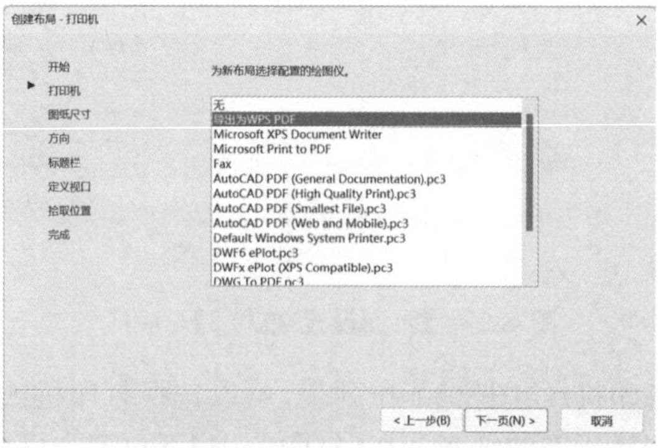

图 4.99　【创建布局-打印机】对话框

在配置好所需的打印机后,单击【下一页】按钮。在打开的图 4.100 所示的对话框中,将纸张的大小设置为“A4”,【图形单位】设置为“毫米”。

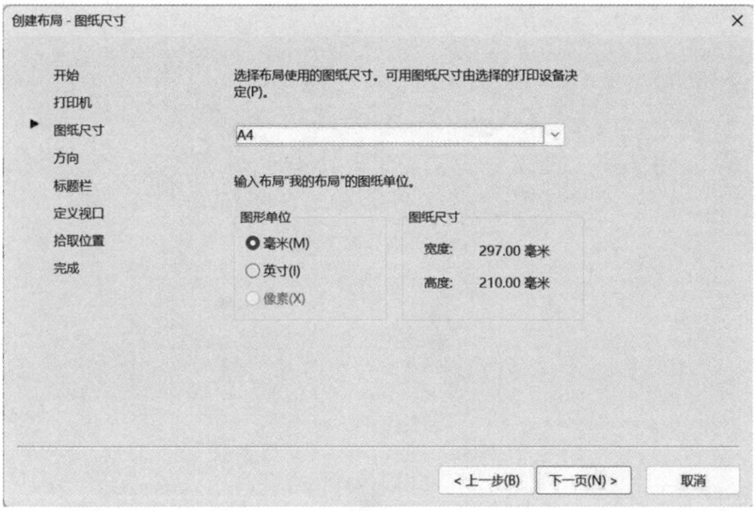

图 4.100　【创建布局-图纸尺寸】对话框

设置打印的方向为“横向”，图纸的边框和标题栏的样式为“无”。

设置新创建布局的默认视口，视口设置为“单个”、视口比例为“按图纸空间缩放”。

在定义好视口后，跳过设置布局视口的位置步骤，单击【完成】按钮，创建完成“我的布局”。

3. 设置页面

选择【文件】|【页面设置管理器】命令，打开图 4.101 所示的对话框。单击【修改】按钮，打开图 4.102 所示的对话框。其中，设置打印机名称为“导出为 WPS PDF”，【打印范围】设置为“窗口”，单击【窗口】按钮，拖框选择图纸的外框线作为窗口区域，返回界面后，【打印比例】区域设置为“布满图纸”，【打印选项区域】设置为“打印对象线宽”“按样式打印”“最后打印图纸空间”，【图纸方向】设置为“横向”。

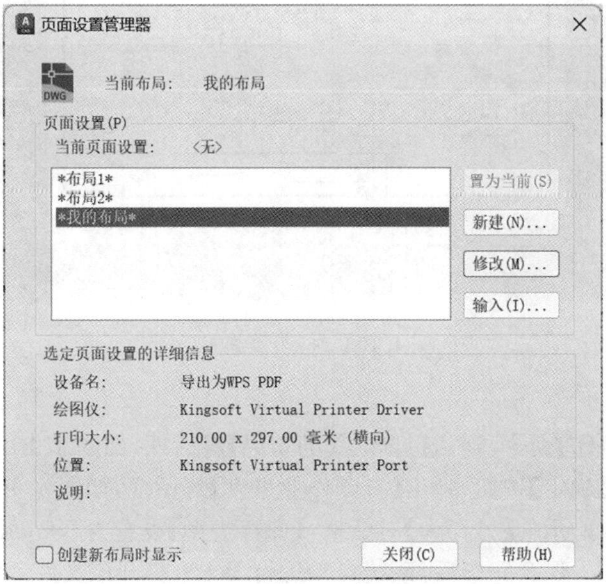

图 4.101　【页面设置管理器】对话框

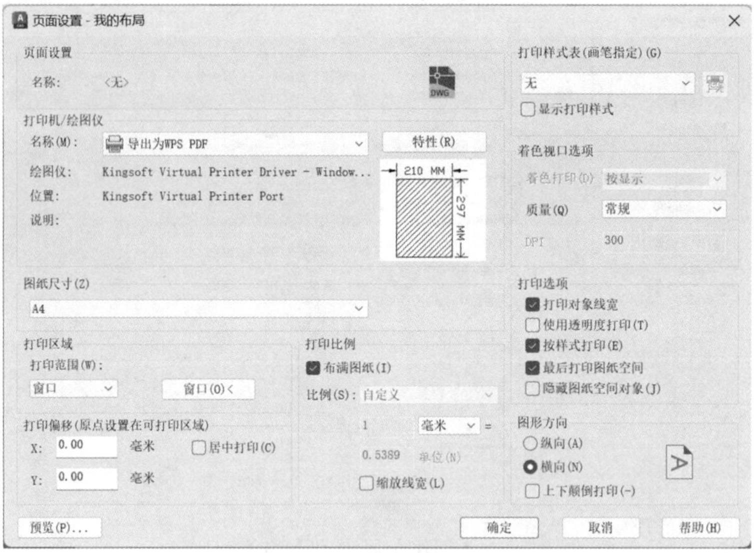

图 4.102 【页面设置-我的布局】对话框

单击【页面设置-我的布局】对话框【预览】按钮,打印预览效果如图 4.103 所示。

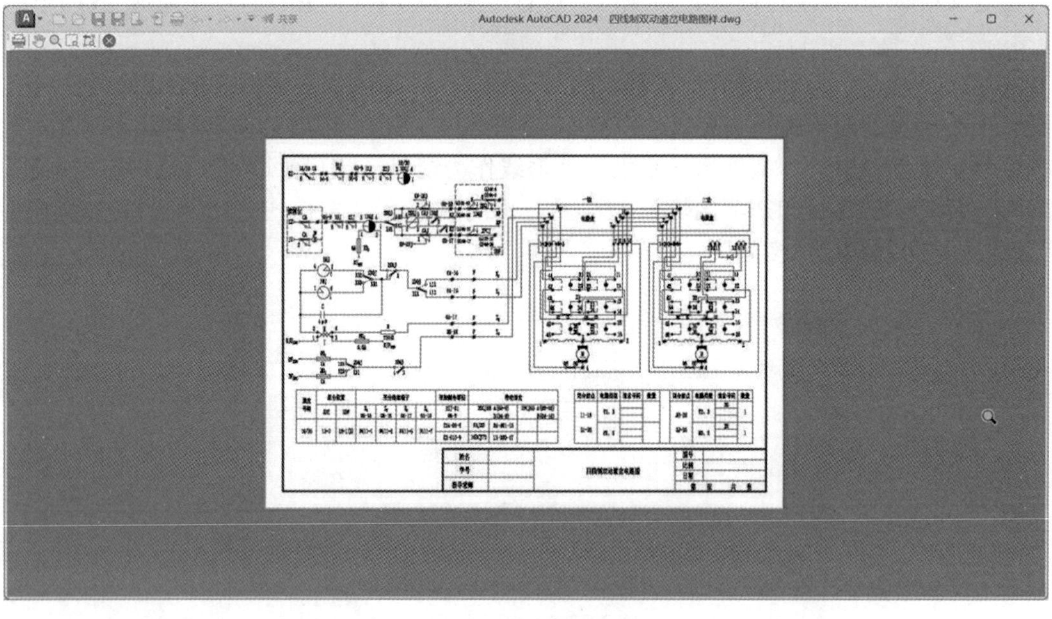

图 4.103 打印预览效果

4. 打印出图

选择【文件】|【打印】命令,弹出【打印-我的布局】对话框,如图 4.104 所示。

单击图 4.104 的【确定】按钮,弹出【打印作业进度】对话框,如图 4.105 所示。待进度条满后,接着弹出图 4.106 所示的【另存为】对话框,【保存类型】设置为“*.pdf”,输入文件名“四线制双动道岔电路图样”。保存完毕后,系统自动运行 WPS,打开该文件。设置旋转视图后的效果如图 4.107 所示。

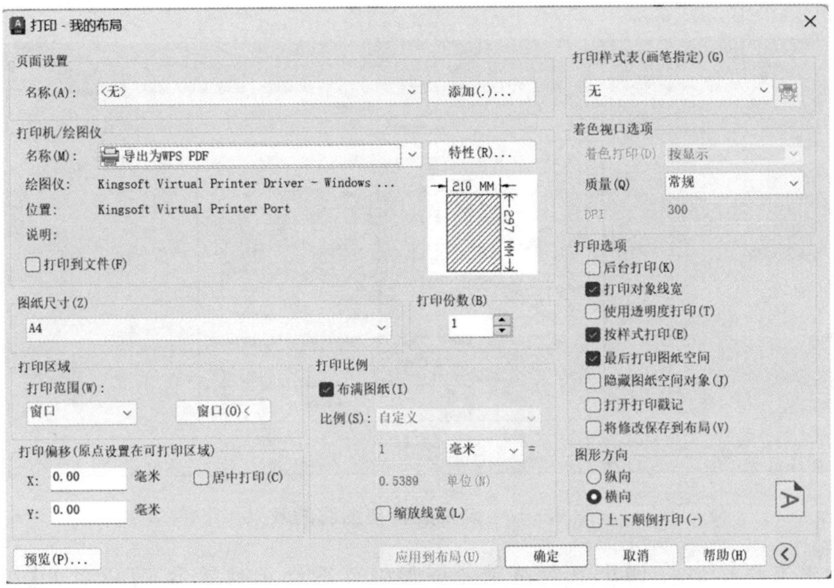

图 4.104　【打印-我的布局】对话框

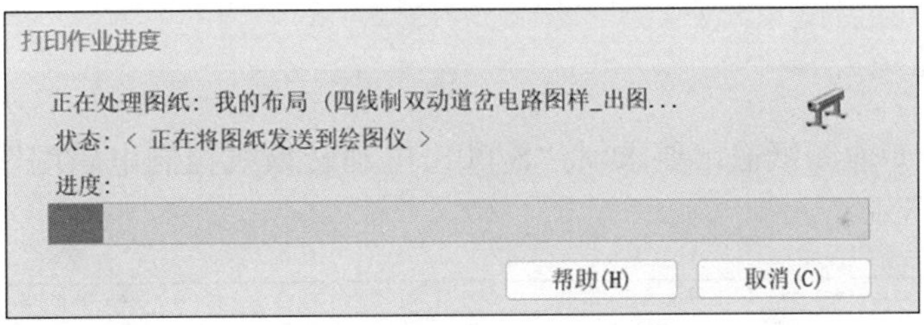

图 4.105　【打印作业进度】对话框

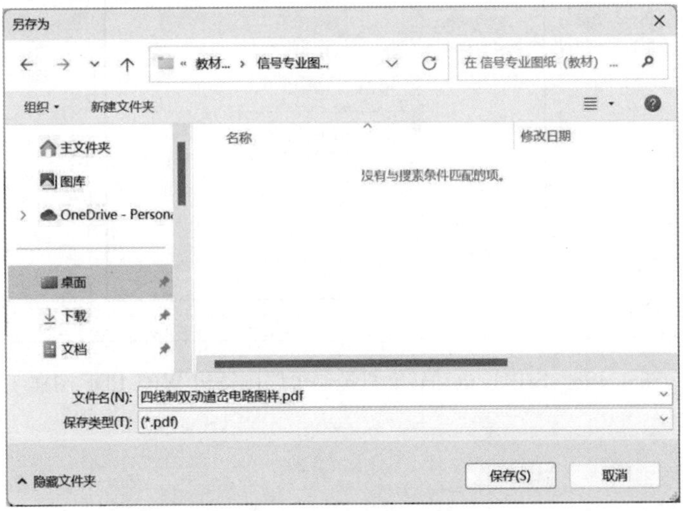

图 4.106　【另存为】对话框

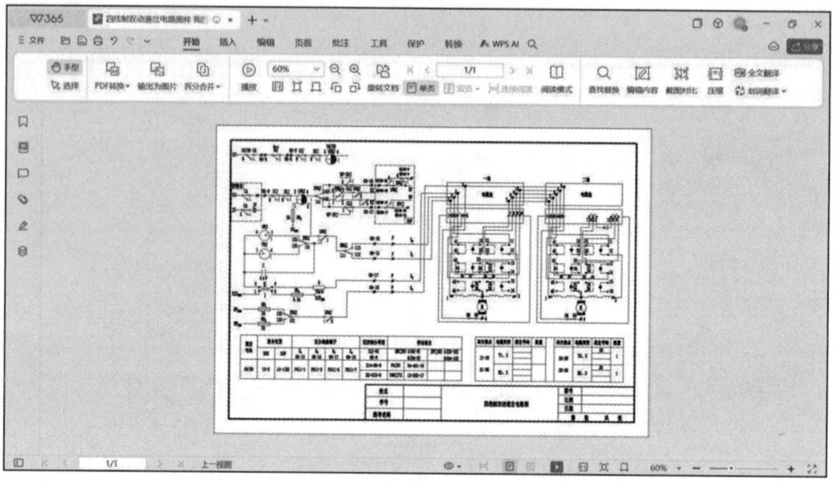

图 4.107　设置旋转视图后的效果

注意:如果发现输出的 PDF 图样线条等图形细节不能正确显示,可以打开【文件】|【页面设置管理器】中选择对应的布局,单击【修改】按钮,在打开的【页面设置】中“着色视口选项”区域的【质量】设置为“最高”,重新打印输出即可。

任务巩固

依据铁路信号专业图纸输出要求,将“S700K 电动转辙机控制电路图”输出为 WPS PDF 图样,如图 4.108 所示。

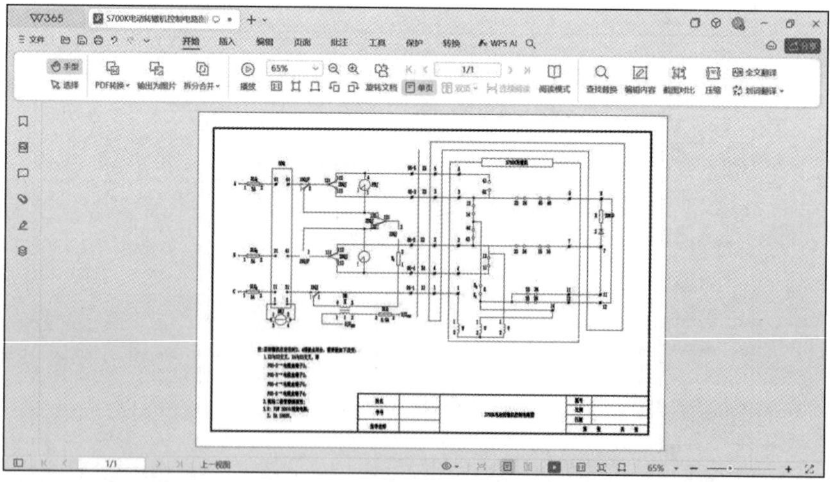

图 4.108　S700K 电动转辙机控制电路图输出 WPS PDF 图样

项目评价

上述项目任务完成后,填写评价表,对知识目标、技能目标与素质目标达成情况进行自我评价,并进行学习总结和归纳,见表 4.4。

表 4.4　项目任务评价

自评分类	评价内容	评价等级	总结归纳
知识技能	常用的电器元件符号(重点)	□不熟悉　□基本熟悉　□熟悉	
	电路图的图幅分区(重点)	□没有掌握　□基本掌握　□完全掌握	
	电路图布局规范(重点)	□没有掌握　□基本掌握　□完全掌握	
	电路图的画法(重点)	□没有掌握　□基本掌握　□完全掌握	
	栅格捕捉的使用方法	□没有掌握　□基本掌握　□完全掌握	
	线宽设置方法	□没有掌握　□基本掌握　□完全掌握	
	电线路及配线的图形符号绘制方法与技巧(难点)	□没有掌握　□基本掌握　□完全掌握	
	继电器线圈的图形符号绘制方法与技巧(难点)	□没有掌握　□基本掌握　□完全掌握	
	接点的图形符号绘制方法与技巧(难点)	□没有掌握　□基本掌握　□完全掌握	
	文字标注绘制方法与技巧	□没有掌握　□基本掌握　□完全掌握	
	表格绘制方法与技巧	□没有掌握　□基本掌握　□完全掌握	
实践技能	正确设置图层	□没有掌握　□基本掌握　□完全掌握	
	设置线宽	□没有掌握　□基本掌握　□完全掌握	
	电线路及配线的图形符号绘制	□没有掌握　□基本掌握　□完全掌握	
	继电器线圈的图形符号绘制	□没有掌握　□基本掌握　□完全掌握	
	接点的图形符号绘制	□没有掌握　□基本掌握　□完全掌握	
	文字标注绘制	□没有掌握　□基本掌握　□完全掌握	
	表格绘制	□没有掌握　□基本掌握　□完全掌握	
职业素养	养成严谨认真的职业习惯	□达成　□未达成	
	具有布局思维	□达成　□未达成	
	具有精益求精的工匠精神	□达成　□未达成	

课堂练习

一、选择题

1. 依据《铁路信号符号》(TB/T 1122—2019)国家标准,代表有极继电器的图形符号是(　　)。

A. 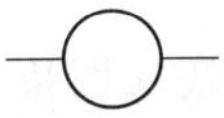　B. 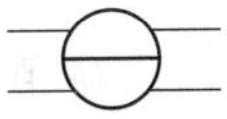　C. 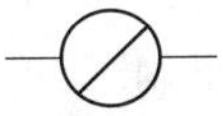　D. 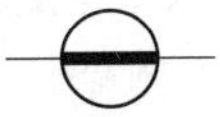

2. 依据《铁路信号符号》(TB/T 1122—2019)国家标准,代表电动机的图形符号是(　　)。

A. 

B. 

C. 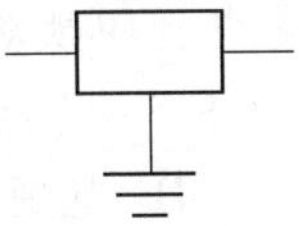
D. 

3. 下列设备不属于图形输出设备的有(　　)。

A. 显示器　B. 绘图仪　C. 滚筒式扫描仪　D. 打印机

4. 在 AutoCAD 2024 中绘制铁路信号电路图时,为了区分不同类型的电路元素,最有效的做法是(　　)。

A. 使用不同颜色的线条　　B. 创建并管理独立图层
C. 调整文字大小　　D. 改变线型比例

5. 当需要修改铁路信号电路图中某一图层的线宽时,应在以下(　　)面板操作。

A. 特性面板　　B. 图层特性管理器
C. 标准工具栏　　D. 样式管理器

6. AutoCAD 2024 中,用来选择距离、角度的数制和精度的命令有(　　)。

A. LIMITS　　B. SHELL　　C. RENAME　　D. UNITS

7. 在 AutoCAD2024 中,绘制铁路信号电路图时,设置图形单位为毫米,应在哪个菜单中进行(　　)设置。

A. 视图菜单　　B. 格式菜单　　C. 工具菜单　　D. 绘图菜单

8. 在布局空间为铁路信号电路图添加图框后进行打印,发现图框比例与图纸内容不匹配,此时应调整(　　)。

A. 在模型空间重新绘制图框　　B. 调整布局空间的视口比例
C. 直接修改图框尺寸　　D. 更换打印机

9. 使用 AutoCAD 2024 绘制铁路信号电路图时,需要精确捕捉图形的中点,应开启以下(　　)功能。

A. 对象捕捉　　B. 栅格显示　　C. 正交模式　　D. 极轴追踪

10. 对于铁路信号电路图中重复使用的继电器符号,最佳的绘制方式是(　　)。

A. 每次都重新绘制　　B. 定义为块并插入使用
C. 复制粘贴后修改局部　　D. 手绘后扫描导入

11. AutoCAD 2024 使用的样板图形文献的扩展名是(　　)。

A. dwg　　B. dwt　　C. dwk　　D. tem

12. 绘制铁路信号电路图时,为了使电路图布局更整齐,应合理使用以下(　　)功能。

A. 动态输入　　B. 对象捕捉追踪　　C. 捕捉和栅格　　D. 三维建模

13. 在 AutoCAD 2024 中,保存铁路信号电路图时,为确保与低版本软件兼容,应选择的文件格式是(　　)。

A. dwg(AutoCAD 2024 图形)　　B. dxf
C. dwg(AutoCAD 2018　图形)　　D. pdf

14. 在 AutoCAD 2024 绘制铁路信号电路图时,若要将某个已定义好的继电器图块进行修改,最便捷的操作是(　　)。

A. 删除该图块重新绘制　　B. 使用“块编辑器”修改图块内部图形
C. 插入新的继电器图块覆盖　　D. 分解图块后逐一修改图形元素

15. 在 AutoCAD 2024 中打印铁路信号电路图时,若图纸内容超出纸张边界,为完整打印图纸,应优先选择以下(　　)打印范围设置。

A. 窗口　　B. 范围　　C. 显示　　D. 图形界限

二、上机练习

1. 绘制如图 4.109 所示的文字注释练习。

1. JWXC-H340型继电器当电压在18 V时缓吸时间不大于0.35 s，24 V时不大于0.3 s。
2. JWXC-160型继电器在24 V时缓放时间不大于0.03 s，缓吸时间不大于0.07 s。
3. JWXC-H310型继电器在24 V时缓放时间（0.8±0.1）s，缓吸时间（0.4±0.1）s。
4. JWXC-H1200型继电器在24 V时缓吸时间0.6 s。
5. JYJXC-3000型继电器临界不转极值应大于120 V；JYJXC-J3000型继电器临界不转极值应大于160 V。

图 4.109　文字注释练习

2. 绘制如图 4.110 所示的电力系统原理图。

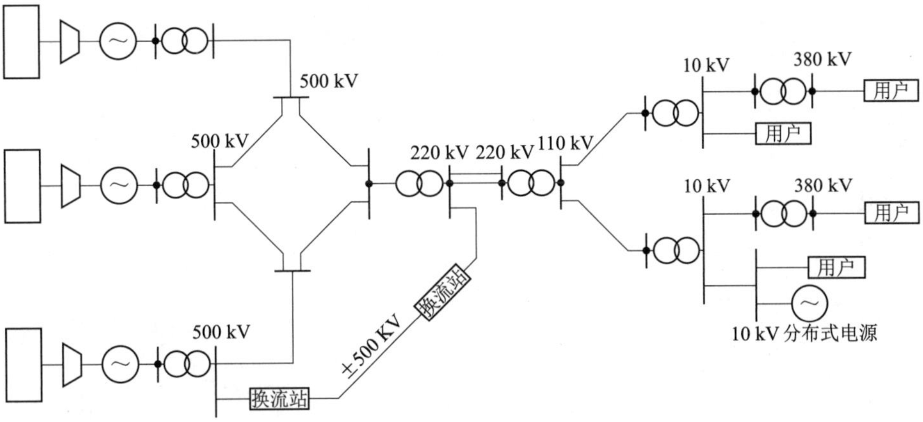

图 4.110　电力系统原理

3. 绘制如图 4.111 所示的变电站电气主接线图样。

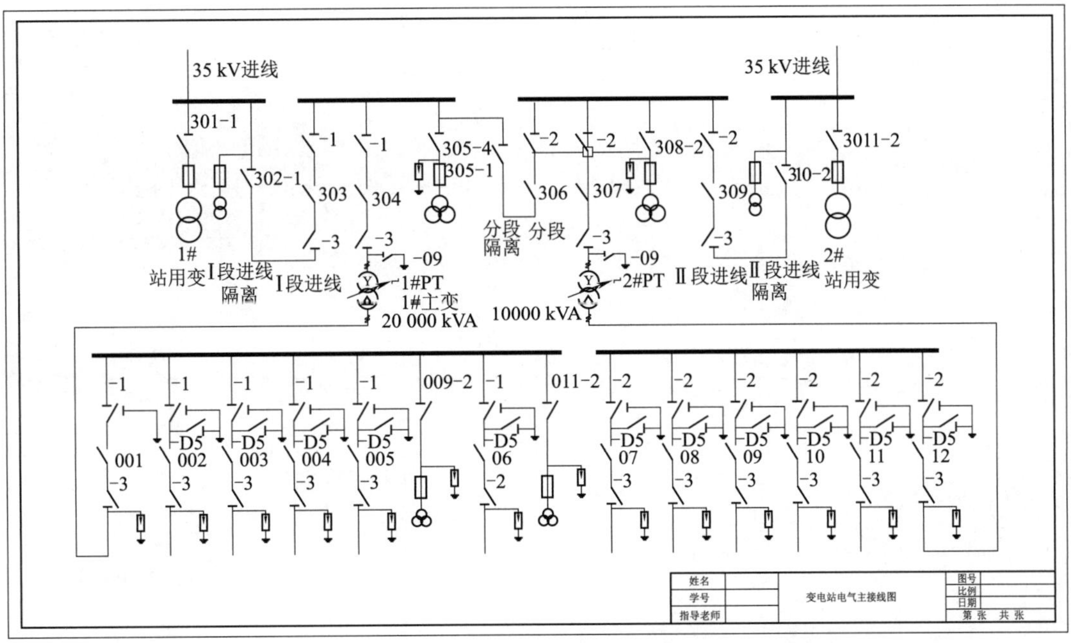

图 4.111　变电站电气主接线图样

参 考 文 献

[1] 国家铁路局．铁路工程制图标准：TB/T 10058—2015[S]．北京：中国铁道出版社，2015.
[2] 国家铁路局．铁路工程图形符号标准：TB/T 10059—2015[S]．北京：中国铁道出版社，2015.
[3] 国家铁路局．铁路信号符号：TB/T 1122—2019[S]．北京：中国铁道出版社有限公司，2019.
[4] 张建平，宋玉鼎．铁路信号设计与施工[M].3 版．北京：中国铁道出版社有限公司，2022.
[5] 王海艳，王爽，李玉梅．铁道信号专业计算机辅助设计[M]．成都：西南交通大学出版社，2014.
[6] 林瑜筠．铁路信号基础[M].3 版．北京：中国铁道出版社有限公司，2020.
[7] 陈光军．计算机辅助设计(CAD)在轨道交通信号工程中的应用[M]．北京：机械工业出版社，2020.
[8] 林瑜筠．计算机联锁图册[M].3 版．北京：中国铁道出版社有限公司，2023.